顺商传奇

第 ② 辑

—— 从顺德制造走向顺德创造 ——

《顺商传奇》编辑委员会 ◎ 编

中国·广州

图书在版编目（CIP）数据

顺商传奇.第2辑，从顺德制造走向顺德创造/《顺商传奇》编辑委员会编.—广州：广东旅游出版社，2016.9
ISBN 978-7-5570-0392-0

Ⅰ.①顺… Ⅱ.①顺… Ⅲ.①企业家-生平事迹-顺德市-现代 Ⅳ.①K825.38

中国版本图书馆CIP数据核字(2016)第117861号

封面摄影：好摄小虫、马勋理
本书配图由佛山电视台顺德分台、各企业提供。

出 版 人：刘志松
策划编辑：蔡明熹
责任编辑：蔡明熹
封面设计：王玉美
装帧设计：冼志良
责任技编：刘振华
责任校对：李瑞苑

广东旅游出版社出版发行

（广州市越秀区环市东路338号银政大厦西楼12楼）
联系电话：020-87347316 邮编：510180
广东旅游出版社图书网
www.tourpress.cn
深圳市希望印务有限公司印刷
（地址：深圳市坂田吉华路505号大丹工业园A栋2楼）
开本：787毫米×1092毫米　1/16
印张：17.5
字数：200千字
版次：2016年9月第1版第1次印刷
定价：80.00元

版权所有　侵权必究
本书如有错页倒装等质量问题，请直接与印刷厂联系换书。

《顺商传奇》编辑委员会

顾　问
刘　宁

总策划
罗乐生　王　勇

总编辑
张晨光

副总编辑
陈宇莹　沈　涌　李孟华

主　编
蔡泽之　冯建珍

副主编
李建军　韩　艳　杨倩铵

主创人员
韩　艳　徐上钧　杨倩铵　徐颂雯
唐绍稳　董　婧

编委委员
张晨光　陈宇莹　沈　涌　李孟华　蔡泽之　冯建珍　李建军
韩　艳　杨倩铵

原稿改写
邱礼佳

印章篆刻
孙　敏

出品单位
佛山电视台顺德分台
《顺商传奇》企业家联合会

欧广源
1983年12月—1989年7月任顺德县委书记
1992年2月—1993年2月任广东省佛山市委书记
卸任前为广东省人大常委会主任

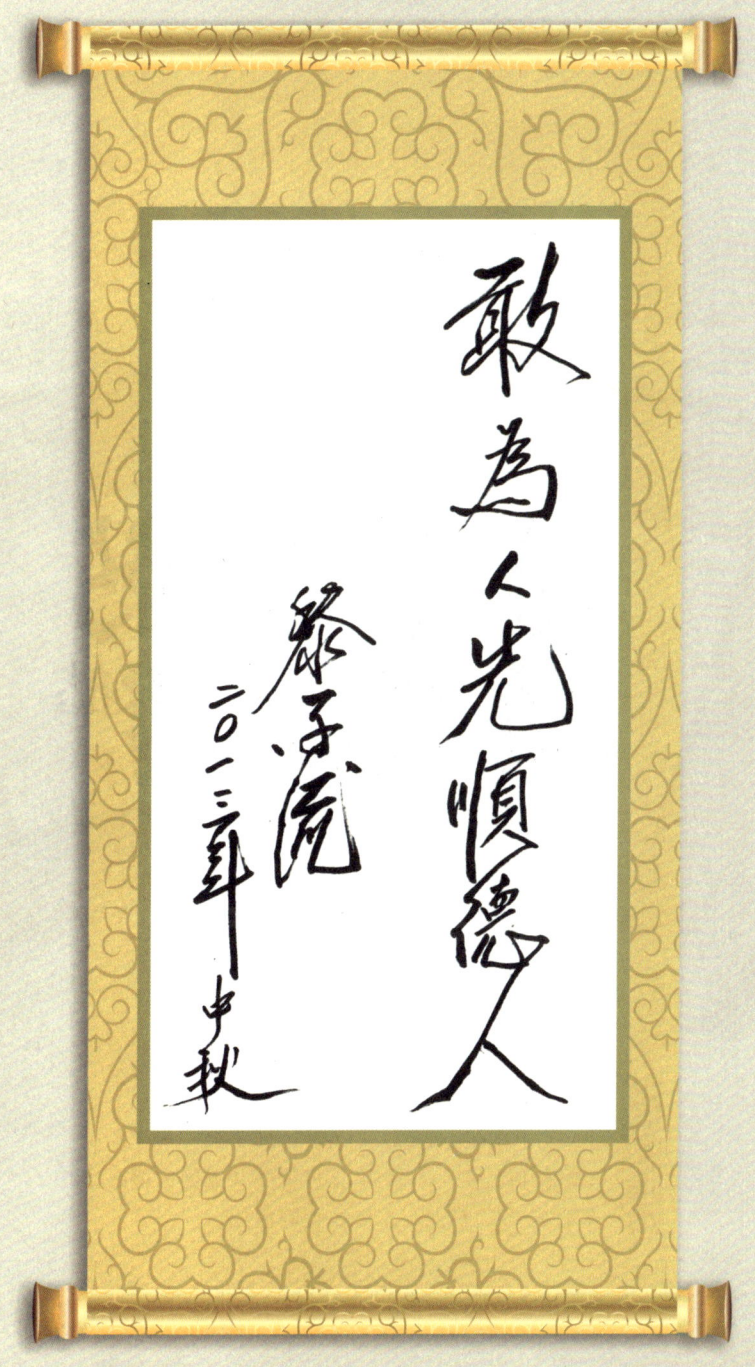

黎子流
1975年5月—1980年9月任顺德县革委会主任
1975年5月—1983年5月任中共顺德县委书记
卸任前为广州市市长

陈用志

1987年3月—1993年3月任顺德县（市）长

1993年1月—2001年5月任中共顺德市委书记

卸任前为广东省人大常委会副主任

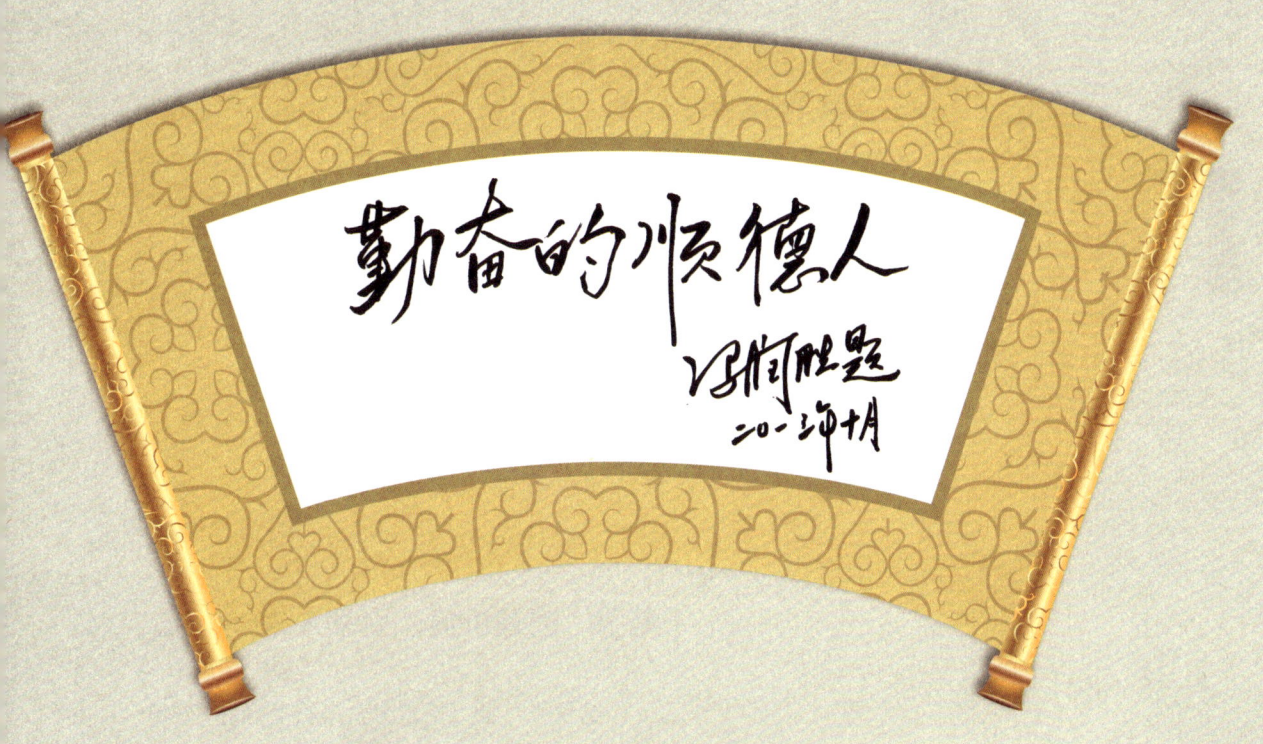

冯润胜
1993年3月—2001年12月任顺德市市长
2001年5月—2002年7月任中共顺德市委书记
卸任前为佛山市人大常委会副主任

目录 Contents

01 设计 创造美好，点亮生活

梁昆浩：用建筑诠释东方美学 /2
—— 顺德建筑设计院的人文情怀

陈霖峰：人与建筑对话 /9
—— 顺德建筑设计院筑梦天下

刘海军：回归设计本质 /15
—— 传承企业文化的心雷策划

刘诗锋：麦芒上的舞者 /23
—— 东方麦田工业设计的坚持力

老柏强：情绘初心 /32
—— 古今工业设计的黄金时代

董少杰：开启企业"大平台"模式 /39
—— 广东翼联合的联盟拓展之路

02 电商 创造价值，引领未来

蔡铁强：让"千亿梦"来得更疯狂 /48
—— 敢想敢做敢当的飞鱼电子商务

蔡炜文：跳出传统，魔变电商 /54
—— 广东睿哲帮助企业电商化

李东润：宝刀未老，抢鲜电商 /60
—— 顺联生鲜领先食品安全

03

女性 创造自信，释放魅力

梁琼欢：以美食回馈桑梓 /68
　　——杏坛逢简的水乡人家私房菜

韩洁梅：情迷艺术馆 /75
　　——盛世传承，用藏品传承父女深情

设备 创造需求，缔造品质

陈子毅：分享缤纷生活 /84
　　——长兴超声专注母婴健康

罗立新：速度与激情 /92
　　——志达管业迈进工业4.0时代

罗国辉：跳出家族思维做企业 /100
　　——四维塑业的百年长青梦

04

刘晖：兴趣是最重要的财富 /107
　　——三合工业的智造路

龚武：凝聚团队合力 /114
　　——中辰钢结构进军海外

冯永坚：找对方向就是前进 /121
　　——光腾走节能环保道路

李文华：通往极致，做到唯一 /128
　　——云志压力容器制造的十年领跑

傅永旺：饮水思源，不忘初心 /134
　　——爱隆节能设备保障饮水安全

朱训民："热流"于心 /141
　　——弗伦克热流道的民族品牌之路

目录 Contents

05 家电 创造市场，智能安居

胡建洪：等风来再飞　/148
　　——永怡御风，逆风飞扬

路新民：领跑集成热水器　/155
　　——欧必德做用户喜欢的产品

范建亮：超级空调，绿色呼吸　/162
　　——艾尔斯派布局家居好空气

刘卫林：开启全新烹饪模式　/169
　　——金易厨电器研发自动炒菜机

06 建材 创造商机，集成精品

陈伟禧：尽其"锁"能　/176
　　——必达智能锁，生活更安全便捷

张业彪：通达全球，唯有经典　/183
　　——经典通达酒店家具的守业路

何维兴：人生赢在转折点　/190
　　——兴益康塑造"关帝名门"

胡景钊：涂料界的守望者　/198
　　——顺德涂料商会会长的妙舞人生

刘海丰：做最好的艺术涂料　/204
　　——格式文化，装饰你的梦

07

农业 创造财富，守护绿色

陈炳佳：回家乡种出好稻米 /212
　　——稻香园米业香飘四海

陈仲信：做龟苗是良心事业 /219
　　——仲信养龟力到自为财

林锦根：市场决定产品 /225
　　——宏信农业抢占龟养殖先机

08

体育 创造品牌，弘扬精神

马德安：为网球而坚持 /232
　　——乡村之星致力网球事业

吴志刚：人生精彩就像轮滑 /239
　　——智趣之星，顺德人的体育品牌

李崇斌：探索无极限 /245
　　——卡鲁森，行走户外的时尚引领者

09

服务 创造可能，加速繁荣

陈文兵：蹲下是为了跳得更高 /254
　　——湘越物流借力东风

陈熹：思考永无止境 /260
　　——合富辉煌团队的破茧之路

01

创造美好，点亮生活

梁昆浩：用建筑诠释东方美学

——顺德建筑设计院的人文情怀

　　他，13岁时，因家贫辍学，成为建筑工地上的"泥水仔"。靠刻苦自学，他成为一位小学文凭的国家级突出贡献专家、高级建筑设计师、国家一级特许注册建筑师。

　　他，是新中国最早走出国门的建筑师之一。其设计的"巴黎中国城"，被联合国教科文组织宣布为世界重点文物保护区。

　　他，是全国优秀科技工作者、全国劳动模范、第八届全国人大代表、全国自学成才标兵。

　　他，将毕生心血融入中国古建筑与现代建筑设计的研究，创造了独特的"梁氏风格"。

　　他，是当代中国民族风格与世界时尚融合的别样建筑大师……

　　他，就是被当地同行称为"鬼马浩"的建筑设计师，佛山市顺德建筑设计院有限公司董事长梁昆浩，顺德地区很多的标志性建筑都出自他之手。

　　那么，他又有着怎样的传奇故事呢？

法国巴黎中国城

为法国设计"巴黎中国城"

梁昆浩设计或主持设计的项目已有1000多个，总建筑面积超过1000万平方米，总投资额超过1000亿元人民币。他带的徒弟中，有名牌大学的硕士、博士，学生们称他为"博导"。

梁昆浩（佛山市顺德建筑设计院有限公司董事长）：到现在自己有了作品，人民这么高兴，有这么喜欢的民生工程。所谓那些文化建筑，当然自己都很高兴的，就是要我们把工程做出来，每做一件都要使大家认同，那个建筑比较好，我的看法就是这样。

由梁昆浩主持设计、20世纪90年代初建成的法国巴黎中国城，是中国迄今为止在欧洲建成的最大仿古建筑，也是法国总统、总理不止一次到过的地方。它展示了中国园林建筑和东方建筑文化的精髓，更展示了这位只有小学文凭却坚持自学成才的中国建筑大师的品格。

梁昆浩（佛山市顺德建筑设计院有限公司董事长）：因为法国那个巴黎中国城，当时是粤海投资的。那时候刚刚改革开放，我就做几个特区。基本上珠海那些宾馆都是我做的，就做一些中式建筑。珠海宾馆、九州城、港北宾馆那些都是我经手的。他（粤海老板）觉得挺好的，就跟我商量是不是去巴黎，由他们投资，和巴黎一个叫陈锡南的华侨合资来做。

当时顺德就有三方过去。因为那个做法，我们把中国民族文化色彩带过去做，就是跟法国的文化有所区别，就全市投票了。我们做了方案和模型过去，投票说好，95%（的市民）同意做，就在塞纳河和马纳河之间来做，所以其实它的功能有酒店，有商场，有展馆，又有中餐馆，有花园，有很多功能在这里。投资大概1亿美金，所以我去了八个年头，做起来以后都比较好，群众都很高兴。我们的旅游团经常都有去看看的。

"中华第一坊"横空出世

被新华社誉为"中华第一牌坊"的顺峰山公园牌坊、"中国十大名园"之一的广东清晖园扩建工程、第五届中国花卉博览会主场馆、珠江三角洲最大的寺院宝林寺易地重建工程等的主创设计，还是出自梁昆浩这位"鬼才"之手。

梁昆浩（佛山市顺德建筑设计院有限公司董事长）：几家公司投标，就拿整个大规划，它包括山地，包括顺峰山，就6000万，水面就2000万，包括陆地全部6000万。

整个环湖长度大概是，我那时候量图纸算，好像是7.6公里，就做了两个湖体，青云塔就代表青云湖，在德胜海那边，就叫德胜湖，现在总体就叫顺峰湖。当时有三个单位投标，就我们中了标。这个就是后期才做的，后期就是因为门楼，就是进了公园的地方，所有门楼都是的。包括天安门都是进了门，才是里面的东西，前面就是广场的概念。所以搞这个大牌坊，当时就想怎么做好？我们就用了那条马路中心线，和那个牌坊的关系，和那个山的高度。那座山好像是120多米，记不清楚了，就是要进了门口，穿过以后一定要看见

顺峰览胜

山顶,还有那个九寨塔,所以就定了这么高。那门高和宽是有关系的,就80多米宽。整个牌坊38米高。我们就有人叫牌坊,有人叫门衙。实际这个是门衙的概念,那个尺寸是这样定的。

21世纪初,中国第一大的石雕牌坊横空出世。这座总重约1.5万吨的"中华第一坊"是中华传统文明的现代标志之一。中华第一坊的每一根龙柱都是活灵活现、腾云驾雾的巨龙。每一条"龙"重25吨。牌坊由祥云、凤凰、神鸟、人物石雕等图案组成,看上去高耸入云,巍峨壮丽,气势恢宏。牌坊仅石材用料就要用载重10吨的大卡车共1500多辆才能运完。

梁昆浩(佛山市顺德建筑设计院有限公司董事长):在山水之间,在中国的公园,我们就用了一些中国的民族的色彩,叫作纹样。龙龙凤凤那样组织整个牌坊的面,使到它有凹凸感。并且将花岗岩分色,花岗岩有一种玉红色,有一种青色,就用青色和白色来组织那个色蕴,把顶盖了瓦。

但是这个牌坊,如果是非要用现在的科技去做,是做不到的。因为几条垫柱,我们利用了古代的悬梁吊柱来组织的,那几条龙柱就特别重要,12米多长,直径大概1.2米,就是整条石(成型)。整条石当时计算,就是石的拉力不够,就算撑上去都(会)坠断的,所以那里的工艺考究。我们跟工匠商量,就把那块石用电钻全部钻通。钻通了以后,就套了一条钢管进去。套钢管有很多技术,就是在石里面,伸了那条钢出来,全部套在一起。

功夫巨星李小龙蜚声海内外,其祖居在顺德。中国改革开放的30年,有了另一个顺德

市属企业转换经营机制签约仪式。梁昆浩代表签约

人展示"中国功夫"——梁昆浩的建筑设计，就用了深厚的"中国功夫"。

梁昆浩（佛山市顺德建筑设计院有限公司董事长）：凯旋门都不够我们一边那么大，它能走进马车，（牌坊门）能走进飞机。

全国设计院改制的第一家

佛山市顺德建筑设计院有限公司的前身成立于1958年，经历了由设计室到设计院的成功蜕变，1993年率先在国内改制，组建成有限责任公司。

梁昆浩（佛山市顺德建筑设计院有限公司董事长）：我们改制先行，就是第一家。全国也是设计院改制的第一家，我们完全就是坚持了集体股份制的概念，并且我们没有变过，所有股份的全部都是这样。我本人就是创始者，我只有5.16%。设计院发展得很好，现在有413人。我们就发展集体劳动，集体干活，没有问题的。质量各方面都有保证，各方面技术提高，我们现在不单在顺德，全国起码有一半的地方有我们的工程。

梁昆浩从事建筑设计行业50余年，在长期的设计实践中积累了大量的质量高、风格大、影响深远并受到公众认可的成功作品，其中，珠海宾馆于1984年获国家建设部银质奖及广东省优秀设计一等奖；珠海九洲城获1986年广东省优秀设计三等奖；法国巴黎中国城获1995年广东省优秀设计二等奖；顺德清晖园扩建工程获广东省第九次优秀设计三等奖；顺德宝林寺获广东省第十次优秀设计三等奖；顺德港获广东省优秀设计表扬奖；郑裕彤中

学获广东省优秀设计三等奖；顺德行政服务中心获广东省优秀设计二等级奖、佛山市优秀设计一等奖；佛山市顺德一中高中部获全国工程勘察设计行业优秀工程勘察设计三等奖、广东省优秀设计二等级奖、广东省优秀城乡规划设计二等奖、佛山市优秀设计一等奖；佛山市顺德区迎接亚洲艺术节和省运会市容整治规划项目获广东省优秀城乡规划设计表扬奖；顺德建筑设计大厦获佛山市优秀设计三等奖；北京加多宝饮料有限公司厂区工程生产办公楼获顺德区建设工程优秀建筑创作二等奖……

对于自己所取得的成就，梁昆浩显得很谦虚。

梁昆浩（佛山市顺德建筑设计院有限公司董事长）：成功感有一点体现的。看见自己搞过的设计，群众喜欢。整个建筑，好像这里一样，又能体现出整个的和平环境，歌舞升平，所以看见我都很高兴。

所谓成功者，我觉得还是没成功，还是没有研究得更深入更清楚。因为中国建筑文化是相当深奥的。几千年积下来的东西，不是短短几十年能够处理好的，我尚没有满足感。

"鬼马浩"的自学成才之路

梁昆浩只有小学学历，13岁因贫寒无力支付学费而退学，走向社会做泥水工，之后不甘于平凡的他自学成才，成为一位蜚声国内外的建筑设计师。

梁昆浩（佛山市顺德建筑设计院有限公司董事长）：以我的经历来说，就是理论和实践一定要结合。要通过长时间的实践，证实理论。有了理论的变化概念，书上只有文章，但是经过实践以后，你会发现有些问题怎样处理。

（清晖园内）这个亭很小。树木原来好像都是歪了，这里移正了。用回自己的东西在做，这棵垂柳都种得很大。原来这里就有棵松树，现在幸好就互相呼应，前厅和这里处理得好。

这些树都是保留的，原有的这棵应该有几百年了，这棵木棉是保留的。这里很多树都是一点一点测，来把建筑物慢慢绕过去，这些也是。

这几棵是新种的，围起来的几棵是新种的。这些所有都是。以前种水松多，现在都种柳树。现在好，现在这样湖边垂柳。

梁昆浩对于一个园林、一个庭院设计，甚至于一棵树一朵花的种植等等这些细节，都很认真很执着的。

梁昆浩（佛山市顺德建筑设计院有限公司董事长）：其实这里就是整个新园里面，就叫作扩景。在开阔这一点上，其实不是很大的，17亩。17亩只有1万多方，总之绕一次就几个小时，3小时多一点。

现在就下到山了。就是围墙之外还有个层次，这个是没有人可以拍到的景。这个是三层空间，这里看到这些石，叫作五百罗汉石。我们在龙江拣的。

世间没有一个人能预测自己的命运，但却有不少人可以把握自己的命运。梁昆浩就是能够把握自己命运的人。

梁昆浩擅长大型公建设计及岭南园林建筑设计，曾任顺德政协委员、顺德政协副主席、全国第八届人民代表大会代表及广东省人民代表大会代表。获国务院授予全国劳动模范称号、国务院颁发的有特殊贡献专家学者称号、享受国务院提供的政府特殊津贴等。这些荣誉，都是他用工匠精神沉淀下来的。除了主持设计工作外，梁昆浩长期担任设计企业的领导工作，倡导"名德厚学、求是创新"的设计企业文化，不遗余力地培养年轻的设计人才，为建筑设计事业造就卓有成效的平台，为推动岭南建筑的发展做出了卓越的贡献。他大胆改革、勇于创新的精神还表现在企业的管理上。1993年底，顺德建筑设计院在全国同行业中率先组建有限责任公司，内部管理也不断改革创新，连续多年保持良好的经济效益，受到建设部的高度重视，并于2009年10月荣获中国勘察设计协会颁的"全国建筑行业国庆60周年改制创新奖"。

这位靠自学成才的建筑大师，对建筑设计、施工不离不弃，半个多世纪以来专注做一件事，将其毕生心血融入中国古典建筑与现代建筑的设计研究，创造了独特的"梁氏风格"，使他成为当代中国民族风格与世界时尚融合的别样建筑大师！

编导手记

不知道从什么时候开始，梁昆浩就和"大师"这个称呼紧紧地联系在了一起。行业内的人都尊称他为"师傅"，这一声"师傅"，包含的不仅仅是对他的敬重，还有对他专业水平的佩服。所以，我们拍摄过程中，也跟着别人称呼他"师傅"。

拍摄初期，我们也曾纠结，《顺商传奇》该如何将师傅与商人的身份结合起来？接触下来，我们很快就走出了迷雾。建筑也是门生意，而且是靠手艺赚钱的生意，不能有一丝马虎，一丝怠慢。很多人做生意服务的对象是一个短周期的，而师傅的服务对象是一辈子的。一个建筑从设计的那一刻开始，设计师的责任就牢牢地扛在了肩膀上。

在顺德建筑设计院，师傅的徒弟、徒孙满堂。每天，徒弟、徒孙们还是拿着各种设计图过来找他，有的时候一起讨论设计问题，有的时候让师傅直接指导修改。一大家子人都为了设计而活。到了过年吃团年饭的时候，400多人排着队，给师傅敬酒、敬茶。当时看到这个场面时，我心里满是震撼，不禁想，几千年前，孔子的徒弟给他敬酒敬茶的时候，是不是也就是这样子？

师傅已年过70，有时候咳嗽不少，不过笑起来非常爽朗，节目编辑到最后的时候，我直接就想到了黄霑的《沧海一声笑》，当时我觉得只有这样的一首歌才能够表达出师傅的情怀。师傅一生为国人做了许许多多的建筑设计，功名之间，师傅追求的，不过是百姓的认可而已。

印象企业

1984年1月,为珠海经济特区设计了珠海宾馆、九洲城,其中珠海宾馆荣获"国家质量银质奖"。邓小平在珠海宾馆题词"珠海经济特区好"。

1985年,梁昆浩走出国门设计法国巴黎中国城。

1991年,顺德建筑设计一院、二院合并,梁昆浩任新成立的顺德建筑设计院院长。

1992年,顺德建筑设计院获国家建设部核定为建筑行业甲级设计院至今,并具备城市规划编制乙级、风景园林工程设计专项乙级、市政道路乙级、人防乙级的资质。10月,巴黎中国城举行隆重开业庆典。次年,被联合国教科文组织宣布为世界重点文物保护区之一。

1993年11月22日,顺德建筑设计院成为全国第一家在产权改革中转制的企业,率先在国内改制组建成有限责任公司。此后数年,北京、上海、广州、深圳等地的设计院陆续转制。

2003年7月成立清远分院。

2005年10月,迁入自建建筑设计大厦。本项目获2005—2006年佛山市优秀工程设计三等奖。

2008年,获得ISO9001国际质量认证。

2013年4月,成立四川遂宁分公司。

2013年、2014年连续两年实现全年设计费总收入、全年签订设计合同额过亿元的佳绩。

2014年6月,成立珠海分院,正式在横琴开张。同年,与广东省装饰有限公司联盟,与印尼最具影响力的广肇总商会合作,参与设计印尼中国城项目——唐城坊。岭南建筑落户印尼,唐城坊成雅加达新地标。

陈霖峰：人与建筑对话
——顺德建筑设计院筑梦天下

"你去旅游，大部分就是看建筑。如果是有历史性的城市，除了自然的景观，人文景观可以记录的，可能就是城市和建筑。所以它能够反映的不是个人的趣味，或者是个人的取向，它是集中一个综合的平衡。"佛山市顺德建筑设计院有限公司院长陈霖峰如是说。

佛山市顺德建筑设计院有限公司前身成立于1958年，经历了由设计室到设计院的成功蜕变。公司致力于全面提升整个设计每一个环节的服务质量，历年来打造了不少优秀的设计作品，在国家、省、市各设计评优中获奖无数，得到社会的好评、国家行业机构的重视和信任。

柯布西耶说过："献身建筑犹如成为一个僧侣，你必须奉献自己，怀抱忠诚并虔心付出。作为回报，建筑将给予那些倾全力的奉献以最大的幸福。"今天，让我们一起聆听佛山市顺德建筑设计院有限公司院长、总经理、建筑设计师陈霖峰的设计故事。

建筑始终为人所用

正在施工的顺德新第一人民医院，这是陈霖峰带领的团队最近获得美国AIA建筑大奖的设计。

陈霖峰（佛山市顺德建筑设计院有限公司院长）：那些地方本来是做草地的，但是实际上他们就用东西盖住，用来做停车位。差不多硬地全部用来（做停车位）。以后有没有可能说做个地下室停车。因为整天都说停车位不够。

顺德区第一人民医院

顺德一中高中部

但是这个项目在施工的时候,被减掉了部分的设计,医院投入使用之后,可能会出现停车位不足的问题。这是陈霖峰最近最关心的事情之一,因为如果设计师都不去想办法,那么最终感受到不便的,只能是作为使用者的老百姓。

陈霖峰(佛山市顺德建筑设计院有限公司院长):因为公共建筑是很重视人和建筑的关系的。建筑是很综合的,你说单纯由建筑师去主导是不可能的。因为有业主有大众,有商业的因素,还有建筑师本身的一个判断。这就是建筑为什么会这么复杂,这么综合,甚至成为历史的载体的原因。我们看一些好的城市,其实建筑物是最重要的载体。

每一天,我们都行走在不同时代的建筑之间,建筑是人类生活中最重要的一部分。例如,学校就是人们成长过程中最重要的一个场所。回到母校的陈霖峰心情有点不一样。

陈霖峰(佛山市顺德建筑设计院有限公司院长):这位就是莫伯治。而另一张是当时做这个项目的(一中校友),当时他们专门要和我们顺德(一中)的校友合个影。很开心,也是有一点忐忑。因为所有设计都不是十全十美的,所以会很在意一些好(和不好)的评价,好的地方要吸取。可能有些细节处理得不是很好,我们都希望能够完善。或者是他们提出要求修改的时候,都会帮助他们。所以我是当家里一样,自己的地方那样。这里很漂亮,有一条水轴延伸到区府那里。

顺德第一中学历史悠久,建校至今已经103年。当年,陈霖峰作为主创,设计了现在的顺德第一中学高中部校区。

陈霖峰(佛山市顺德建筑设计院有限公司院长):我们就希望流线会比较紧凑点。还有南方地区雨水比较多,很多连廊的连接,我们用架空层,让学生在天气不好的时候有一些活动的空间。

设计灵感来源于水乡文化

陈霖峰又带我们参观了他设计的酒店。一个酒店的设计里面,原来融入了这么多的水乡特色,在陈霖峰看来,建筑的外观就像男人的西装,简单就好。

北滘金茂华美达广场酒店

陈霖峰（佛山市顺德建筑设计院有限公司院长）：他们有的人说像植物。你看看菠萝、棕榈那种叶，那种韵律搭设。因为当时他们都有个提议，是不是可以和花卉世界之乡形成一种对话，或者吸收一点元素？你看那些叶都是很多交错的，或者像水乡的浪那种韵律，将它抽象成为一些建筑的构件提炼了出来，所以出来的效果就是（这样）。我自己觉得（挺好），你看从这里拍出来的效果是很特别的。

这个设计的灵感来源与陈霖峰是地道的顺德人分不开的。在水乡成长起来的他骨子里面都透着对水乡文化的热爱。

陈霖峰（佛山市顺德建筑设计院有限公司院长）：（这个项目）挑战性大点，所以条件困难的时候，设计如果能够找到一个解决方法，那是很开心的。

每一个建筑的出现，首先需要有人设计它的形象。中国正以不可复制的速度在飞速发展。城市的建筑有时候就像女人的衣服，永远在推陈出新。作为设计师也有应接不暇的时候。

陈霖峰（佛山市顺德建筑设计院有限公司院长）：不是很理想的时候，就要交卷。很多是还未达到很理想的状态，由于时间的限制，或者一些条件不成熟，做不到一种很理想，还有很细致、能真正表达自己设计意图的东西，那这个是有些遗憾的。

因为有遗憾，因为不想留下更多的遗憾。陈霖峰在不断地努力，让自己的作品一个比一个更好。

陈霖峰（佛山市顺德建筑设计院有限公司院长）：你去旅游其实大部分看的就是建筑。

师徒同行，走出新路

城市不断发展，老建筑被不断拆除，他有着怎样的担忧？正在和陈霖峰交流的，就是他的"鬼马浩"师傅——梁昆浩。这师徒二人，一个将顺德设计带向了世界，一个青出于蓝，让设计院到处开花结果。

佛山市顺德区行政服务中心东西座

陈霖峰（佛山市顺德建筑设计院有限公司院长）：我觉得他是一个很真性情的长辈。我们都会很敬重，就是有点敬畏。他很严厉，自己以身作则，他会很投入去做事。

梁昆浩（师傅）：这块没动。等于这块没有动，他们说这里好像悬空了，这是他们的一个看法。

陈霖峰（佛山市顺德建筑设计院有限公司院长）：不如看看这个地方怎么修改，但是最难的是这个地方，一个就是这里，主要是这里的商业气氛要重一点，这一片会做得更漂亮。

他顶着师傅的光环，如何走出自己的天地？

梁昆浩（师傅）：这个是酒店，这个公寓，还有停车场的这块，跟前面这块的高度到哪里？

陈霖峰（佛山市顺德建筑设计院有限公司院长）：柱子吗？到建筑的墙面，它不是个墙面，它是个下沉的。

严师才出得了高徒。陈霖峰虽然对师傅又敬又怕，但是师傅的优点，他是全都继承了。

梁昆浩（师傅）：我一直都带着他，从实践到现在。当然了，这几届的法人代表（都是他），我当董事长他当院长。因为全中国都叫设计院，不是叫公司。所以实际上总经理的概念就是院长。

陈霖峰（佛山市顺德建筑设计院有限公司院长）：（师傅）两件事令我最佩服，一件事就是那种敬业程度，任何一件事处在他的角度，他不一定考虑效益，成与不成，他能够将不可能的事，或者希望很渺茫的事，变成一件真实的案例。通过自己的诚意去打动别人；第二件事就是很投入，不管真假，都做得好像真的一样。这是我们永远要学习的。

老建筑的宿命不是拆除

顺德建筑设计院的建筑设计师为顺德设计了很多建筑。顺德人最为熟悉的凤城影剧院、彩虹桥等，其实都是建筑设计院的作品。当年为了市民的安全，设计院每年都会写信给政府，提醒他们对凤城影剧院进行安全检查。

陈霖峰（佛山市顺德建筑设计院有限公司院长）：它在抗震性方面，是达不到安全的要求的。尤其是新的规范（实施后）。因为以前的经济条件（有限），或者是施工承受的时间（问题）。建筑物都是有寿命的，它达不到安全要求，当然要以安全第一，但是不等于要将它全部拆了，这个不是建筑师的本意。

一栋建筑被拆除，最难受的莫过于设计师，因为建筑承载着的不仅仅是文化，更多的可能是人们的记忆。

陈霖峰（佛山市顺德建筑设计院有限公司院长）：毕竟建筑物会和我们的活动产生很多对话，我们很多记忆就在那里产生。或者看过一场什么电影，或者和哪些人去看，那周边的环境，它会给一个很深刻的印象给我们。无论它是多么朴素，或者是多么过时也好，但是将我们的记忆唤起来，就是一个很重要的，人的一种感情的需求。

佛山市高明区职业技术学校新校区

城市发展历程中，部分风格独特的建筑保留常常难以被顾及到。

陈霖峰（佛山市顺德建筑设计院有限公司院长）：我们对待这些有特征，或者是公众认同度高的建筑，希望都是能够有一定的方法保留它。其实凤城影剧院，我们不是说要拆了它，这么简单的意思。

完美是坚持慢工出细活

在这个需要沉淀的年代，陈霖峰并不着急扩张自己的版图，而是坚持慢工出细活。

陈霖峰（佛山市顺德建筑设计院有限公司院长）：这个是一定会这样。所以我不是很相信一些特别高产的建筑师，会有思考的深度。这个是我们社会很大的矛盾。

我都跟同事说，设计院不是发达的地方。你要把最好的价值给业主，就是设计是给甲方一个更好的价值，创造更好的。对社会也好，对业主也好，都会觉得你的设计的价值可以体现出来。

做建筑设计的人是需要一步一个脚印做事情的。在陈霖峰的心目中，他最希望的就是顺德的建筑就像顺德的美食一样，在家乡得到人们的喜爱，在外受到世界的追捧。

陈霖峰（佛山市顺德建筑设计院有限公司院长）：我们是一个具有国际眼光和视野的高素质的本地公司，除了机场没做过以外，医院、学校、住宅、酒店，还有展览馆、景观的大门（都做过），工厂就很多，甚至坟墓、殡仪馆这些都做过。太多了。

陈霖峰正是怀着对建筑事业的热爱，传承着建设者的情怀，用汗水和奉献，带领着他的建筑团队，以无限量的激情开拓着中国建筑的疆野，筑梦顺德！

祝愿陈霖峰的顺德建筑梦像顺德美食一样，飘向世界，惊艳天下！

编导手记

拍摄到陈霖峰设计师(以下简称"陈院")之前,我一直听说顺德设计界有位高人,人称"雨林山峰"。后来认识以后才知道,说的就是陈院。他这个称号,一来是他的名字的拆解,二来和他的性格有很大的关系。

陈院是一个非常儒雅的人,拍得一手好照片,又是一个斯文的吃货。用他的话说,不会拍照的设计师不是一个好吃货。美景与美食,若为这二者抛弃自由,他也是会愿意的。陈院自幼深受岭南文化的熏陶,对于水乡文化的爱,他都一一地渗透到他的设计作品当中。例如,一个建筑的外墙,也许就是在呈现水的波纹,呈现南方特有的棕榈树的树干。线条与线条之间的连接,在我们看来也许是复杂的,在他看来则是错落有致的。也许正是因为有着善于发现美的眼睛,所以他才能够不断地设计出美好的建筑物。

陈院是一个让人很羡慕的人,因为有自己钟爱的事业,这份事业恰好是自己兴趣所在。他说话总是不紧不慢的,声音中都透着温和,让人觉得实在愿意和他交谈,好似天大的事情到了他那里慢慢说、慢慢解决就好了。因此他也不崇尚快的东西,不认可那些短时间内就能够多产的设计师,毕竟,慢工出细活是做学问、做设计不变的道理。

印象企业

20多年来,陈霖峰先生率队全力投身建筑创作实践,风格务实、理性,又兼具灵秀的岭南特色,其主创并获奖作品包括:
1. 佛山市顺德一中高中部
2. 顺德区第一人民医院易地新建项目
3. 佛山市高明区职业技术学校新校区
4. 北滘金茂华美达广场酒店
5. 顺德岭南风情美食展示中心
6. 佛山市顺德区行政服务中心东座(办证中心)与西座(报批中心)
7. 第五届中国花卉博览会中心展馆
8. 新乐从中学
9. 郑裕彤中学
10. 佛山市顺德区一中高中部修建性详细规划
11. 佛山市顺德区迎接亚洲艺术节和省运会市容整治规划
12. 万家乐石油气器具厂综合楼
13. 新疆伽师职教园
14. 工业设计城设计师公寓

刘海军：回归设计本质

——传承企业文化的心雷策划

　　工业设计是以工学、美学、经济学为基础对工业产品进行的设计，它是20世纪初工业化社会的产物，其设计理念从产生之初的"形式随机能"发展到现今的"在符合各方面需求的基础上兼具特色"。随着以机械化为特征的工业社会向以信息化为特色的知识社会迈进，工业产品设计也正由专业设计师的工作向更广泛的用户参与演变，用户参与、以用户为中心成为设计的关键词，并展现出未来设计的创新2.0趋势。

　　顺德心雷工业产品策划有限公司从无到有，也经历着各种转变，从设计意识不足，到深度挖掘内涵，逐渐改变了人们对设计的认知。

　　这间公司的设计不是为满足老板个人喜好，而是为大众服务。掌舵人对设计的本质有着自己独特的见解。在准备大展拳脚之际，企业人才却严重流失，他力挽狂澜，让企业回归正轨。他曾说："我们讲设计师是一个苦逼。设计师，尤其是作为设计公司的设计师，要经得住考验，经得住方案一轮一轮的筛选，一轮一轮的淘汰，最后在整个过程里面，反反复复。"

　　这位掌舵人，就是顺德心雷工业产品策划有限公司总经理刘海军。

做成合作企业的研发中心

这里完全没有参考,是从无到有的一个过程,所以刘海军需要思考的问题非常多,很多问题需要去重新梳理。

刘海军(顺德心雷工业产品策划有限公司总经理):刚刚客户说我们的产品,有需要改进的地方……

这件看似普通的东西,是刘海军正在研究的产品,它是定位美国高端市场,能够实现手机智能化控制的窗帘导轨,目前这种产品在市场属于空白阶段。任何一个来自生活的灵感转化为产品都不可能一帆风顺,刘海军遇到了难题。

刘海军(顺德心雷工业产品策划有限公司总经理):手板打了四五轮了,一直在试。试不同结构,试不同实现方式,研发过程是个苦行僧的生活嘛。

设计就是一个反复试验研究的过程。把公司做成合作企业的研发中心,是他做设计公司坚持的理念。正是这样的理念,他和合作企业一直保持着深度持久合作,这些企业不乏像美的这样的行业巨头。

刘海军(顺德心雷工业产品策划有限公司总经理):我们的产品还需要有什么改进没有?顾客体验反馈怎样?

刘海军正在询问一家合作企业的意见。这是一家以生产加湿器和空气净化器为主的企业。从刘海军创业的第一年,这家企业就开始和他合作,企业的产品大部分都出自刘海军的公司。

刘海军(顺德心雷工业产品策划有限公司总经理):公司的运营体验,我们为什么提出来"以设计研究为基础的精品设计理念",就是希望做到跟客户形成很紧密的联系,达成长期的战略合作伙伴关系。只有这样才能持续地为客户带来符合市场需求的优秀设计。

邓树才（佛山星旭电子有限公司国内销售部经理）：当时我们在没有发现刘总公司之前，已经有几家的公司合作。但是合作期限都是一年半载那种，合作不长。为什么呢？他们给不到我们所需要的那种设计理念啊！包括产品的外观，整体的，给不到我们最满意的。自从认识刘总，最起码我们每年能拿出有代表性的作品，我们的代理商他们都很满意。

客户：他们公司团队跟踪得比较到位，哪怕我们没想到的，他们都会主动提出来。有哪个（方案）还可以更优化，比原来更合理。所以这方面，别的公司可能还欠缺这一点细节吧。

用设计赋予产品灵魂

在刘海军看来，每个企业如同每个人一样，有着自己的气质。只有长期深入了解，才能传承企业文化，准确塑造产品内涵。

公司外景

刘海军（顺德心雷工业产品策划有限公司总经理）：客户不是认可你某个人，他认可你这个公司，这里面其实也是经过好几年的沉淀。我们公司对客户的把握，对设计的理解，你可以去做传承。对我来讲，对我的设计团队来讲，对我的设计管理来讲，它已经植根在这个公司了，形成了公司文化，每个新的设计师加入我们团队都是基于这种文化来执行。

既能把生活中发现和提取的意识融入到设计当中，又能设计出企业的灵魂这样的作品，公司自然广受青睐。短短几年，刘海军他们就获得了设计界的最高奖——红点奖。这个留着长发但性格并不张扬的人，更愿回归设计本身。

刘海军（顺德心雷工业产品策划有限公司总经理）：对我目前来讲，需要去专注做一些事情。我们要专注在某一些产品里面，去把自己想做的事情做好。但是说我如果单纯是为了某个设计大赛而去，就脱离了我本身要去做的事情。这样的话一定影响到我的实际工作。因为你本身在经营一个设计公司，你需要去为客户负责任。所以我们更多的精力，包括我包括我们设计师，我们整个设计团队一定是先围绕客户来用心做事。

进驻广东工业设计城

在来顺德创业之前，刘海军在深圳一家公司做设计师。因为工作的缘故，经常游走于两地之间，久而久之，他发现了顺德的企业在产品上暴露的问题。

刘海军（顺德心雷工业产品策划有限公司总经理）：它（产品）没有设计。不是设计上的好与坏，或者是设计上存在一些技术的问题、表面的问题，它压根儿没有设计。（照

2009年创意产业领军企业奖

搬)传统的思路,产品是拿来主义。去国外走一圈,拿回来,然后依葫芦画瓢,或者说找一些比较初级的、很基础层面的(不同之处),纯粹为了差异而差异,为了设计而设计。

顺德有上万家的企业,工业产品设计又存在问题,刘海军看到了其中的商机。于是他收起行囊,来到广东工业设计城,成立了广东工业设计城内的第一批专业设计企业。

刘海军(顺德心雷工业产品策划有限公司总经理):作为初创公司,没有现有的客户。你要一遍一遍,就是靠两条腿加摩托车去跑。因为公交车走不到客户那里。刚开始,打摩的。出租车没有。你可能去的时候,可以坐出租车去,回来没有。因为刚开始我们没有购置汽车嘛。

和所有创业者一样,刘海军也是白手起家。但在刘海军心里,物质上的紧缺绝非最大的困难。

刘海军(顺德心雷工业产品策划有限公司总经理):其实内销市场是比较典型。老板的思维和市场的思维,包括和我们设计公司的思维很多碰撞。站在一个老板的角度来讲,他会考虑你的东西怎么样。比如加湿器,做一个很卡通的,以前你做个什么猪、熊猫,但是现在不允许了。因为存在一个安全性问题,小孩子会直接去碰。OK!那你还想做些可爱的,那可爱怎么来表现?做成以前那种很卡通的,圆鼓鼓的,已经过时了。老板会以他的意志指挥你,这种东西要大气一点。但是可爱的东西怎么可能大气呢?这完全是矛盾的。

观念上的冲突该如何解决?究竟是以客户的意志去思考,还是以社会群体的角度去解决这些现实的问题,都摆在了刘海军的面前。设计师的一个职业病,喜欢看周围的东西,善于思考,在生活中捕捉灵感。

刘海军(顺德心雷工业产品策划有限公司总经理):我们设计是为了什么?慢慢地在这个过程里面,会让你形成一个方向,或者说你的一些灵感,往往你在这个过程里面呢,在很久没有找到一个解决方案的时候,突然发现一些什么事物啊,一些什么产品啊,哪怕一个小动作,都会让你找到一个灵感。

员工流失,战斗到最后

作为一个设计师,对生活中的细节往往很敏感,这也极大地打开了他们的思维。可是就在刘海军还来不及解决这些问题的时候,真正的挑战却降临了。

刘海军（顺德心雷工业产品策划有限公司总经理）：最开始创业的几个拍档，到年底全部辞职。设计公司门槛比较低，他们在公司的时候就已经开始创业了，公司的几个骨干都跳出来了，相当于把整个公司的支柱的一半全部砍掉了。整个公司刚刚建立起来，一下倒掉了。

福无双至，祸不单行。公司局面还没完全打开就遭受如此重创。是回原来公司，老老实实做个设计师，还是在创业这条路上一路走到黑？刘海军陷入了思考。

刘海军（顺德心雷工业产品策划有限公司总经理）：我们第一年的创业，可以讲完全照搬深圳总公司的整个架构、制度，方方面面的，包括业务上的小技巧，全是照搬过来的。但是深圳的城市环境、营商环境，包括企业的一些理念都不太一样，顺德不一样。

成者自成。这个外表柔弱的男人没有选择放弃，他选择战斗到最后。

刘海军（顺德心雷工业产品策划有限公司总经理）：管理（下手）啊，从整个公司业务的掌控（下手），包括公司的运营理念，人才的培养，等等。从整个架构上做了颠覆式的改变。

穷则变，变则通，通则久。变革的第一步要保持团队的稳定性，为了留住人才，刘海军并没像常人那样更多地去约束员工，而是选择了放手。

刘海军（顺德心雷工业产品策划有限公司总经理）：公司文化是开放、自由、包容。开放对设计公司来讲是很好的一点。作为一个设计公司，整个团队不可能限定在一个框架里面去工作。本身它需要一个层次的积累。另外一个就是自由性，设计师是比较追求自由的一个群体，如果你过分注重仪态仪表、平时的工作作息，甚至说其他的言行举止，你给员工规范了条条框框，做得很好，其实从某个层面上来讲，会很大程度上压制一些个性的发挥。

人都有追求上进的心，设计师也会有创业的想法。作为过来人，刘海军对员工的这种想法不会去压制，反而会鼓励他们去创业。

刘海军（顺德心雷工业产品策划有限公司总经理）：人性呢，不是说你在平时工作，时间安排给他就好了。设计师也要生存，他也需要更好的物质条件。那你不仅仅要考虑明天给他发个本，后天给他发个奖金，你就可以安抚他。而是说你为他真正用心，为他考虑他未来的职业规划，他未来的生活安排，这是很重要的事情。

打造受人尊敬的设计公司

对员工的包容、自由开放的工作方式很快起到了效果,留住了人才。现在他可以把主要精力用在对设计的追求上。

刘海军(顺德心雷工业产品策划有限公司总经理):我们自己一直在思考一个问题。我从事设计,我具体要怎么来做设计?这是每个设计师需要去问自己的一个问题。

我们要做任何一个项目的时候,不仅仅是说单纯站在一个项目的基础上,我们要从你所定位的这个群体,从他们的一个角度,从他们的一个喜好程度来思考,来做你的设计,而不单是以企业家、老板的思维方式来思考。因为我们是要为人来设计的,不仅是为了老板的个人喜好设计。

在生存面前,也许有的设计公司是客户提什么要求,他就做什么。面对这种事情,刘海军内心也曾挣扎过,最后他还是选择了坚守。

刘海军(顺德心雷工业产品策划有限公司总经理):设计价值从哪里来体现?你首先不是回答"我要把我的价值体现出来""给你收多少费用"。不是这样一个理解,而是真正说,你的设计价值能帮到客户,能为他去提升他的价值,提升他产品的竞争力。

单个的产品设计,只能体现单个的价值。如何让合作企业整体的产品策划和销售在激烈的市场中求胜呢?刘海军把自己公司的理念提到了一个更高的层次。

刘海军(顺德心雷工业产品策划有限公司总经理):在市场层面,很多的设计理念是缺乏的,所以我们更多的是要帮企业建立一个设计咨询系统,用这样一个概念来导入企业的整个市场。研发、生产、管理整个环节,帮助企业去解决和推动企业持续地发展,这样企业才能跟你建立一个紧密的联系,因为你最理解这家企业。我们的一个理念,就是把公司做成企业的一个研发中心。

给自己一个清晰准确的定位,为企业提供良好的产品解决方案,合作的企业尝到了这种理念带来的甜头。但对于刘海军来说,这不是他的最终目的。作为设计师的他,始终有个强烈信念在驱动自己。

刘海军(顺德心雷工业产品策划有限公司总经理):这个需要回归设计的本质。我们设计是为了什么?我做一个项目, 做一个case,我用来干什么?如果只是满足你的市场,纯粹为了生存,为了混口饭吃,如果是仅仅停留在这样的层面的话,你做设计公司的意义就不是特别大。

设计是需要去思考的东西。工业产品设计者的设计构思,应该包括产品的整体外型线条、各种细节特征的相关位置、颜色、材质、纹理、结构等,还要考虑产品使用时的人体工程学。

更进一步的工业产品设计构想，会考量产品的生产流程、材料的选择以及在产品销售中展现的产品特色。工业产品设计者必须引导产品开发的过程，借由改善产品的可用性，来使产品更有价值、生产成本更低、产品魅力更高。

刘海军（顺德心雷工业产品策划有限公司总经理）：（做设计追求）我们希望能够回归设计的本质，去做能够让人尊敬的设计公司。其实设计师是没有得到尊重的。你设计出来的东西，如果没有得到尊重的话，那等于是没有尊重设计师这个人。成果没有得到尊重，这个是对设计师最大的伤害。所以我的理想是，希望在设计这个行业里能够真正实现设计价值。

时至今日，顺德心雷工业产品策划有限公司拥有工业设计、市场营销、品牌战略规划等各类设计师、工程师和科研人员100多人，专业化团队均出自国内设计名校，都拥有丰富卓越的产品开发经验和突破创新的设计能力，并通过多专业协同运作、严谨而不失灵活的流程管理及快速的客户反馈速度，为客户带来高效、优质的策划服务。心雷的路，越走越广！

编导手记

见到刘总的时候已经接近下午，那会儿他正在办公室捣鼓正在研发的东西，要不是我们的到来，他可能会在自己的办公室坐上一整天。设计师需要有一颗专注的心，如果心浮气躁，恐怕难以做出好东西。刘总有一袭长发，一提到男人留长发，很多人的印象就是狂野不羁，但是刘总恰恰相反，他的身形和谈吐给人的感觉就是内敛沉稳，很有设计师的范儿。

见到我们的到来，刘总不慌不忙地把沙发和桌子收拾了一下，边收拾边说"有点乱啊"。设计师的工作或许就是这样，太规矩、太约束反而限制了创意的迸发。他话不多，但是一谈到设计就滔滔不绝，你从他的眼神里就很容易看出他对设计的热爱，这种感觉是由内而外散发的。早些年他拿了设计界的最高奖——红点奖，然而这没让他多兴奋，反而依旧保持内心的那份恬静，专注去做设计。

设计师也面临着不同程度的困境和困惑，客户的思想和意志常常凌驾于设计师之上，他时常在追问自己，我们设计是为了什么？到底是为了生存，还是为了什么？当下，从某种程度上说，很多时候设计师是没有得到尊重的，很多人认为设计是不需要付出成本的，是无本生意，部分客户一些可笑的想法常常让设计师哭笑不得。在刘总看来，设计师的职业尊严感得不到尊重，至少对他来说，他要站起来捍卫自己作为设计师的尊严。这种精神是难能可贵的，在生存面前，太多人会向现实妥协，太多人内心的职业感被践踏得粉碎，但是刘总还是选择了坚守。这并不是说他有多伟大，我们每个人都有选择的权利，我敬佩他的选择。

印象企业

2002年，心雷设计机构创立。

2005年，公司迁入深圳。

2008年，公司成为深圳市工业设计协会副会长单位。在第五届中国（深圳）国际创意设计博览会中获"最佳创意设计奖"。在第三届中国创意产业年度大奖中获得"2008年中国创意产业高成长企业100强"。

2009年，公司受顺德区政府邀请入驻广东工业设计城。参加第五届中国（深圳）国际文化产业博览交易会荣获"优秀展示奖"。公司受邀参加欧洲波兰华沙时尚生活展，同时作为中国设计的唯一代表，出席中国和波兰的金贸交流会。此外，公司连同保利文化、长虹电器等著名企业一起获得"中国创意产业领军企业奖"。同年，心雷设计师荣获2009年度红点大奖。

2010年，公司向温家宝总理展示设计成果，并获得总理肯定和赞赏。

2011年，与美的生活事业部和环境电器事业部分别达成年度工业设计合作供应商。

2012年，被中国工业设计协会评选为"中国十佳工业设计机构"。同年，入选顺德区促进小型微型企业发展（星光工程）重点扶持企业。

2013年2月，经过长期考察与合作，与俄罗斯知名品牌Polaris达成长期战略合作伙伴，也是中国唯一指定设计服务商。同年，成为佛山市服务外包行业协会第一届理事单位。获邀与其他知名设计机构一同参加英国百分百设计展。

公司荣誉

刘诗锋：麦芒上的舞者
——东方麦田工业设计的坚持力

佛山顺德东方麦田工业设计有限公司创立于2003年，服务涵盖品牌策略、产品设计、制造支持、广告创意、互动传播等领域，总部位于佛山顺德。

东方麦田设计公司是一家帮助企业确立品牌诉求，打造具有核心竞争力产品的公司，并为企业提供精准的市场动态信息和卓越的设计策划，推进企业产品战略运营。

东方麦田倡导设计师以造物者的心态尊重人和设计本真，以系统研究、科学设计的综合模式提高产品的市场价值和用户价值，并以用心设计为信仰。刘诗锋，东方麦田工业设计公司总经理，原来他也是一名设计师，一次与国外优秀设计师的接触，使他对设计有了重新的认识与思考，并踏上了创业之路。

赢得行业巨头的芳心

今天再次前往万家乐燃气具有限公司这间世界五百强企业，和12年前相比，刘诗锋多出的是满满的自信。

东方麦田总部

刘诗锋（佛山顺德东方麦田工业设计有限公司总经理）：样机做出来，效果还不错。这个颜色的效果还是很凸显的，现在就看工艺上的问题，是不是能够达到他们的要求。

李涛（广东万家乐燃气具有限公司品牌总监）：您好！您好！欢迎刘总。

刘诗锋（佛山顺德东方麦田工业设计有限公司总经理）：这是我们的产品。

带着孩子见婆婆，这样的场景，设计师出身的刘诗锋不知已经历过多少次。

刘诗锋（佛山顺德东方麦田工业设计有限公司总经理）：这个（产品）就是专门针对年轻化家庭，两个人或者两个人带一个小孩子的家庭，并且这个产品还有一个很大的想法，它比较适合电商销售。

刘诗锋的自信，毋庸置疑来源于十几年的历练和沉淀，更来源于在设计每一款产品之前对用户的真实调研、对市场的精准定位，来源于设计理念和市场需求的完美结合。正是这种踏实的做事风格，让刘诗锋的团队赢得了万家乐这一行业巨头的芳心。

李涛（广东万家乐燃气具有限公司品牌总监）：我们对他的专业性是认可的。他自己在工业设计领域这一块专业性够强。他身上有一种为工业设计而献身的非常执着的精神。

刘诗锋（佛山顺德东方麦田工业设计有限公司总经理）：开始创业的时候，其实是想做一个生意，也不是讲得像一个生意人，一定要怎么样才能做好生意。做好专业可能会慢一点，但会走得稳一点。

员工大合照

逃离科龙，赌上未来

对刘诗锋而言，他所说的"慢一点"，是从2003年开始的、用了四年时间的坚持和等待。

刘诗锋（佛山顺德东方麦田工业设计有限公司总经理）：在科龙，我早两年做的就是产品设计，就是工业设计。因为我大学学的专业就是工业设计。到了后面的一两年的话，我做了一些产品策划的工作，可能当时出发点有一个比较无厘头的理由——我自己感觉自己的性格不太适合在企业发展。

天生不愿受约束的刘诗锋萌动了逃离的念头，一次机会，彻底触动了他。

刘诗锋（佛山顺德东方麦田工业设计有限公司总经理）：我在科龙的时候，最后一年，我有一个很好的机会，我负责一个项目——找全球最好的设计公司来为科龙做设计。我是这个项目的负责人，我在跟全球最好的设计公司接触后学到很多东西。

一次接触，真正触动了25岁年轻人的心，让本来就学设计出身的刘诗锋对设计有了重新的认识和思考，也让刘诗锋的人生轨迹发生了改变。

刘诗锋（佛山顺德东方麦田工业设计有限公司总经理）：我觉得当时整个顺德制造业在产品方面都蛮传统的，这种科学性系统性都蛮弱的。我正好做设计，我又在企业内部待过，知道这个问题。突然我觉得，想要出来这个想法很明确。出来以后就想到，我能帮很多企业改变他们的创业机制，来导入一些东西。

刘诗锋没有多想，没有客户，更没有资金，他有的只是年轻人的冲动和热情。而这究竟能不能成为撬动未来的动力呢？

刘诗锋（佛山顺德东方麦田工业设计有限公司总经理）：出来的时候，连买电脑的钱都没有。我上班，我还有两个弟弟，弟弟读大学、读初中都是我供他们的。基本上我每个月把钱扣了以后就剩下几百块。出来以后，找别人借了几千块钱，买个电脑就开工了。

创业路上风雨行

刘诗锋的公司几乎都是年轻人。

刘诗锋（佛山顺德东方麦田工业设计有限公司总经理）：这是我们年轻的设计团队，非常有活力。我在我们公司是年纪最大的，但是跟这些年轻人在一起，我感觉自己也是很年轻的。

刘诗锋的团队以充满活力的年轻人为主。设计行业需要有个性、有想法的年轻人，更为重要的一点，还在于刘诗锋曾经的遭遇。

刘诗锋（佛山顺德东方麦田工业设计有限公司总经理）：我在企业，在科龙待过。我就直接找大客户，当时找TCL、万和、华帝这种客户，我直接去找他们总经理，然后跟他们讲，讲什么呢？讲我原来在科龙里跟国外顶级的设计公司学到的这种理论，这种认识，讲到一个系统的创新，讲到产品规划的东西。那你可以想象，一个小年轻，一个公司也没有任何东西，去跟总经理讲这些东西，他们觉得你就是在忽悠他们的，你知道吧？

刚刚出来创业时，刘诗锋受尽冷落和歧视。

刘诗锋（佛山顺德东方麦田工业设计有限公司总经理）：当时出来不久的时候，我曾经给一个客户做一个产品设计。我给他写了一个大概30页的产品策划方案。给了他以后，那个老总就把我的东西扔在桌子上，说你不要给我来虚的，你告诉我你做过什么，你能做什么？基本上前面几年都是这样的。

尊重每一个人的专业观点，是刘诗锋一直坚持的理念。

刘诗锋（佛山顺德东方麦田工业设计有限公司总经理）：颜色方面，按照我的感觉太大了。块头太大了，可以更接近一点。但要体现出质感，就会显得整体更柔。现在这里缺几个字或者按键，这些是不对等的东西。

但单靠专业上的尊重，毕竟不能解决实际的吃饭问题。没有资金来源，刘诗锋迫不得已做出了一个大胆的决定。

刘诗锋（佛山顺德东方麦田工业设计有限公司总经理）：我们公司当时有14人，我就留了一个。这些人感觉是做一份工，做一份生意。我实际上是实现我专业上的一些追求。所以当时有一两个月，我一个人就把这十几个人工给顶了。我天天熬夜，整天搞通宵，去把项目熬过来了。

从设计师到管理者的转变

背水一战，刘诗锋如何东山再起？工业设计的麦芒之上，他如何舞出动人的舞姿？

刘诗锋（佛山顺德东方麦田工业设计有限公司总经理）：这是自动炒菜机，只要把所有东西一次性放完，中间就不用管了。年轻人是非常喜欢方便快捷的，我们希望它做到完全傻瓜化。

全自动炒菜机是刘诗锋和华南家电研究院共同开发研究的、针对欧美市场的产品。现在万家乐的产品设计，全都出自刘诗锋的团队和东方麦田合作的企业，此外合作伙伴还有海信、科龙等。然而这一切都源于八年前的一次关键转机。

刘诗锋（佛山顺德东方麦田工业设计有限公司总经理）：当时我们跟万家乐的总经理去洽谈合作的时候，总经理大概花了十分钟的时间跟我谈，十分钟不到，他问我首先我们能给他带来什么东西。我跟他说能带来统一性和差异性。就是简单的几句话，说完以后他就马上说，你公司现在一年做多少？我说很少，一百多万。那时就七八个人，他说我至少一年给你一百多万，你就来帮我做这个事情，你就按照我的市场来做这个东西。我和搭档两个人一出会议室以后，我搭档就说了一句话：终于有人认可我们了！

刘军（佛山顺德东方麦田工业设计有限公司总经理）：庆祝？好像没有。因为我们两个人的性格都是属于那种……怎么说，都很少会去（庆祝的）。不是说低调，可能是性格造成的。好像认为应该就是这样，理所当然可能就是这样。

拿到世界五百强的合作订单，这无异于给刘诗锋的团队注入了强心剂。然而很快刘诗锋发现，身为设计师，和大企业的合作并非易事。刚一开始与万家乐合作就遇到了很大的冲突。

刘诗锋（佛山顺德东方麦田工业设计有限公司总经理）：在和万家乐合作过程中，不论是跟销售部还是跟技术部，都存在这样巨大的一种矛盾。有一段时间，我们做了一个产品出来，然后交到技术部去做的时候，做出来的结果，和设计方面的东西差别非常非常大，甚至已经看不到我们原来设计的影子了。我们跟万家乐销售部门的一个总监在对产品的一些意见上面冲突非常激烈，激烈到吵架的地步了。

设计师以用户为核心，企业以市场竞争、以产品成本为导向，两者之间看似不可调和的矛盾，在很长一段时间都困扰着刘诗锋。随着企业的壮大，刘诗锋在从设计师到管理者的角色转换中找到了答案。

东方麦田团队

刘诗锋（佛山顺德东方麦田工业设计有限公司总经理）：其实中国有很多全球的设计公司，可能80%以上的老板、经营者都是设计师出身。设计师的思维可能和一个企业经营者的思维有很大的差别，这是需要很大的转变的。所以我们跟万家乐合作比较紧密。我觉得从这个方面来说，我们其实学到很多东西的，从一个产品管理的角度，我们会想一个公司的管理。

设计师到管理者角色的真正转变，让刘诗锋找到了处理和企业关系的法宝。

刘诗锋（佛山顺德东方麦田工业设计有限公司总经理）：这个东西真的是一步步磨过来的，慢慢加深的东西。设计师的性格在里面也会被磨圆，最终大家目标是一致的。我们是要给用户提供一个好产品，又要为企业创造好的效益，还要为销售部提供好的竞争力。实际上我们原来去抱怨的东西不合理，是因为什么呢？我们没有看到我们作为一个设计师的责任。我觉得设计师的责任、最大的价值就是在平衡，在解决这些矛盾。

服务中发现产业链

为企业策划执行年会,现在也成为刘诗锋的团队服务企业的一环。

刘诗锋(佛山顺德东方麦田工业设计有限公司总经理):原来的经销商年会通常的做法,可能是老让一帮人过来,可能喝喝酒,拉拢下感情。所以我觉得我们这次经销商年会,应该是回归到用户价值和产品价值上面去,经销商来了以后,我们应该去做一些体验式的装置,让他们感受到产品在操作上、在用户体验上面的一些优势。

在为企业提供设计服务的同时,刘诗锋一不小心开创了一个行业先河——服务中发现产业链。

刘诗锋(佛山顺德东方麦田工业设计有限公司总经理):后来我发现很多企业,其实他自己都不知道自己到底要什么。那我就把它研究出来,我来帮他们去研究市场,研究用户,来跟他设计标准,我来帮他策划产品。这个时候我们的价值就有了增值服务。其实我找到了他们企业在产品管理方面最大的一个短板,把点通过我们的专业能力串成一条线。

在刘诗锋眼里,设计师就像麦芒之上的舞者,为了心中完美而自由忘情、痛苦孤独,尽展优美舞姿,尽情舞蹈,但最终都摆脱不了市场这个麦芒。

刘诗锋(佛山顺德东方麦田工业设计有限公司总经理):坚持和专注,我觉得这是整个社会最核心的优良的稀缺的品质。我们这十年走过来,确实曾经遇到很多问题,也觉得很艰难,但最终坚持下来以后,到现在,专业性获得的认可度是让我们非常有成就感的。也应该说是东方麦田整个公司的核心理念,也是我们的价值所在。

坚持和专注是成功的法宝。它原本就存在于每个人的心中,重要的是你要循着你内心正面地引导,真正地去寻找它,并且不要因外界的复杂而困惑,要专注、单纯地思考,那么,你将会听到清晰的滴答声,你也终将获得人生的智慧。

因为热爱,所以专注。成功没有捷径,唯有踏踏实实一步一个脚印,享受孤独享受痛苦,才能到达理想的彼岸!刘诗锋和他的东方麦田工业设计有限公司,历经风雨和磨难的坚持,终于拥有了自由翱翔的天空!

编导手记

　　从事设计的人，多数有着不一般的思维。尤其是身为顺德这个中国制造业基地的知名创意设计机构的负责人，东方麦田总经理刘诗锋总给人一种既踏实又飘逸的感觉。

　　除了东方麦田总经理的职务，刘诗锋还有另外两个头衔：一个是广东万家乐有限公司空气净化器事业部总经理，一个是顺德区工业设计协会常务副会长。

　　12年前，工业设计企业相当"罕见"，2003年，刘诗锋辞去科龙电器负责冰箱产品设计的职务单干，和合伙人开办了设计公司。故事发生到这里，依然没有离奇，刘世锋没能躲过创业之初的种种困难考验，但最终上帝还是垂青了这位一直思考着"产品对制造企业意味着什么"的年轻人。2007年底，刘诗锋迎来了转机。当时，本地做热水器起家的万家乐公司主动找到刘诗锋，花100多万元把他一年的设计业务包了下来。这种合作一直延续到今天。解决生存压力，并不是刘诗锋最终想做的，在这个学设计出身的年轻人心里，有着更高的追求。

　　从源头去研究消费者的需求，才是设计的根本。于是，2012年，刘诗锋主导开启了入户调研模式，换句话说，就是深入普通百姓家的厨房和卫生间，研究他们的生活习惯。半年时间，刘诗锋的团队走了10个省市，深入成千上万的家庭，通过观察、拍摄、记录他们的生活，全面分析用户行为。这次调研之后，万家乐提出要做"最适合中国人的厨电"，赢得了消费者的热烈欢迎。

　　三重身份，经营好自己的企业、为客户创造有价值的产品、践行设计的本源，可以说每个角色，刘诗锋都是成功的。

公司天台员工合影

印象企业

2003年8月，刘诗锋离开海信科龙公司，在顺德与朋友刘军合伙成立了"灵目工业设计"。

2003—2007年间，东方麦田处于沉淀阶段。公司在家电行业建立了6个品类21个产品的市场信息库及材料工艺库，对家电行业有了更深刻和专业的见解。

2007年，东方麦田与万家乐达成战略伙伴关系。

2008年，东方麦田与美的、万和、海信等知名家电制造企业成功合作，设计了"万和中国红"系列电热水器、美的中国风系列加湿器、美的茗香王套装茶具、百事可乐冷柜等众多具有极高市场价值的作品。

2009年，东方麦田进入快速发展阶段，团队壮大，开始往产品全生命周期设计创新的服务方向迈进，建立了品牌广告、商业展示、互动演示等专项团队。

2010年，东方麦田建立了更为专业的市场信息库及材料工艺库，并成立了用户行为研究实验室，开始往研究型设计公司方向发展。

2011年，发起成立中国厨房产业设计联盟。

2012年，灵目设计正式更名为东方麦田。至此，东方麦田拥有100多位设计师，11个专项设计团队。旗下拥有盛世吉光互动科技、华创精工快速制造、思广达公关策划、东来装饰、东方麦田电商等配套子公司，建立了完整的产品全生命周期设计创新体系，涵盖"用户研究、产品策略、工业设计、体验设计、商业展示、品牌广告"等领域。

2014年，东方麦田荣获中国十佳工业设计公司奖项。同年成立广州分公司——麦天广告。

2015年，东方麦田被评定为"国家高新技术企业"。

老柏强：情绘初心

——古今工业设计的黄金时代

　　佛山市顺德区古今工业设计有限公司，是一家追求高品质服务的工业设计顾问公司，成立于2005年5月，扎根于中国家电制造之都——顺德，现为国内最专业的家用电器设计供应商。公司有40余名全职设计师、工程人员，1000平方米的设计大楼，一直以来持续为国内外知名品牌以及发展中企业提供产品设计、结构设计、UI设计和品牌设计。

　　在国内，古今工业设计已设立两家子公司、开辟新市场，有力整合南方设计和生产制造资源。如今古今已涉足工业设计的各个产业环节，形成了一套成熟的产业链。公司拥有一流的产品设计转化能力，能够为客户提供成熟的整体解决方案服务。

　　佛山市顺德区古今工业设计有限公司总经理老柏强，1994年9月毕业于湖南大学工业设计系，师从何人可教授、赵江洪教授。入行20载，他如何看待工业设计和产业的发展？从设计师到管理者，哪一样才是他的灵魂归处？

古今设计团队

工业设计意识的萌芽

老柏强的设计情结起源于 20 多年前。20 世纪 90 年代中期,工业设计在中国还是新鲜事物,只有少数的大企业萌发工业设计的意识。从湖南大学工业设计系毕业之后,老柏强回到顺德,决定为家乡的产业提升出一份力。凭借着扎实的手绘功底,1996 年,年轻有为的老柏强便成了美的工业设计中心的主任。

老柏强(古今工业设计有限公司总经理):中国的制造业开始觉醒,从模仿到创造。所以我当时的抱负就是,希望通过努力去振兴我们的产品、实业、传统制造业。

20 世纪 90 年代末期,顺德积极推进经济结构的战略性调整,走新型工业化道路。老柏强看到了制造业高速发展带来的庞大需求,他决定放弃在大企业的高薪,毅然创业,从头再来。

老柏强(古今工业设计有限公司总经理):初初出来的时候,只有几个人,其实都很辛苦。因为常常要熬夜,店铺在东宏路,楼上楼下,租着别人的房子,只有十来平方米,两三个人。隔壁那个阿姨经常问,为什么你们整晚都不关灯呢?

创业的艰难岁月过去了,如今老柏强的公司服务于众多国内知名品牌,是佛山最具实力的产品创意及设计机构之一,但为设计通宵达旦的习惯他却一直没变。

蒋宪瑶(老柏强妻子):他对工业设计,我认为就是达到了一种比较痴迷的状态。平常的生活中,他每次一想到什么创意就会马上去拿一张纸,把它记录下来。甚至在吃饭或者是睡觉时,他想到好的东西也会马上跳起来,把它画下来。我觉得对他来说,他的这种爱好(工业设计),已经是融进他的灵魂里面了。

冼勇安(古今工业设计有限公司员工):老总给我一个印象,他是对设计很热衷和有追求的。对我们员工也是很亲和的,带着我们去做设计,我们也能感受到他那份热情。

创意营销打破僵局

古今工业设计主张"策略先行,设计再现"的经营理念,为各类制造企业提供市场研究、设计策略、产品规划、创意实现等服务,致力于让产品变得与众不同。公司擅长整合跨行业、跨产品、跨服务的资源,为企业实现产品创新,突破营销僵局。

古今设计已经帮助客户成功开发了上千款产品,荣获 30 多项国家及省市级的产品设计奖项,是顺德区工业设计的重点机构和星光工程企业。

老柏强(古今工业设计有限公司总经理):这就是我设计的摩天轮种植机。这些花盆可以拿来做无土或者有机土的种植。然后这里有电机,这里有太阳能板,底下这里有喷淋,这个是模型机,缩小了的。实际的大小应该就有这么高、这么宽,差不多这个阳台这

公司大堂

办公环境

么宽,这其实是给我们消费者提供一个非常理想的自己种菜或者养花的智能化的种植机。

这个方案,我们现在大概的样子就是这样的,基本上就只要播种,加上日常的一些小的维护,那么它就自动根据我们设定的程序来喷淋。

他的想法天马行空,见到摩天轮之后,灵感就来了。

老柏强(古今工业设计有限公司总经理):想了几个月,和市面上的箱式、槽式,或者温室种植的方式不同,我觉得可不可以给一些特别点或者好点的体验呢?在见到摩天轮之后,灵感就来了,我想将摩天轮的旋转结构放在种植机里,一来它可以节省一些空间,二来它又可以给到蔬菜喷淋、通风。

老柏强最初的想法是设计一台机器,令忙碌的城市人可以轻松吃上自家种植的放心菜。虽然已经是公司的老总了,但在老柏强心中,他对设计的热忱从未降温,手中的画笔也不曾停止。

老柏强(古今工业设计有限公司总经理):做设计可以说是我毕生的兴趣。有时候做公司和做运营,是会有很多很繁琐的事情的,当然我都会兼顾。而设计的过程带给我很多乐趣。

设计的初心是"不求发达"

为设计他通宵达旦,但理想和现实的差距有多大?行内讲,设计师是发不了达的。产品竞争白热化,商业模式被颠覆,企业路在何方?

老柏强（古今工业设计有限公司总经理）：我们在画任何一个草图的时候，是我们的思维的一个表达。所以说，你在画之前是要有所构思的。比如说，我现在这个构想是一个360度可以旋转的车，然后底盘是不动的，四个轮子都是可以360度旋转的。

老柏强创立的顺德区古今工业设计有限公司，致力于挖掘市场需求，为企业提供集品牌策划、产品策划、营销推广于一体的全案式策划服务，帮助企业进入蓝海。

老柏强（古今工业设计有限公司总经理）：核心来讲就是解决四个问题，第一我是谁？卖什么？卖给谁？怎么卖？就这四个问题，就是我们这个全案的核心。

讲到全案，我们就以铰链为例。这是哥尼迪的铰链，当时他们的老板周总就想叫我们帮他重新设计这个铰链的外形，他想提升一下，或者是对它的销售提升一个高度。当时我们就跟他说，其实很多时候，产品的设计不单单是对它自身的一种改造，我们也可以从全方位帮它重新策划。所以我们当时就提出了一个全案策划的模式，帮助他从产品设计开始，到营销的策划，到他整个企业的转变，做一个系统性的提升。我们提出了隐形铰链的概念，还有在他原有的产品基础上加入一个塑料壳，然后配了几个颜色。在整个产品的成本上，我们就增加了大概一毛钱，但是通过我们的营销策划和推广，只用了一毛钱的投入，产品的售价就提升了两块钱，这个已经是非常大的提升了。同时在这个行业里面，因为五金铰链基本上都是颜色比较单一的，所以在营销上提出"色彩时代的到来"，这个整体的策划就是，色彩会给我们五金行业带来一个新的卖点。

在市场成熟阶段，传统的产品竞争白热化，商业模式被颠覆。线上线下不同的游戏规则，要保持企业品牌的关注度，就要根据市场的趋势和消费者的消费习惯，对企业的产品阵营进行重新定义和排兵布阵。

老柏强（古今工业设计有限公司总经理）：现在的制造业有点产能过剩。将来的话，我们可能会反方向地引导企业。以前我们可能是服务于企业，但是我们下一步的计划，反过来，通过我们的经验，加强对市场的判断和企业合作。

对当前互联网时代的管理模式，特别是以创意为主的工业设计，老柏强有更多的理解。

老柏强（古今工业设计有限公司总经理）：我们传统的管理模式都是控制理论。其实现在互联网时代，以创意为主的产业，我们的管理更多的是一种开放性的和自由性的管理，更重要的是一种激化，一种融合。资源的融合也好，理念的融合也好，或者是一种互相之间协同的创新，所以会有很多新的商业模式，我认为同事间是拍档式的关系。

这二十多年来，老柏强已经数不清有多少次像今天这样，拿着设计图纸，捧着需要修改的模型走进手板厂，把想法一步一步变为现实。

老柏强（古今工业设计有限公司总经理）：做设计服务这个行业，它不是批量复制，

老柏强在工业设计城

它一定是单一设计的价值。所以很多时候,可以这么说,我们行内讲,设计师是发不了达的。

经过反复修改,老柏强的"幸福摩天轮"——家庭自动种植机获得了第六届省长杯工业设计大赛的奖项。老柏强希望它可以吸引到投资生产,真正服务于千家万户。

工业设计,在于天赋,在于努力,更在于那颗纯粹的、"不求发达"的设计师的初心。工业设计既可以是锦上添花,也可以是造成燎原之势的那点星星之火,照亮品牌发展之路的亮光。

老柏强(古今工业设计有限公司总经理):创建这间设计公司,除了赚钱、发展之外,其实最核心的东西,可能是给更多的设计师一个发展的平台,这就是设计公司存在的其中之一个使命。

用创新提升顺德竞争力

作为顺德本土人,老柏强深深地爱着这片生他育他的热土,这儿有他太多太多的童年的美好回忆!

老柏强(古今工业设计有限公司总经理):(人民大礼堂)我从小在这里长大,由小学到中学都在附近读书,每天都从这里经过,爬树,还有在这儿踢球。以前这里有个大的足球场,对面是凤山岗,我很喜欢这里。

顺德独特的区位和历史造就其很好的创业土壤,培育出众多成功的民营企业。改革开放以来,顺德就以改革开放、创新创业前沿的特征散发着无穷的魅力;而如今,愈加开放的顺德也愈加迷人。

老柏强(古今工业设计有限公司总经理):作为土生土长的顺德人,我觉得顺德给我很好的创业环境,还有生活的提升。多年来我一直都在坚持我的理念,我更希望运用工业设计的思维和方法去帮助顺德的产业提升竞争力，而且帮助顺德经济有进一步提高。

"成功有时候不一定以财富来衡量，每一个人其实都有很多不同的生活方式和赚钱方式，但是我觉得，最重要的就是我要坚持，只有坚持才有机会获得别人的认可。"对于成功，老柏强如是说。

设计源于生活，激情点亮灵感；执着创造奇迹，成功来自坚持。随着中国经济的发展，时代赋予工业设计更多的机遇和挑战，工业设计在中国的产业链中起着举足轻重的作用。

今天，顺德古今设计有限公司更加注重品牌战略和产品PI的整体规划，注重设计的创新和与市场的接轨，更注重与产业的融合和风险共担、利益共享的生存理念，更加强调创效规模，以精英团队创造精品设计。祝愿年轻的老柏强带领他的团队，在工业设计的道路上走得更宽更远！

编导手记

老柏强先生是个专注的人。你从他的设计稿中就能看出来，惟妙惟肖，线条、颜色、光影精准到位，这样的绘画基本功在如今顺德的工业设计界不知道还有几人能望其项背。

老柏强先生是个纯粹的人。你从他的经商理念中就能看出来。他想做的，除了赚钱，还有就是给更多年轻设计师一个发展的平台，以及用工业设计来推动顺德的产业进步。

第一次和老柏强先生讨论拍摄提纲时，我感到有点为难，因为他安静、低调，面对我的提问，有时候会思索很久才非常谨慎地回答，似乎不太配合宣传。等到真正开始采访时，我的心慢慢放下来了，原来，谈到老先生所关注的领域，谈到工业设计的未来，谈到设计师的使命时，他有那么多想法想要表达。他的思想总是潜藏在深深的水中，你一定要屏住呼吸潜下水去才可以看到那些深水中绽放的美丽焰火。

其中一个场景，我们去到钟楼公园拍摄。老先生是顺德人，钟楼公园是他儿时上学必经之地，站在阶梯顶端，他指点四方，可以说出这里原先是什么建筑，那儿本来是怎样的，眉眼间对家乡的热爱溢于言表。

早些年，我们爱说"顺德制造 中国骄傲"，其实我所接触到的很多顺德商人都像老柏强一样，他们谈到顺德时，使命感、紧迫感更胜于自豪感。而每当这些时候，同为顺德人的我，对我们家乡的未来充满希望。

印象企业

　　2005年5月，古今设计公司成立。

　　2009年10月，公司获得CIDF中国创新设计奖，获奖作品是美的高端空气净化器。

　　2009年12月，古今进驻广东工业设计城及顺德创意产业园。

　　2010年9月，公司获得华帝杯设计大赛创新功能奖。

　　2011年，古今设计公司获得"顺德区重点工业设计"机构称号；获得广东工业设计城设计大师奖，获政府10万元的奖励；获得顺德杯创新设计奖二等奖；11月，老柏强先生获得广东省首批国家认证"高级工业设计师"职称，成为中国首批31位获高级职称的设计师之一。

　　2012年，公司获得顺德区"星光工程"企业称号，顺德杯设计大赛银奖1项，佛山市经信杯工业设计奖银奖1项、铜奖2项，广东省最高级别的设计大赛——第六届"省长杯"鼓励奖2项。

　　2012年，联合组建尖刀连营销策划有限公司，打造设计产业联盟，提供产品、品牌营销一体化的创意策划服务，成功签约小熊电器、中山长青集团、SKG、爱仕达等知名企业。

　　2013年，获得三项中国最高级别的设计奖"红星奖"。

　　2014年12月，参加广东省第七届"省长杯"设计大赛，成功斩获"概念组三等奖"（第6名）及"产品组优胜奖"。

　　2015年，组建合派电子商务有限公司，开始了以产品创新为核心的自主创业之路。

红星奖DYJ

小熊电器设计产品

董少杰：开启企业"大平台"模式
——广东翼联合的联盟拓展之路

设想一下，有这样一家"企业医院"，体质羸弱的企业进去后，走出来就拥有强健体质，那该有多好。在广东工业设计城，就有这样一家特殊的"医院"——广东翼联合设计策划有限公司。

广东翼联合设计策划有限公司以工业设计为主体，联合园区内咨询策划、品牌设计、精益生产、产品设计、市场营销等多个环节资源，打造一个"服务联合体"，给企业提供产品研发、设计、营销等全产业链条服务。

"我们不仅要做企业的'手'，更要做企业的'脑'，改变过去品牌策划与产品设计各自为战、难以衔接的服务方式，用策略将设计整合为利润，用策略将创新兑现为财富。"广东翼联合设计策划有限公司董事长董少杰如是说。

创建梅州工业设计中心

梅州会议现场。"五、四、三、二、一！我宣布，梅州工业设计中心，正式启动！"随着梅州市工业设计中心项目的启动，广东省首家工业设计中心正式落户梅州。这个平台不仅承载着建立梅州新型产业链的重大使命，也促进着制造产业和设计产业的交流互动。

客户洽谈

冠军团队

廖志文（佛山市六维空间设计咨询顾问有限公司总经理）：对于我们（广东）工业设计城的设计企业和设计师来说，它不单可以让设计公司走出去，改变了以往的守株待兔，或者是到处扑业务找单子的状况，还可以让我们接触更多的企业，接触更多的行业，对我们开拓思维、开拓业务，起到非常重要的作用的。

促使梅州工业设计产业和制造业融合发展的，正是董少杰带领的位于广东工业设计城的广东翼联合设计策划有限公司。

董少杰（广东翼联合设计策划有限公司董事长）：用我们专业化的公司来给你搭建一个设计文化传播的平台，通过这个平台，在当地培养培育工业设计的理念，培养培育工业设计的文化，让当地的这些工业制造企业了解认知工业设计到底能给企业或者是当地的经济带来什么，这种意识和理念的培育才是我们发展工业设计的前提，一个基础。

很多人认为，工业设计就是设计产品的外观，而很难认识到工业设计服务必须走向技术设计。在多数人对工业设计认识还不足的现状下，传播培育设计文化和理念成为董少杰着力推进的事情。而量身打造工业设计中心的做法，从开始实施就得到了业界权威的认可。

柳冠中（中国工业设计之父、清华美院教授）：我觉得这是必要的，因为榜样的力量是无穷的。这等于说是把它的经验往这边传播辐射。

从"单打独斗"转向"握拳出击"

工业设计中心的创办和建立，只是广东翼联合设计策划有限公司2013年9月成立以来成功的案例之一，入驻广东工业设计城之后，董少杰这位学新闻出身、当过兵、有过10年品牌运营经验、荣获过"设计大师"称号的企业家，敏锐地意识到广东工业设计城内的设计企业存在着空当。

董少杰（广东翼联合设计策划有限公司董事长）：当时我总觉得有个什么空当，制造企业和设计企业之间的对接，存在着一个很大的空当。不光存在着空当，甚至存在着一种排斥。

廉江的一个客户通过朋友找到我们，给他做品牌规划。做完品牌规划，他从廉江过来以后，在园区发现还有这么多家的设计公司，从我这出去以后，拿着地图，就到处找设计公司，做完产品设计，一看结构还没出来，又从廉江回来，开始找结构设计。

通常提到联合，我们会想到传统意义上的产学研之间的联合，行业内或者行业外的联合。我们通常会忽略，对于一个设计企业来讲，通常他们会有自己的长处，也都有自己的短板。怎样可以扬长避短，甚至拿人家的长处为我所用，实现强强联合？基于实际需求，一个新的念头在董少杰脑海中诞生。

董少杰（广东翼联合设计策划有限公司董事长）：我们在整合资源的同时，就萌生了一个（念头），能不能让这些设计公司改变原先的单打独斗，结成一个整体，一个联合体，形成一种整体的效果，形成一种拳头的作用，共同来做好一个项目。

在征求了众多设计公司和制造企业的意见后，翼联合应运而生。

董少杰（广东翼联合设计策划有限公司董事长）：翼联合发起的单位一共有4家。现在设计城的100多家设计企业，我们会从中挑一些优秀的设计企业，有意向的设计企业都是我们翼联合的成员。

改变以往单打独斗，甚至是竞争对手的局面，发展成为一种发挥自己所长，甚至借力弥补自己短板的模式。翼联合刚一成立，就赢得了市场的强烈反响。

李晨（佛山市美旗电器科技有限公司总经理）：去年，我们又收购了一个企业和它的品牌，并且这个品牌是在顺德有20多年历史的老品牌，我们就不可能再去沿用它以前的形象，所以我们就找到翼联合让他们重新给我们去设计，包装全新的品牌。

战略和战术完美结合

得知企业还有工业设计方面的需求，在做品牌包装时，对企业经营理念、企业文化和产品内涵了如指掌的董少杰，就为企业推荐了适合的翼联合成员。

董少杰（广东翼联合设计策划有限公司董事长）：因为我们在做品牌规划的同时，我们对企业有深度的一个调研。对企业的经营哲学理念、企业文化，我们了解得很深刻。在很深刻的同时，我们就挑选我们联合体的成员，谁能更好地为它服务？我们这里有个标准，这个标准就是我们怎么能更优质地给客户提供更有针对性的服务。我们在筛选以后，挑了佛山市青鸟设计公司。

宋灏（佛山市顺德区青鸟工业设计有限公司总经理）：我们经过一段时间的沟通，详

细地了解了客户的需求,量身给他定做了一套产品设计的解决方案,现在合作非常频繁。

一方面为企业提高效率,解决企业各个环节所需;另一方面让设计企业发挥各自所长,提供全方位的链条式服务。翼联合这种强强联合的模式,为合作双方减少了磨合期和互相了解认识的不必要的环节。

李晨(佛山市美旗电器科技有限公司总经理):我们一直是自己在做产品的设计。我们自己一直对品牌进行包装,形成我们非常有特色的一个产品链条。但是我们在做的过程当中,就想再融入社会的力量。

宋灏(佛山市顺德区青鸟工业设计有限公司总经理):往往很多公司在遇到这种问题的时候,只会选择一种办法,那就是先找这家试一试,再找那家试一试,在这种过程中,寻找合适的设计公司来为他服务。客户这次找到翼联合就节省了时间,提高了工作效率。

在翼联合的作用下,双方合作非常紧密,共同在顺德这个家电王国缔造着行业首家实现即热型电热水器的神话。

李晨(佛山市美旗电器科技有限公司总经理):作为翼联合,它把这种服务整合在一家公司。有品牌设计、商标设计,有品牌推广、品牌定位、品牌包装,还有产品的工业设计,然后具体的一些实施。我觉得有这种综合性的公司那当然好,肯定能帮助企业。

如果说策划是一种战略,设计就是一种战术。只有战略和战术的完美结合,才能缔造出真正的品牌。

董少杰(广东翼联合设计策划有限公司董事长):翼联合就是把这些有实力的、有技术有特长的设计公司联合起来,形成一个联合体,让他们展翅高飞。另外一个是,我们要给制造企业提供整体的解决方案,让制造企业形成一种如虎添翼的状态。

强力引擎，助力中小企业

早在1993年，董少杰就在深圳成立了明天品牌。2009年公司成为第一批入驻广东工业设计城的企业。20多年来，他的团队为中外300余家企业、政府实施以战略为核心的各类规划服务。服务的企业有37家在境内外成功上市，服务的企业家有19人入选"福布斯中国富豪榜"，直接、间接为企业创建中国名牌、中国驰名商标达23个。

董少杰（广东翼联合设计策划有限公司董事长）：合纵连横。一是园区内的一些优秀的制造企业进行优势联合；二是把我们的客户进行梳理，进行重新组合，重新联合。因为20多年做品牌策划，做咨询管理，我们的客户遍布全国了。我们想把这些资源都整合到一起以后，为我们广东工业设计城，为我们这些优秀的设计企业所用。

续骏（佛山市顺德区几何创意设计有限公司总经理）：像翼联合这样的机构出现以后，设计师，或者设计公司的设计总监，他更专注于去设计，也就是说把整个社会分工做得更细。

黎永钊（佛山市杰出设计有限公司总经理）：翼联合是设计城，或者设计企业市场内的媒人，好在它很了解设计城内100多间设计企业的特点和专长，它还对市场制造业的需求、对它的发展和规划都比较了解。由于它两方面的资源都掌握了比较多的信息，它很有效地将制造业和设计行业两方面嫁接起来，令它们牵手，可以结成良缘，能够产出更好的作品。

有着丰富品牌实战运营经验的董少杰，深知工业设计日渐成为企业核心竞争力的真正内涵，因为他们一直扮演着企业的"脑"。如何架起生产企业和设计企业之间优势互补的桥梁，让工业设计像魔法一样，把灰姑娘一般的工业产品变成白富美，成为设计文化的推广者和传播者董少杰矢志不渝的追求。

董少杰（广东翼联合设计策划有限公司董事长）：生活当中，工作当中，工业设计是无处不在的。所以说我们的设计文化绝对不是简简单单的一个产品的研发，或者是一个产品的设计，对于制造企业来说，从前期的品牌策划、产品规划、产品设计，一直到市场营销，我们整个是一个链条式的服务。所以说工业设计对现在中国城镇化进程、工业化发展起到一个积极的作用。离开工业设计，这些企业转型升级可能缺少一点支撑。同时我们社会上要没有设计跟上，几次工业革命不会爆发，我们的人类社会可能还停留在刀耕火种的年代。

公司取名"翼联合"，就寓意为中小企业的发展插上腾飞翅膀。在中国经济打造"升级版"的进程中，翼联合将发挥强力引擎的作用。

董少杰（广东翼联合设计策划有限公司董事长）：我的人生格言是实事求效。我能做的事，尽我自己最大的努力。能给公司或者能给我所服务的项目留下一些值得记忆，或者有利于中国企业，或者有利于中国企业家成长的一些东西，我就感到足以欣慰了。

企业转型过程中，需要破除的发展瓶颈并非一种，往往需要多个“医生”共同操刀。传统的散兵作战模式，让企业在沟通协调时成本消耗巨大。而翼联合倾力打造的服务平台，网罗了一大批专家、企业，从而构建起服务企业的强大资源库。可以说，翼联合有点像大业务员，为资源库的企业们拉业务，但它更是资源的强势整合者，利用自身方法论和独特优势，将各种资源对接在一起，成为使客户企业转型升级的有机力量。可以说，广东翼联合设计策划有限公司的“打包式”方案助企业突破瓶颈，开启企业转型“大平台模式”，为企业发展插上腾飞翅膀!

翼联合

设计也是生产力——翼联合的形象工程

中国企业管理科学基金会	中国咨询业峰会	鲜客隆果蔬连锁店	宝富中国高尔夫追日挑战赛	中日产业研讨会	国际企业标识规范委员会	海格名人俱乐部
福建龙洲道路运输有限公司	国家青少年体育俱乐部	深圳市管理咨询行业协会	中国房地产南方开发公司	中国民营企业发展论坛	深圳益力矿泉水有限公司	深圳国有免税集团公司
深圳市国人通信有限公司	香港启盛集团	香港启盛集团	山东将军集团	广丰月兔集团月兔香烟	香港江华实业有限公司	江苏沛县经济开发区
广东华大物流总公司	可悦品牌	深圳市以诺创业投资管理有限公司	中国文能集团有限公司	山东秦池集团	深圳市先导信息技术有限公司	山东航空广告公司
甘肃黄羊河集团莫高酒窟品牌	世朋名人北京文化交流有限公司	重庆市亚东电器集团	重庆市亚东电器集团	山东艾迪建筑安装总公司	重庆华安楼宇系统工程有限公司	泰纳国际果业（北京）有限公司
新疆心脑血管病医院	聚成集团	武夷山正袍国茶	香港王品农业科技	深圳蛇口招商石化集团	奥丽斯电器有限公司	四川盐化集团股份有限公司
深圳中财投资发展有限公司	贵州独山盐酸菜	南昌博泰企业管理咨询	深圳管阁香坊	深圳芭田生物工程哈乐——复合肥	深圳华通贸易有限公司	深圳玉蜻蜓美体美容中心
中国义学整骨集团	北京惠利康高新技术公司	和原生态国际有限公司	千舟文化传播公司	海南金来生物工程	丹东富士灯具有限公司	深圳吉安达科技公司
买房直通车	建宇实业	山东凤祥集团	广西北海西湖科能有限公司	深圳百利玛家居广场	临汾滨河休闲俱乐部有限公司	莫斯科人民宾馆

编导手记

顺德，是中国制造业之都。

设计，是工业竞争的核心。

落户顺德的广东工业设计城，是唯一的国家级的工业设计企业和创新产品的孵化园区。广东翼联合设计策划有限公司是工业设计城里的一家独特的企业，它并非只为企业提供设计，而是从实际需求出发，以工业设计为主体，联合园区内咨询策划、品牌设计、精益生产、产品设计、市场营销等多个环节资源，打造一个"服务联合体"，给企业提供产品研发、设计、营销等全产业链条服务。用董总的话说，是让企业在园区内解决所有需要解决的问题。

在顺德，单纯的设计企业不在少数，但企业的转型升级，又不仅仅只有设计。抓住这个市场需求，错位发展，赢得机遇的正是翼联合董事长董少杰。

董总学新闻出身，再加上在工业设计行业十多年的摸爬滚打，让他对企业全产业链的需求更加了解。翼联合也应运而生。"我们不仅要做企业的'手'，更要做企业的'脑'。改变过去品牌策划与产品设计各自为战、难以衔接的服务方式，用策略将设计整合为利润，用策略将创新兑现为财富。"正是坚持这样的理念，董少杰开启了转型的"大平台"模式。顺德模式，值得借鉴。

看到顺德之外对工业设计的需求，董总开启了另外一条拓展之路。这条路，就是复制广东工业设计城的模式到有需要的城市。梅州工业设计城等相继诞生。顺德工业设计模式在全国开花，是董总未来的目标。

印象企业

2013年9月，广东翼联合设计策划有限公司正式成立，注册资本1080万元人民币，是一家以资源整合、平台搭建为运营主体的智业服务公司。

翼联合秉承"引导中国工业设计成长发展"的经营理念，以设计文化为突破口，同时整合多个资源，打造一个"服务联合体"，给企事业单位提供产品研发、设计、营销等平台化、联动式的全产业链条服务。

02

创造价值，引领未来

蔡铁强：让"千亿梦"来得更疯狂

——敢想敢做敢当的飞鱼电子商务

2010年，中国电子商务市场进入飞速发展前夕，佛山市飞鱼电子商务有限公司在董事长蔡铁强的带领下，以敏锐的市场触觉抢先抓住机遇，创建了德尔玛电器、奇克摩克数码两大自营品牌，并以电子商务为主体战略渠道，正式于中国市场面世。如今，德尔玛电器已畅销全国，顺利夺下全网加湿器销量第一、吸尘器单品销量第一等多项佳绩，销售区域辐射全球十多个国家和地区。奇克摩克数码成功引领时尚电子配件的潮流趋势，赢得了国内众多苹果粉丝和数码配件消费者的欢迎。

从品牌视觉设计到电子商务代运营，飞鱼勇敢地闯入了一个令人振奋的新领域。2012年起，飞鱼先后与品牌方战略深度合作，建立华帝电子商务中心、万和电子商务中心、格兰仕电子商务中心、国际品牌电子商务中心，以集团公司发展模式为华帝、万和、格兰仕等国内一线品牌，飞利浦、德国凯驰、汉斯希尔和日本东丽等国外知名品牌提供电子商务代运营服务，业务遍及天猫、淘宝、京东、唯品会、亚马逊、1号店、苏宁易购等十多个全球知名电商平台。短短两年时间，飞鱼为合作品牌创造了超过10亿的商业价值，成为华南地区规模最大的电子商务服务公司之一。

究竟，这家身处中国家电之乡的电子商务企业是如何扎根本土，做好电商运营，帮助制造业企业"触电"的？来听一听蔡铁强的运营之道。

从设计菜鸟成长为电商龙头

在飞鱼电子商务有限公司办公现场，蔡铁强把自己读过的书送给优秀员工。

蔡铁强（佛山市飞鱼电子商务有限公司董事长）：这本书上次跟你们讲过，对我的影响是很大的。希望你们把它全看完。

员工：谢谢蔡总！

蔡铁强（佛山市飞鱼电子商务有限公司董事长）：大家围一个圆圈，养成七个好习惯，我们一起加油！

这一本是市面上常见的书，却是蔡铁强当年读完的第一本书。这本书不但让当年那个迷茫少年找到了人生的方向，也成为他可以和员工一起分享的宝贵财富之一。看着他和员工一样年轻的面孔，我们很难想象，他的经历有多么离奇。

蔡铁强（佛山市飞鱼电子商务有限公司董事长）：我是拿着两百块钱出（家）门口

的。我找到第一份工的时候，我是只剩五十块钱。接着拿着这五十块熬过了三个月，基本上一天是用几毛钱，每天就是吃半个馒头、一个馒头。我那时候是童工，是未满18岁的，就进一些黑工厂，是没有热水洗澡的，我在两个冬天都是没有洗过热水，那时候最大的梦想就是进一间正规的工厂。

那个当年最大的梦想，对如今一年做十几个亿的蔡铁强来说显得非常渺小。但是当每一个更大的梦想到来之前，如果没有这些小小的梦想作为基础，作为动力，蔡铁强就无法从一个设计菜鸟成长为电商龙头。说起以前刚刚创业的自己，他对自己的方向已经非常明确。

蔡铁强（佛山市飞鱼电子商务有限公司董事长）：那时候就是勤力。因为都没有其他优势，不但书读得少，而且没有学过什么好本领，唯一的优势就是勤力。当时有这样一个座右铭，就是"勤力可以战胜一切"，就是没有事可以难倒自己，是有这样一个信心在这里。

依靠着这份勤劳，蔡铁强拥有了属于自己的事业。在他的公司里面，我们随时可以见到的这款加湿器，似乎是为了提醒蔡铁强，自己一路是如何走过来的。

蔡铁强（佛山市飞鱼电子商务有限公司董事长）：（我）第一件产品是一款加湿器，是一款圆柱形的加湿器。当时我们的合作厂家提供了这样一个模型过来，我们就将它进行了优化，叫作微创新。（产品）出来以后，跟原版是差很远的，这件产品给我的印象是很深刻的。

年轻团队创造无限可能

参加蔡铁强为员工举行的Party，我们感触最深的就是他们的年轻与活力。

李军卫（佛山市飞鱼电子商务有限公司副总裁）：整个团队（平均）23.7岁，还是因为我加入了以后，增长了一点点。

谢丽丽（佛山市飞鱼电子商务有限公司代运营事业部运营总监）：从出生年龄来看，都是在1988年到1990年这个年龄层次。

蔡铁强（佛山市飞鱼电子商务有限公司董事长）：不是外界所传闻的90后不能干活。在我们整个团队里面，他们是我们最拼搏的一个主体。

李洪喜（佛山市飞鱼电子商务有限公司代运营事业部总经理）：大家基本上是刚进入社会，大家对这个社会，之前所看到的种种东西的欲望或者向往，促成了我们可以不顾一切地去追逐我们的梦想。

团队的迅速成长不能单单依靠激情和活力。别看这个团队年轻，蔡铁强也才27岁，其实他对管理很有心得。

蔡铁强（佛山市飞鱼电子商务有限公司董事长）：听话的员工不都好，过于听话的员工，你叫他做什么他就做什么，那些员工是会缺乏创造力的。我们放开手给他去做，是希望启发他们的创造力。

让员工的创造力成为企业发展的动力。这个出发点很好，不过蔡铁强也很清醒，年轻和创造力的风险是存在的。

蔡铁强（佛山市飞鱼电子商务有限公司董事长）：年轻有年轻的创造力，年轻有年轻的冲劲，年轻有年轻的激情，但是年轻也有年轻的无知，也都有年轻的经验的缺失，阅历的缺失，我们请李总回来，更多的是希望他做一个老大哥，来带一下我们这些年轻人，多点将他的经验、阅历传授给年轻人。

李军卫（佛山市飞鱼电子商务有限公司副总裁）：需要有一个人帮他们去整体地梳理，（用）正确的方法去引导他们。他们非常愿意去做让自己有梦想的事情。他们这批年轻人比我们当年更有梦想，更敢去想。所以给他们营造一个更好的平台，更大的平台，让每一个人在这个平台里面能够发挥自己的特长。

双十一独占鳌头

双十一是电商的大日子，蔡铁强如何独占鳌头？遨游商场，他如何给自己定位？

蔡铁强（佛山市飞鱼电子商务有限公司董事长）：达不到目标要剃光头。时代不同了，作为年轻人，我们要更加敢想敢做。

距离双十一零点：2小时。

蔡铁强（佛山市飞鱼电子商务有限公司董事长）：还有两个小时就要开始了，你们对你们的目标有信心吗？

员工：有！

蔡铁强（佛山市飞鱼电子商务有限公司董事长）：很大声！我们已经做了很多，相当于我们做了99步了，在接下来的26小时里面，就等于最后一步。

一年一度的双十一进入了最后倒计时的阶段，这个日子对于蔡铁强来说，意义很不一样。

蔡铁强（佛山市飞鱼电子商务有限公司董事长）：双十一，你可以这样理解双十一，就好像过年一样。对于我们做电商的来说，就好像过年一样。在过年前，你可能提前十天、十五天，或者一个月、两个月，你已经把这些年货（那种）过年的气氛准备好，我们都是这样的。对于我们来说，就是那种心情。

今年的双十一，蔡铁强给公司定的任务比去年翻了一番，目标1.2亿。面对压力，这批年轻人选择的方式并不是将自己逼得透不过气。蔡铁强给我们看了员工视频资料。

员工A：如果我做不到，我剃光头。
员工B：如果完成不了，我们四个人脱了上衣，在公司跑一圈。
员工A：如果完成不了1400万，我甘愿剃头发，从头做起！
蔡铁强（佛山市飞鱼电子商务有限公司董事长）：这个阶段是永无止境的，挑战不断。
谢丽丽（佛山市飞鱼电子商务有限公司代运营事业部运营总监）：双十一对于电商来说，真的是一场饕餮盛宴，压力和挑战是并存的。但是这些压力，一定会成为我们的动力。
蔡铁强（佛山市飞鱼电子商务有限公司董事长）：这样的话，基本上顺德的这些企业对整个顺德馆的情况就清楚了，这样效率就高了。这样的话，这些工作就能够在这个年底完成，那么1月份开始，我们就进行招商引资。

蔡铁强这几年，几乎是以百米赛跑的速度在不断地向前冲。虽然速度快，但他的每一个脚印都是踩得实实在在的。不论是自己自创的品牌，还是代理的品牌，蔡铁强都以同样的心情对待。

蔡铁强（佛山市飞鱼电子商务有限公司董事长）：它们好像是我们的孩子那样，作为一个父亲，对你的每一个小朋友都是一样的，都是希望他可以快高长大。

"勇"字当头，剑指"千亿"

从不懂设计到学会设计，从不懂电商到成为创造了奇迹的飞鱼，从不懂品牌到有了自己的品牌，蔡铁强的实力总在不断壮大。早期几个人的创业团队，已经通过艰苦创业裂变出数个能够影响互联网时代的精英团队。

蔡铁强（佛山市飞鱼电子商务有限公司董事长）：其实我们是没有这个概念的。没有说哪样东西是特别难做好的，因为我们刚才说了，都是不断接受新的挑战，我们发展新板块，对于我们来说，其实是在创新。

每当我们和别的企业家聊起蔡铁强，大家说得最多的就是："后生可畏，势不可挡！"

蔡铁强（佛山市飞鱼电子商务有限公司董事长）：顺德的企业家，其实我接触过很多的。在他们身上都有一个共同的特征，就是务实勤奋。我作为新顺德人，过来顺德这么久，其实我们是吸收了顺德企业家的勤奋和务实的精神。

这个懂得站在别人肩膀上看得更远的年轻人，有着和上一代顺商不同的气质。

蔡铁强（佛山市飞鱼电子商务有限公司董事长）：时代不同了。这个时代接收的信息，还有我们消化这个时代信息的能力，作为年轻人，我们是更加敢想敢做，还有敢当。

我们是属于拼搏那一类。社会不同了,创新的需求不同了,竞争更加激烈了。

保有前辈的勇字,再加上自己的特点,蔡铁强心中最大的梦想说出来之后,吓了我们一跳。

蔡铁强(佛山市飞鱼电子商务有限公司董事长):我们有一个梦,我们叫这个是"千亿梦"。美的是千亿企业,就是很优秀。其实我们希望飞鱼也可以成为一个这样的千亿公司。

李军卫(佛山市飞鱼电子商务有限公司副总裁):很多人是晚上有非常好的构想,包括梦想。但是早上起来就变成了行动的矮子。我们经常晚上会做一些脑筋的碰撞,但是会在第二天立刻就去付诸实施。所以在飞鱼整个的体系里面,行动比我们的想象更快。

现场看视频:广东省商务厅代表团观战双十一。

蔡铁强(佛山市飞鱼电子商务有限公司董事长):那边是我们奇克摩克和万和,往那边鱼能够飞,就是一种奇迹。飞鱼当时的命名,也是基于要不断地创造奇迹来定义的。

这一条畅游的飞鱼,原来有着成为大飞鱼的目标。他们奔向目标的路程有多远,我们不知道,但是我能够看到的,就是他们在不断付出。

李军卫(佛山市飞鱼电子商务有限公司副总裁):我们是飞鱼!也就是说,不仅有游的速度,我们更有飞的速度。用飞的速度来超越对手,然后来飞得更快、更远!这也是飞鱼的一个概念。

陈龙(飞鱼视觉工厂副总经理):我觉得飞鱼是一个充满奇迹的团队。它让大家的梦想变得更加疯狂。

"家消费"是飞鱼电商的全新商业蓝图,在未来,飞鱼电商将为消费者构建以家为中心的消费服务平台,坚持以集中为合适年轻消费群体的家电、数码、家居等领域产品定位,联合全球多元化产业企业发展,完善全链条互联网电商配套服务体系,筑建一个电商经济生态圈。

今天,飞鱼的梦想是:成为顺德第三家千亿级企业!

编导手记

蔡铁强是我们拍摄过的企业家中最年轻的一位,他是1987年出生的。蔡铁强年轻,有想法,有了想法就立即去实现,不会让自己的想法蒸发掉。他不断地创造着新的电商奇迹,但是我们在他的脸上看不到骄傲的痕迹,他似乎总在学习,总在酝酿新的计划,似乎总觉得自己的发展还不够好。整个团队也是如此,朝气蓬勃，让我们看到了90后的新生力量是多么具有正能量。

和蔡铁强的父亲聊起他的成长，就是听一个坏孩子到大老板蜕变的故事。蔡铁强小时候顽皮捣蛋，坐享其成，经常被父母责骂，后来家庭发生了变故，一夜之间，作为大儿子的他开始打工，帮补家庭。蔡铁强年纪轻轻就出来闯荡社会，试问有几个人能够闯出一番天地？出来混世界，先要有熬得住辛苦的那份耐心，再要有抵得住诱惑的坚持。蔡铁强就这样，在耐心和坚持下，找到了自己的目标和方向，发挥了创新思维，开拓出了自己的这番天地。

蔡铁强是成功的，他是飞速发展的，他是那个让人可畏的后生，但是其实他也是那个需要别人支持的年轻人，所以他身边有帮助他的老大哥——李军卫副总裁，有支持他事业的妻子，更有那群让梦想来得更疯狂的90后员工。飞鱼在奇迹的路上，蔡铁强在走向千亿企业的路上，我们在见证这一切的路上，共勉、前行。

印象企业

2006年，建立飞鱼品牌设计公司，开启品牌策划设计业务。

2008年，飞鱼品牌设计公司形成品牌设计营销系统建设，为众多本土企业提供专业化的设计服务。

2009年，飞鱼品牌设计公司凭借出色的视觉设计能力，跃升为佛山地区顶尖品牌设计公司。

2010年，飞鱼品牌设计公司转型发展，创办飞鱼电商公司，全面开展电子商务业务。

2011年，飞鱼电商创建了德尔玛电器、奇克摩克数码两大自主品牌，德尔玛电器几个月时间勇夺全网加湿器类目销量第一、吸尘器单品销量第一。

2012年，飞鱼电商发挥电商视觉服务优势，携手中山华帝、东菱等国内一线品牌共赢合作，助力品牌赢得电子商务市场先机。

2013年，飞鱼电商先后与华帝、万和国内一线品牌家电企业合作，建立华帝电子商务中心、万和电子商务中心，首创行业唯一的电商全盘代运营服务。

2014年，飞鱼电商携手格兰仕集团，建立广东格兰仕日用电子商务有限公司，全网销售格兰仕空调、冰洗等产品，并取得突出业绩。同年飞鱼电商建设国内首家电商视觉工厂，为地区、国内及国际品牌提供电子商务战略咨询、品牌电子商务渠道整合设计、品牌整合设计托管一站式视觉营销服务。

2015年3月，飞鱼电商成立国际品牌事业部，携手荷兰飞利浦、德国汉斯希尔和日本东丽等国际知名一线品牌合作共赢。同年飞鱼电商与小冰火人公司强强联合，建设和运营"顺德家电馆"，京东顺德家电馆在本年6月18日正式上线销售。

蔡炜文：跳出传统，魔变电商
——广东睿哲帮助企业电商化

他是一名海归，选择入这行，初衷是为了帮助父亲的企业实现电商化，没承想在拼搏的道路上，凭借人才优势和优质方案，他陆续获得万和、洁柔、维达等知名企业的芳心。创立了广东睿哲信息技术有限公司的领军人正是蔡炜文，他家境优越，却选择了不畏风雨，走自己的路，帮助更多的传统企业朝着电商化转型。

广东睿哲信息技术有限公司很年轻，成立于2014年，拥有专属的技术研发团队、营销团队、创意团队。这家公司致力于为品牌商和零售商提供完善的电子商务和互动营销服务，通过专业服务来与传统企业共同携手，实现其互联网化转型。同时专注为更多传统企业创建独立的电子商务体系，提供量身定制的一体化解决方案。2015年初，由广东睿哲信息技术有限公司携手数字互动领域领先者华邑众为，为国内知名卫生用纸品牌维达设计并开发微信互动小游戏。

在互联网的时代，传统企业需要做些什么，才能获得年轻消费者的青睐？

今天，让我们一起见证广东睿哲信息技术有限公司CEO蔡炜文是如何让传统企业实现"魔变"的。

想象力是变革的源泉

上班时间，为了带来轻松快乐的气氛，蔡炜文经常为他的团队表演魔术。魔术带来丰富的想象力，正是蔡炜文最看重的。在他看来，想象力是变革的源泉，是所有人进步的原动力。之所以如此看重想象力，和蔡炜文所从事的行业密不可分。

蔡炜文（广东睿哲信息技术有限公司CEO）：好，各位，放松一下。过来，看一下魔术。这是两条普通的橡皮筋，就是你们平时绑名片的橡皮筋，然后我接下来会用这两条橡皮筋变一个简单的魔术。你过来一下，我们看一下，这两个橡皮筋现在是扣在一起，对不对？我拔不开，对不对？还要吗？橡皮筋现在是穿在里面，对不对？拔不开两边。看着……

这天，洁柔这家国内快消品行业知名品牌企业相关负责人专程来到蔡炜文的公司，就执行了一个月的合作方案做进一步的商讨，以求完善。

蔡炜文（广东睿哲信息技术有限公司CEO）：我之前也给你们做过回访，做了几百个回访。他们很多都说，在关注活动这方面我们这次就用软件，做个群发。官网按之前的结构设计出了，现在就会员专区没做。

蔡炜文的团队，为这家上市公司打造专属的电商代运营和内部信息化管理方案。换句话说，就是帮助传统企业电商化。

蔡炜文（广东睿哲信息技术有限公司CEO）：（介绍合作伙伴）之前（公司）也有把东西放网上卖，但是是通过代运营或者经销商渠道，我们是跟他有一个紧密的合作，先给他量身定做了一个电子商务的方案，以及企业内部信息化的一个方案，等他们落实了这个方案，可行了以后，也就是他们认同这个方向以后，我们再根据这个方案，给他设计他们的软件，他们的系统，以及品牌营销的策略，然后协助他们去执行。

蔡炜文，一个年轻人，他何以带一个团队赢得上市公司的肯定呢？

蔡炜文（广东睿哲信息技术有限公司CEO）：出发点一定是他们的需求本身，而不是我们的存在。需求也是客观存在的，只是我们做的东西，刚好击中了这个需求的痛点。就等于说我点了他的死穴，他必须感觉到痛。他一痛，痛定思痛，怎么去让他的企业，或者是现在，或者是未来，不会因为脱离了互联网而被他的竞争对手打败。

创办网络科技公司，和蔡炜文海外留学的经历密不可分。

蔡炜文（广东睿哲信息技术有限公司CEO）：我的专业是市场营销，研究生读的是信息管理。其实我从刚出国就已经对创业很感兴趣，特别是互联网这块。

在海外，发达的电商氛围也让这位年轻人尝到了科技带来的便利。

蔡炜文（广东睿哲信息技术有限公司CEO）：我刚出国的时候，还在高中，那时我就开始在网上买东西了。包括我第一辆车，也是在网上买的。外国当时已经可以在网上买车了。后来我回国的时候，我把车也在网上卖掉了。

回国后，蔡炜文来到一家上市公司任要职。四年的工作经历，让他深刻体会到在电商时代传统企业存在的弊端。

蔡炜文（广东睿哲信息技术有限公司CEO）：我觉得目前，传统产业在竞争非常激烈的红海时代，需要的是变革。企业自身是很难有这种自变革的。传统企业也需要有一些外部的思想，告诉他应该往哪个方向做。

为企业定制专属方案

正是亲身体验，让这位有着电商情结的年轻人认清了自己想要发展的方向。蔡炜文的信息技术公司应运而生。

蔡炜文（广东睿哲信息技术有限公司CEO）：在过去的十年里面，大家说到电商，都是依靠几个大平台，比如淘宝、天猫、京东。其实在2013年，这几个平台是占了整个市场份额的百分之七八十。但是我觉得未来的方向，肯定是要去平台化。电商为什么会诞生？是因为它降低了交易成本，让品牌商直接面对消费者。电商的发展方向一定是去中间化，去平台化，变成去中心化的一个方向。

看清了发展方向，蔡炜文开始起步于自己的理想。因为客户定位为传统企业，所以一开始，这个理念超前的年轻人就遇到了意想不到的难题。

蔡炜文（广东睿哲信息技术有限公司CEO）：我面对的很多都是传统企业老板。他们可能是70后60后甚至50后，我们要跟他沟通，共同语言比较少。

一次机会，蔡炜文接触到了现在正在合作的这间快消品一线品牌企业，得知企业有需求，他很快组织团队为企业量身定制了专属方案。

蔡炜文（广东睿哲信息技术有限公司CEO）：和洁柔合作周期长。谈判的过程，有个春节我们可能谈得好好的，突然间大家都放假了，放假再回来再拿起这个项目的话，可能对方的激情就没那么大。

高尔夫，是蔡炜文最喜欢的运动。经过反复思考，一个项目三个月磨合带来的挫败感，逐渐被另一种想法代替。

蔡炜文（广东睿哲信息技术有限公司CEO）：我觉得它更像是一种哲学的运动。因为在打球的过程中。你可以不停地去做一个自我的认识，自己跟自己做一个比较。不行就不行。如果努力下去，行了是赚了，不行我们团队至少也经历了这些东西，我们本身也是个锻炼。世界上最不值钱的就是面子，一文不值。其实三个月做不成，除了时间以外，就是面子问题，包括我自己，还有企业本身的形象，可能我们本身也没有，我们就真正丢得起人。

后盾是强大的技术力量

蔡炜文赢得了行业巨头芳心，这位才俊海归又有怎样的视野？（在广州分公司）

蔡炜文出席中山青年企业家会议

蔡炜文（广东睿哲信息技术有限公司CEO）：做互联网这个产业，人才最重要，特别是技术类的人才。他们主要集中在北上广深这样的大城市。所以为了保持我们公司的竞争力，我们在广州专门找了一个地方做我们的办公室，在这里直接招聘我们的人才。这栋楼，整栋都是搞IT的，广州IT人才，互联网最集中的就在这个地方。

刚开始创业，蔡炜文就意识到人才的关键性。他专门在广州IT行业人才聚集的地方开设了自己的分公司，主要负责技术研发。

陈国政（合作方负责人）：技术层面的团队，架构很完善。而且请的都是教授级别的人去领军。所以我们公司就比较看重这块。因为涉及电商，第一个要快，第二个要专业。所以我们传统企业希望借助这种专业的技术型的公司去快速切入电商这一块。

或许是基于强大的技术力量，抑或是因为蔡炜文骨子里透出的青年才俊的气质，三个月后，合作终于尘埃落定。

蔡炜文（广东睿哲信息技术有限公司CEO）：（谈成大单的心情）我们做了有三四套方案，彩色打印包装得很精美。每次都石沉大海，最后一次给到他，他就拿走了，他拿走了意味着高层接受了。后面就走流程，我自己开车过去，回来的时候，都开着音乐，大家在开玩笑。之前几次大家都在车上不说话。

谈成大单，对我们团队是一个很大的鼓舞。做这个公司的一些想法是没有得到验证的。我们也没有找到跟我们同类的公司。包括在本地，或者是广东省，或者是全国。

得到了市场的认可，蔡炜文也更加清晰自己的方向：市场需要才是他存在的必要。这一点在创业之初，他就深有体会。

蔡炜文（广东睿哲信息技术有限公司CEO）：最早是我朋友的一家企业，他是传统的企业，他也知道一定要互联网化，五个人在一间商品房里面，一个饭桌，拿着五台手机电脑在这里干。慢慢接触到第一个客户以后，就发现其实还有蛮多客户。因为一个案例做出来以后，我们就拿着这个案例跟其他客户讨论，其实这些你可以这样这样做，慢慢就会有很多需求，很多客户找上门，说"你能不能帮我做这个"。

每个员工都是一个小星球

在公司，音乐一定是一直伴随的，办公环境也自由和谐。在蔡炜文看来，创造力是需要环境激发的。

蔡炜文（广东睿哲信息技术有限公司CEO）：我们主要从事的是创意型工作，他们每天做的事情，都跟前一天不一样，而且每天面对的变化比较大。我需要他们随机应变的能力，而不是规规矩矩去做。每个人，人生的三分之一是在工作中，你枯燥乏味中规中矩也是工作，你很轻松很活跃，充满朝气也是工作，那为什么不选择后者？

在蔡炜文眼中，每个员工都是一个小星球。

蔡炜文（广东睿哲信息技术有限公司CEO）：每个人成为一个独立的星球。自转，自转的过程中，相互之间会有引力。这些引力就带来这些默契，带来之间的一些协作，那这些引力整合起来的小宇宙，就能对外界产生一些或者是物理，或者是精神上面的影响，这些影响灌注在我们产品和服务里，就会有一定的竞争力。

而正是激发年轻人创造力的管理，赢得了年轻人的心。

员工 Rave：因为自己出来工作有一段时间了，这里我会觉得它不像是一家公司，它会让我觉得大家是兄弟姐妹，就像一伙的。真的是一伙去干一件事情。而且我们是玩的时候会疯疯癫癫，但工作的时候会非常有激情，大家也会非常专注地做好一件事。

员工 Sealam：很自由，很放松的感觉。这种气氛，能够让我更好地激发创造力。

员工 Rave：年轻活力，激情无限。

蔡炜文（广东睿哲信息技术有限公司CEO）：我觉得马云有句话说得很好，大丈夫的胸怀，是被冤枉撑大的。你接受的冤屈越大，你的胸怀就越大。我们首先不怕失败，在失败的过程中不停地历练。所以遇到困难是好的，早点遇到，早点让我们的团队知道自己的东西。

蔡炜文，这个似乎有着魔法活力的年轻人，正在带领着一群魔法师，让更多传统企业在实现魔变的路上一路前行！其实很多年轻人都有很多想法，但是不敢走出第一步。梦想还是要有的，万一它实现了怎么办？定了方向，要敢去尝试。

编导手记

向广东睿哲信息技术有限公司首席执行官蔡炜文蔡总发出采访邀请,缘于一次意外的邂逅。一年前,摄制组拍摄一位在互联网方面思维意识超前的顺商。一天下午,我们在拍摄现场,见到蔡总和拍摄对象在热火朝天地聊有关互联网的话题。那时蔡总想做的,是帮父亲的企业(这间企业是全国著名的电冰箱生产制造、出口冠军企业)实现电商化。

一年后,我致电蔡总,原本想向他父亲发出《顺商传奇》栏目的拍摄邀请,但在跟蔡总的聊天中,得知他已成立了自己的公司,做信息技术。我随即改变了计划,好奇这位80后海归感兴趣的事业。

他的办公室简洁、明快、时尚、活力,全然没有工作场地的压抑感,这是来到拍摄地——蔡总公司的第一印象。随即若隐若现的英文流行音乐传到耳际,我顿觉神经放松。视线稍微移动,办公室一角,飞镖、小型篮球架进入了视线!海归80后,做事方式的确有所不同,我在心里不禁竖起了大拇指。

后来在聊天中,得知蔡总的公司主要为传统制造企业打通电商化之路。公司里的小伙伴都是80后、90后,有个性、有想法、有活力、追时尚的一代。蔡总说,公司所从事的业务,需要创意、灵性,需要时代气息,需要独辟蹊径,再加上自己留学的经历,本来就崇尚自由,所以便呈现了现在的公司文化。

成立自己的公司,源于父亲企业所面临的时代困惑。这个善于发现机遇并立即行动的年轻人,正在帮传统企业和自己实现"魔变"。

印象企业

2014年9月1日,公司成立。睿哲在成立之初就以领先的技术实力成为中国电信股份有限公司"深度技术战略合作伙伴"单位。同年,睿哲应邀参加2014全球IPv6高峰会议。与"全球十大热水器品牌"之一的万和达成合作,为其提供电子商务系统开发、官方商城开发及天猫店铺的运营服务。作为洁柔的战略合作伙伴,为其提供电子商务系统开发、官网商城开发及天猫店铺的运营,同时,为其量身定制的OIS订单信息系统全方位投入使用。

2015年初,为著名的纸巾品牌维达设计并开发品牌营销系统,实现行业内首例无须注册,由html5游戏直接跳转京东商城购买案例。睿哲凭借丰富的行业经验和突出的团队技术实力,成为顺德区政府在IPv6演进中的战略合作伙伴,并参与主讲顺德区行政服务中心举办的第一期下一代互联网(IPv6)技术专题培训班。同年成为顺德电子商务协会优秀会员单位。

李东润：宝刀未老，抢鲜电商

——顺联生鲜领先食品安全

作为顺德顺联生鲜商城的总经理，李东润一直提倡绿色环保的自然生态种养殖方法，以安全、便捷、可溯源、农场直销的方式，将顺联生猪农民专业合作社的生猪和其他生鲜食品安全送达顾客的餐桌上。

李东润原来是从事传统生猪养殖业的，电商的兴起，让他产生了转行农业电商的念头，并在这条道路上做得风生水起。顺联生鲜商城所供应的生猪很是特别，除了生态养殖外，还采用 RFID 技术，为每头猪佩戴具有唯一标识码的 RFID 耳标，同时采用针编记录，使用生产管理系统记录生猪从出生到出栏的所有信息，从而实现生猪养殖来源可追溯。也就是说，市民可以通过手机 NFC 系统检测猪肉来源，每家每户都能放心地吃进肚子里。

发展到今天，顺联生鲜商城建立起了自己的美食考察团队，每种农副产品的选择，都

顺联生鲜商城实体店

必须通过基地考察，保证种养殖环境安全无污染，符合无公害产品的种养殖要求。美食考察团队的专家品尝之后，一致通过，才能成为被选入本商城的上市产品，从而保证食品原材料上乘的质量和口感。

在城市居民渴望提升生活品质的今天，李东润怎样做出令顾客安心的食品？在他的企业里，能找到答案。

养殖场外迁恩平

我们乘车跟随着李东润到他的农场参观，一路上，他给我们讲述了养殖遇到的困难。

李东润（顺德顺联生鲜商城总经理）：现在电子的产业链，有一个瓶颈一直困扰着我。我也是找时间去轻松一下，去农场看一看。这里是我们驻恩平的基地，我们合作社有六七个猪场是在这边的。

李东润是从事生猪养殖近 30 年的农业人。由于顺德工业发展密集，空间有限，为了保证产品的安全，李东润选择了将养殖场迁到了远在几百公里之外的恩平。

李东润（顺德顺联生鲜商城总经理）：这里山清水秀，离市区可能有十几公里。这里这么好的水源，这么好的自然环境，对我们养殖是有很好的帮助的。

几十年的生猪养殖经验，让李东润对养殖本身非常娴熟，农场早已实现自动化，基本不需要人工打理，远在顺德，就能远程监控。

李东润（顺德顺联生鲜商城总经理）：这个农场主要是全自动的管理方法。全部用软件来支撑的，通过互联网传送给顺德，在顺德遥控这些猪场怎么做。今天下单情况怎样？

员工：今天情况不错，比之前都要好。今天打了折扣之后，都有几个人下了单，不知道今天送不送过去？

李东润（顺德顺联生鲜商城总经理）：下了单之后尽量去满足客户。这些客户虽然是打了折，他应该是有这个欲望的，你做了这件事之后，他对我们的信任度会比较高。

触碰电商，知易行难

电商的快速兴起，让一直以来对新鲜事物都保持好奇心的李东润产生了新的想法。

李东润（顺德顺联生鲜商城总经理）：我们养猪养了那么多年，风风雨雨都见过。如果不在终点控制销售，我们养殖始终是处于被动状态的。被动的状态我们去养猪，我们没有得到实际效益，我们全部利润都是去到中间那里消化。所以我们决定做一个电商平台，在产品销售的终端。

李东润在电商运营展览会与区农业局领导交流

让销路更广，打通网络销售渠道，成了李东润的新思路。然而50多岁的人去做电商平台，不能不说是一个挑战。

李东润（顺德顺联生鲜商城总经理）：做电商是有两个大的难题。第一是我们这样的年纪做电商，别人电脑都不玩了，玩什么APP，现在这样的退休年纪，你也去做这件事？所以就感觉比较难。第二，做农业的电商，（一般人）是不敢做的，产品的来源和品质，一定要把握好，配送的冷链一定要真真正正地落实。

知易行难。打通电商环节并非想象中的那么简单，好在李东润的想法先得到了团队的认可。

梁滋斌（顺德顺联生鲜商城互联网后台管理）：我从来没有想过农业会走到互联网这里来。当时我认识的李总，他说他想将顺德的农产品、猪肉放在我们的网上去买，而在网络上面，都是没有接触过这种东西的，没见过会将这样的东西放在网上卖，所以我觉得是一个挑战和一个机会。可以去试一试。

就这样，已经是知天命年纪的李东润拿出几十万，和员工一起重新做起了学生。

李东润（顺德顺联生鲜商城总经理）：我自己这么大年纪都感觉到，这个社会是带来很多的五光十色，是带了很多的光环过来，这么好的电商环境，这么好的平台，我们一旦掌握这个经营的话，是一种新的思维，我们要创一些新的路子。

人员、技术难题解决了，但刚刚试运营，李东润就遇到了更为棘手的难题。

李东润（顺德顺联生鲜商城总经理）：最大的瓶颈就是说，市民对于我们这个刚刚开始的产品不太认识。不认识的话就变成品牌的效应没这么大。怎么知道你的产品是哪来的？你的猪肉是什么情况？安不安全？或者是配送点能不能挑选？就是说有很多的问题。

开辟有机蔬菜种植合作

在互联网时代，李东润能否华丽转身为农业电商？身为"世界美食之都"的农业人，他有着怎样的食材情结？让我们驱车前往蔬菜基地。

李东润（顺德顺联生鲜商城总经理）：去这个蔬菜基地，专门去看蔬菜的种植和无公害（蔬菜）是怎么种的。

李东润一行来到了广东云浮，在农场与专家讨论。

李东润（顺德顺联生鲜商城总经理）：这个菜如果要无公害的话，最关键在哪个方向去控制？

刘晓（广州有机美贸易有限公司技术总监）：首先我们肥料上就要把控了。肥料肯定是用有机肥，而不能用化肥。再有一个防虫上，这个菜也是有点虫，但是已经控制得比较好了。这个防虫网起到一个很好的作用。防虫网就像我们人类用的蚊帐一样。

电商销售平台的搭建，让李东润意识到只销售猪肉产品太过局限。于是他开始寻找新的合作伙伴，去打造农业全产业链。

李东润（顺德顺联生鲜商城总经理）：这个菜同市场里的菜有什么不同？

刘晓（广州有机美贸易有限公司技术总监）：我们这个菜，跟他们不同的就是，我们吃起来更放心更安全。因为我们不打化学农药，也不用化肥，经过这两个方式来处理，这个菜吃起来对人体更健康。

李东润（顺德顺联生鲜商城总经理）：我们做电商一定要和产业链对接。要有猪肉卖，又要有其他商品卖，卖其他的商品。既然你要做安全的猪肉，一定要做安全的菜。

顺联生鲜商城

李东润在安全食用农产品博览会上接受记者访问

为了保证品质，李东润选择了二十几年前就有过合作的有机蔬菜种植企业考察。

李东润（顺德顺联生鲜商城总经理）：我们二十几年前已经有合作了，但是他做他的农业，我做我的农业，大家都不知道。这次在电商一碰到，感觉双方都可以发挥。所以我就在这个方面，大家去组合一个新的队伍，虽然我们相距300多公里，但这里安全的就是水源和它的地理位置，是适合种这些菜和有机的食品的，是比较安全的。

华农教授的陪同考察，再加上亲口试吃，让李东润对他们的产品充满了信心。

李东润（顺德顺联生鲜商城总经理）：有机菜承载的技术和存在的成本是很高的。现在市场还没有形成这种思维去买这种有机菜。所以有机菜的种植、有机菜的成本，他们那些老板是不能坚持下来的。现在剩下的是很少。真正能拿到农副产品证的，广东省都没几家，它是受到国际认证的，只有一家。

不惜成本运送绿色食材

李东润是学兽医出身的，从事农业生产几十年，也走访过不少国家去学习先进经验，在食品的安全性和科学性方面，可以称得上是专家级的。

刘晓（广州有机美贸易有限公司技术总监）：我们今天一路过来，连高速都没有，连国道都没有。来到这里，真的是很偏僻的地方，我们选这里，当时出发点就是考虑到这里远离市区。因为市区一些汽车尾气的污染,还有一些城市污水的污染,都会对我们种植造成影响。另外我们这边也没有工矿业,所以就没有什么工业污染,再加上没有交通主干道的汽车尾气污染,可以说三个都没有污染。我们这个地方,真的是很洁净的地方。

每天从几百公里外把蔬菜运送到顺德,物流成本无形中会增加。然而在顺德这个"世界美食之都"的农业人眼中,这些都不足以造成影响。

李东润(顺德顺联生鲜商城总经理):因为我们顺德人饮食讲究真。真假的真。这些是真,真正的菜味。配合我们顺德的饮食文化,配合我们顺德这个国际饮食都市,这些菜做食材绝对是最一流的。

做有保障的农业产业链电商,李东润的想法得到了不少人的关注。真正做到规范安全,他也正在着手制定标准,希望通过这个平台,让食品安全多层保障。

李东润(顺德顺联生鲜商城总经理):安全卫生那方面,我们在整条产业链过程中,我们是自己做配方的。按照符合国家标准去做给猪吃的。我们的理念是这样的,人能吃的饲料,猪也可以吃。猪可以吃的就是安全的。安全我们出力,是用专业的手段来检测的,对这些猪,疾病、弱残、重金属和其他的指标,我们都定期去检测,一定要注意在安全方面做到足。

传统的消费习惯,让李东润打造的电商平台没能像预想的那样火起来,但这个对农业有着深厚情结的企业家,基于对提供优质安全食材的理念的执着,这条路,李东润将一直走下去。

李东润(顺德顺联生鲜商城总经理):遇到瓶颈比较难的,要镇定反思,不能退缩。退不了的,我们只能够将速度减慢,不能太快,做到理解之后再冲,先退后攻。一个人呢,活着就一定要学习,这个是我们的原则。学习的话,我们一定要领会,怎样接这里的地气,我们才是OK!

随着电商时代兴旺,互联网正全面改造农业。从农资销售、中介服务、土地流转到农业生产、农产品销售,整个完整的农业产业链上都已经出现了互联网的身影,伴随着土地经营进一步规模化,家庭农场、专业合作社等新型经营主体的崛起,农业互联网时代已到来,互联网正潜移默化地改造着农业产业链!

"起风了","农业电商"春天来了"!率先"触电"的顺联生鲜商城在总经理李东润的带领下,走上了一条繁花似锦的农业电商路!春风吹拂,东哥的电商路必将越走越宽阔、越美丽!

编导手记

在我的概念中,电商是80、90后的专利。已年过半百的顺联生鲜商城总经理李东润是个例外。李总是顺德有名的生猪养殖人,从事生猪养殖业已20多年。在互联网+风云变幻的时代,李东润带着生猪也爬上了"网"。

活到老,学到老,为创建"517猪肉"网上商城,李东润不惜花费几万元去上几节培训课,多年来更是不断去国外考察学习。他认为只有不断学习,不断走出去,才能拥有开阔的视野,才能不断进步。

李东润用自己强大的整合资源的能力,把网络应用、生猪养殖、冷链、物流、保险等联合起来。做生鲜电商最大的困难就是物流,生鲜重点就在"鲜",为了给客户提供新鲜安全的产品,李东润和国内知名快递公司合作,配送过程中使用干冰技术保鲜,同时控制配送范围,保证产品的新鲜度。

之所以克服重重困难,从头做起,是因为李东润认为现在食品安全的问题越来越严重,生产者和消费者之间的互信越来越少,为了和消费者建立互信,顺联生鲜商城已购买中国人民财产保险股份有限公司的食品安全责任险,如果客户购买的顺联生鲜产品存在安全问题,或者客户有任何疑问,都可以要求保险公司介入其中,重新检验产品的质量。通过第三方监管质量,确保质量安全性,这也是产品质量保障体系的重要手段。

李东润紧跟时代潮流、为猪而狂的养猪人精神,创新发展的企业家精神,爱猪爱行业的拼搏精神,以及活到老学到老的奋斗精神,值得年轻人学习。

印象企业

2012年8月,李东润组织推动顺德区十多名顺德本地的生猪养殖专业大户,组建成顺联生猪农民专业合作社。该合作社是顺德最大型的生猪养殖农民专业合作联社,现有成员30多名,存栏母猪2万多头,年上市肉猪能力达到20多万头。

2015年,合作社被评为佛山市市级农民专业合作社示范社。同年李东润创建"517猪肉"网上商城,做全国首家生猪合作社垂直电商平台,平台以生猪及猪肉批发、零售为主,并配以丰富、优质的农副产品。11月14日,在大良祥兴直街一巷24号建立了网上商城的第一间体验店,客户可以选择定时配送上门或者线上付款、线下拿货等多种方式消费。

03

创造自信，释放魅力

梁琼欢：以美食回馈桑梓

——杏坛逢简的水乡人家私房菜

　　看水乡，逛古镇，不可不去逢简。逢简水乡堪称岭南水乡一绝，有"广东周庄"之称。地处杏坛镇北端、锦鲤江畔的逢简水乡的历史可追溯到西汉，是名副其实的千年水乡，村内有大量的历史文化古迹。水乡至今远离都市喧嚣，空气清新宜人，用"秀水古色"这四个字来形容现在的逢简就再合适不过了。

　　逢简最有吸引力的除古建筑外，就是遍布水乡的各种极具顺德特色的私房菜了。"野外罕人事，穷巷寡轮鞅。白日掩荆扉，虚室绝尘想。"梁琼欢的水乡人家私房菜就坐落在这小桥流水的世外桃源之中。

　　其实，在接手水乡人家私房菜之前，梁琼欢从未涉足过餐饮业，而是做地产和珠宝生意的，并且在地产行业已经取得不俗的成绩。那么，是什么缘由让她要接手一家即将倒闭的餐厅呢？没人进来吃饭，短短几个月，她又该如何让餐厅起死回生？让我们一起走进逢简水乡，品一品顺德味道，感受水乡人家私房菜董事长梁琼欢的水乡情怀。

顺德味道的不二之选

我们刚去到,只见梁琼欢正在餐厅热情地与客人聊天。"多谢!多来玩啊,多来逢简玩!""这些鸡好不好?这鸡是玉米喂大的,是自己养的,慢慢吃啊……"

荣誉证书

梁琼欢(水乡人家私房菜董事长):逢简这个地方,我自己真是感觉人杰地灵。这里的人都是非常朴实的,我们在这里长大,也都是秉承了这里人的勤奋。因为我们受到父母教导,做人要勤奋,然后出去工作才会脚踏实地,勤勤恳恳。应该说做事比别人都相对做得好点,都是源自一份朴实的感情——勤劳。

梁琼欢是土生土长的逢简人。作为当地最大一家餐厅的老板,她常常会亲自招呼客人。

欢姐和厨师

梁琼欢(水乡人家私房菜董事长):我们经常听到很多回头客说,我们来过很多次了,我们喜欢这个餐厅——干净、卫生。没想到来到水乡旅游,这里竟然有一间这么舒服、装修这么雅致的餐厅,还有这么漂亮地道的顺德美食,客人说他们很喜欢来这里吃饭。我们作为一个投资者,听到客人这么说,自然感觉到很大的欣慰。

这家具有本地风味的餐厅成了游客体验顺德味道的不二去处。凭借良好的出品,梁琼欢的餐饮生意也越做越旺。

梁琼欢(水乡人家私房菜董事长):因为我认为吃饭是一件享受的事情,是一件令人有幸福味道的过程。我们做人最大的享受,除了家庭、友情、工作外,我觉得就餐的过程也非常重要,会有更多的美好回忆,我相信很多人就餐后是回味的。所以我心目中的餐厅是从客人进入餐厅到吃完离开,全程都应该是愉快的。

回乡投资,面临困境

在大家共同努力之下,她心目中的理想餐厅在一步步实现。然而少有人知道,在梁琼欢刚刚从朋友那里接手这家餐厅的时候,却是另外一番景象。

梁琼欢(水乡人家私房菜董事长):餐厅最差的时候,是一个客人都没有,就好像死城一样,我在餐厅一整晚都等不到一个食客。那种憔悴、那种焦虑、那种彷徨是旁人感受

不到的。我们作为投资者抱着很大的期望,以为自己会有一个得到客人认可的餐厅,抱着这种期望的时候,当发现没人进来吃饭,我们受到的心理冲击是很大的。

梁琼欢之前做过地产和珠宝生意,事业做得很成功,她从没有想到自己会从事餐饮。2012年一个偶然的机会,让她的生活开始有了变化。

梁琼欢(水乡人家私房菜董事长):两年前,餐厅开张之后,开张的势头是蛮好的,很多客人帮衬,很多朋友帮衬,但是陆续出现了上不了菜和服务混乱、管理跟不上(的问题),我们和这个拍档提了意见之后,一直都没见到有多大改善。直到去年,我觉得如果再这么下去,这个餐厅就不行了。

近乡情更怯。餐厅的现状,让她投资的初衷受到了动摇,困惑和不安萦绕在梁琼欢心里。

梁琼欢(水乡人家私房菜董事长):不知道接下来怎么办!以为开餐厅能为家乡带来一些正面的东西,但想不到的是,得到的反馈意见都是负面的信息。很难受!

对于回乡投资的梁琼欢来说,该如何解决这个窘迫的局面呢?

梁琼欢(水乡人家私房菜董事长):本来想放弃餐厅,但是有一点不甘心,不甘心就这么没了这个餐厅,从此可能就跟自己的家乡断开了一种联系。我们始终都割舍不了这份情感,于是我们咬咬牙决定接手。

虽然是个柔弱的女人,但是她的内心却隐藏着无穷的力量,无论多大的艰辛和代价,梁琼欢都要经营好餐厅,完成自己回馈家乡的心愿。

梁琼欢(水乡人家私房菜董事长):在逢简水乡,能够给自己的家乡带来一点正面的贡献,起码我本人做事认真,要求高,我认为有我一分子的企业,都应该是比较积极、比较向阳的。我和我的拍档说,不用怕的,虽然我们不懂,但是我们可以从不懂到懂的,我相信什么都好,只要凭一个认真,肯面对困难,我相信一切困难都是可以解决的。

顺德名厨请进门

在以吃为信仰的顺德,如何让餐厅迅速脱颖而出,打造自己的特色?逢简水乡对于梁琼欢来说,又有着怎样一种特殊情感?

梁琼欢(水乡人家私房菜董事长):伍爷,你好!你好!你好,伍爷!奇哥,你好!请坐,请坐!这位是伍爷伍国兴先生,顺德十大名厨之首。我们个个都叫他伍爷。均安奇哥覃宇奇先生,均安最优秀的私房菜老板。一说均安奇哥,各位都知道奇哥是老大。

考虑再三，梁琼欢决定对外寻求帮助，多学习多交流，她请来了顺德有名的大厨。

梁琼欢（水乡人家私房菜董事长）：最欠缺的是我们的厨房，没有一群得力的厨师。很幸运有前辈的关照，好多餐饮行业的前辈，很感动，整个过程很感动。以前完全不认识的伍国兴先生，他知道了我们餐厅的困难之后，推荐了我们现在的大厨陈锦桂先生。真的很开心很开心，想不到自己一个女流之辈，在遇到困难的时候，前辈能够那么舍得，把他们的思想精髓、做行业的把握事项都教给我们。我平时都有打电话发微信问候。

素不相识的前辈能够提供帮助，这让梁琼欢备感温暖。她开始大刀阔斧对餐厅管理进行变革。现在很多客人都慕名而来，追捧水乡人家私房菜的菜式。

梁琼欢（水乡人家私房菜董事长）：我知道很多人，都不能轻易吃到农民种的菜。我们在这里，把这里农民种的菜叫作绿色食品、有机种植。把这些有机种植的蔬菜拿来，我们出的每一碟油菜，客人都能吃到真真正正的阳光味道，泥土带出来的甘甜味。这些就是农民种的菜。我自己以前也是作为一个食客出去吃东西，知道怎样吃到一顿愉快的饭菜才叫收获。我们把价钱定得非常亲民，因为在我心目中，一个餐厅好的出品不代表贵。我希望任何一个食客进来，用不贵的消费就能够吃到美味可口的菜，带着美好回忆回去。

难割难舍家乡情

餐厅先后投入600多万，再加上平时运营的费用又高，亲民的价格，多年来都难以让她的投资回本。但是梁琼欢看重的并不是能够赚到多少钱，而是对家乡难以割舍的这份情感。

餐厅环境

梁琼欢（水乡人家私房菜董事长）：巨济桥是我小时候上学必经的一座桥。那个时候家里穷没鞋子穿，我们就光脚上学，太阳晒到这些石板很热，我们就那样光脚走的，好烫，烫到脚底板很痛，我们是跳着跳着，这样去过这座桥的。

在儿时日日走过的石板路上，回忆如潮水般漫过梁琼欢的心坎……

梁琼欢（水乡人家私房菜董事长）：我们从小就从很穷一路走来，父母供养我们三姊妹比较困难。我自己初三、1989年就没读书了，初三读完就出来工作。逢简原本是一个封闭的地方，自从打造旅游业，被挖掘成为我们这里的美丽风景之后，就向外界打开了一个窗口，越来越多外边的人过来了解我们逢简，这让我们欣慰。本村本土的人很希望逢简成长，逢简的发展有自己参与的一分子。

逢简古村四面环水，以水道为界。河涌呈"井"字形，自南往北流过古村，汇入西江支流，把村落切割成若干小沙岛。走在水道纵横、浓荫蔽日的河涌边，看着一条条游艇静静地停靠在岸边水草深处，梁琼欢娓娓道来……

梁琼欢（水乡人家私房菜董事长）：以前我们去走亲戚，去外婆家里，大年初一的，一家老小都是搭船，都是我爸爸划船。我们一群小孩子坐在船里面，那很热闹咯！好热闹，好温馨咯！在河涌里面就会看到其他很多家庭，都是划着他们的船，他们都是去外婆那里咯。还有我们以前买柴啊，都是用船去拿点柴回来。

　　经历了外面世界的艰涩，厌倦了城市生活的枯燥，只有这片宁静的水乡才能让她的心灵有所安放。逢简是她成长的地方，是她的根，是她魂牵梦绕的精神家园。

　　梁琼欢（水乡人家私房菜董事长）：今时今日，接下来应该做的就是回馈社会。我希望能以一个比较成熟的社会人士的面貌，通过逢简这个餐厅——一个正面的餐厅，印象、口碑、信誉都良好的餐厅，来代表我出社会工作这么多年做人做事的作风面貌。

　　关于家乡、亲人、故土的思念常常源于美食而终于美食。关于美食，总有着太深的生命感悟。人生有许多的美好回忆，与美食有关的记忆一定是甜蜜而幸福的。

　　"厨房美味皆可口，堂中食物尽芬芳。"是的，唯爱与美食不可辜负。美丽的梁琼欢正以她的聪慧、她的灵气、她的勤奋，用她的水乡人家私房菜凝结乡愁，留住顺德口味，回馈桑梓，浓了乡愁、暖了乡情！

编导手记

有时候维系乡愁靠的是什么？我头脑中闪现的总是家乡的美食。这次的采访对象与美食有着密不可分的关系。

早就听人提起过欢姐，个个都说她充满正能量，所以对这次拍摄也是充满了期待。近几年，顺德杏坛镇的逢简村因为它的古朴静谧，成了顺德旅游一道亮丽的风景线。欢姐是土生土长的逢简人，16岁开始就在外打拼，但多年来剪不断的还是乡愁。随着事业的成功，她总想为逢简的发展出一分力。逢简是她的根，但以何种方式把根留住，对她来说，就是开一家水乡特色的餐馆了。

逢简这个地方具有典型的岭南水乡特色，小桥流水，名人辈出，文化底蕴深厚。谁都会爱上这个地方，更何况是自小成长在这里的梁琼欢。逢简教会她的是勤恳，这也是她这么多年在外打拼一直秉承的信念。有时候一个人活着，坚持下来的信念有多少，这个很难讲，但总会有某些东西一直伴随着你走过这一生，让你受益良久。

水乡人家私房菜餐厅很有农家特色，在这个不大的地方，还是会显得极为耀眼的。那天正值下午，客人很多，欢姐特意出门迎接。跟她聊天，能感受到她对家乡满满的都是情怀。让我没想到的是，她回报家乡的方式会是这样，不是简简单单靠投资，而是自己经营，把自己的心全心全意放到这里。每天看到逢简村民的生活状态，每天看到小桥下的小舟穿梭而过，每天看到无数游客对逢简的赞叹，这都是她伸手能及的，这也是真真切切把心留在了这片土地上的人和事。

印象企业

2012年12月，梁琼欢与一个从事餐饮行业的朋友合伙开办了水乡人家私房菜，由于定位问题，经营情况不能改善。

2014年6月，梁琼欢正式接管餐厅，重新定位，从细处着手，从食客角度去敲定物美价廉的方向，聘请顺德名厨驻场主理，以精湛的顺德厨艺为基础，从亲民的收费让每个食客都食得起的路线去发展。同年9月，鲜花椒烩桂鱼荣获广东省餐饮协会厨艺大赛的金钻名菜奖。10月，点心脆皮糯米球参与南番顺港澳台名厨精英会大赛荣获金奖；12月，逢简水乡人家私房菜荣获"南粤餐饮名店"称号，顺德厨师协会名厨美食交流品鉴团第17站在水乡人家私房菜举办。

2015年2月，CCTV-2采访水乡人家私房菜的鲩鱼刺身——风生捞起，佛山电视台饮食栏目《味道佛山》采访餐厅的多个招牌菜式。同年4月，CCTV-7采访餐厅鲮鱼的多种传统制作；水乡人家私房菜与杏坛镇家庭服务中心、星宇社会服务中心联合举办并独家赞助了全镇长者厨艺私房大赛。5月，水乡人家私房菜董事长梁琼欢接受《顺德视觉》的人物专访；顺德电视台采访水乡人家私房菜的顺德失传厨艺——脱骨脆皮糯米鸡，弘扬顺德美食文化。

韩洁梅：情迷艺术馆

——盛世传承，用藏品传承父女深情

盛世传承艺术馆是顺德首个把学术性放于经营前面的民营艺术馆。这里是各种艺术思想与艺术形态的汇聚之地，亦是艺术爱好者的雅集之地。

艺术是开放而自由的精神，如何能够有效地体现及发展其艺术价值，是当前盛世传承艺术馆的职责，也是公共教育的基础。因此，艺术馆不仅要成为一个可以开放思想和学术、有立场和影响力的平台，也要为社会公众和知识界提供一个轻松自在的空间。在这样的空间中生长、生产着多元的学术思想和艺术精神，这里是一个以视觉图像为中心的各种学术兴趣、研究方法、展览的交汇之地和互动场所。

正如盛世传承艺术馆一贯秉承的宗旨：弘扬民族传统文化，促进文化事业发展，通过关怀当下人文发展和逐渐变化的生活及社会行为的转变，深入而结构性地研究，形成一种"艺术史"的书写，从而达到艺术教育深入民众、提高全民文化素养的普及工作的目的。

爱好变工作，艺术靠传承

20世纪70年代末，改革的春风不仅推动了珠江三角洲经济的发展，也唤醒了岭南大地文化艺术的百花齐放。盛世传承艺术馆的创始人经过30多年的辛勤耕耘，足迹遍及祖国大江南北，寻宝觅珍，凭着对中华民族传统文化的一片赤诚之心，今日终于将一生的追求所得展示给社会大众。

2014年5月，盛世传承艺术馆开业首展（近现代字画名家展）

盛世传承艺术馆馆长韩洁梅与团队合影

韩洁梅（盛世传承艺术馆馆长）：有的艺术品，是可以让人过目不忘的。当我第一次看到这幅作品时，就有一种志在必得的感觉，第一眼觉得它很沧桑，但是它是有信仰有希望的。我相信（艺术家）想表达他的内心是幸福的，我觉得我和爸爸看到自己喜欢的艺术品时，就是这种眼神。可能这种热爱是可以传承的。

盛世传承艺术馆热闹非凡，真可谓大家云集，原来，这儿正在进行专业艺术展览。

参观嘉宾：你爸爸不是经常在景德镇吗？

韩洁梅（盛世传承艺术馆馆长）：是，他刚刚去找人看看他的釉料。（艺术家）跟我说两个多月才画一次，而且有损耗，所以一直都没怎么出过货。

最近艺术馆开展专业艺术展览，韩洁梅的父亲、盛世传承艺术馆艺术总监韩鹤松特意从景德镇赶回来。

韩洁梅（盛世传承艺术馆馆长）：我觉得陶瓷的好处就是，除了在里面表现了中国书画的味道之外，画在瓷板上面后，经过火烧出来，是令你意想不到的、绝对没得第二件复制的。这次展览，我也最喜欢这套。

从2014年5月开馆至今，韩洁梅的盛世传承艺术馆已经举行了16期专业艺术展览，展出了134位艺术家的上千件作品，吸引了好多的景德镇陶艺热爱者前来。而对于韩洁梅来说，被收藏的不只是一件件作品，更是对她艺术坚持的认可，以及对她转型的莫大肯定。

韩洁梅（盛世传承艺术馆馆长）：前几年，有朋友想开一间陶瓷店。因为我爸爸收藏过这么久的字画，他们都认可他的眼光，就请他去做顾问。我爸爸当时就觉得当代陶瓷都有收藏价值吗？他和大多数人一样，都觉得古董才有收藏价值，觉得当代陶瓷没有经过历史的考验，可能不是很值钱。

对于艺术品收藏，韩洁梅可以说是自小耳濡目染的。父亲韩鹤松是老一辈顺商，更是资深古董藏家。在他的厂里，专门设有私人博物馆，无论说起哪一件艺术品，他都能娓娓道来。

韩鹤松（盛世传承艺术馆艺术总监）：还是喜欢古朴浑厚的东西，越简单的东西，它显示的文化内涵和美感就更真实。我经常自己默默地欣赏，对于个中的乐趣，很多人不能理解。

韩洁梅（盛世传承艺术馆馆长）：这些就是我爸爸最喜欢玩的东西。不行，要这样拿，要这样捧着，不然很容易打烂。我记得前几年，就是因为它太轻，我以为它是塑料的就弹了它几下，谁知道（杯盖）全部裂掉，再研究才知道原来是古陶，是很薄很薄的陶瓷，是新石器时代的技术，叫"蛋壳黑陶"，龙山文化时期的。

爸爸常常希望我们能继承他的古陶瓷，当然我也觉得是好看的，但是常常接触外界，我是比较喜欢当代的艺术，就是用不同的东西来表达现在的生活，或者用一些另类的方式来创作。

父女俩各自发展着自己的兴趣爱好，但随着对当代陶瓷的日渐痴迷，在工厂打拼了近20年的韩洁梅终于不再满足于每天模式化的工作，也不想像父亲一样，将工作与爱好严格划分。

韩鹤松（盛世传承艺术馆艺术总监）：我觉得收藏了一件自己心爱的东西，肯定不舍得让出来，如果是不好的东西，给了别人也没什么意思。

韩洁梅（盛世传承艺术馆馆长）：但我不一样，从小在这样的艺术环境长大，而且很小的时候，在我读书的时候，已经会进一些生日卡拿到校门口去摆卖，可能就是因为这样，变得会从经商角度考虑，其实我是想以藏养藏的。

全副身心运营艺术馆

2011年之前，当代名家瓷的价格都是一路上扬。然而2013年经济开始下行，艺术品市场也在经历大的调整，韩洁梅却看中了桂畔海边一座三层小楼，一共1300平方米，还要一签就是五年租，这让父亲觉得很难理解。

韩鹤松（盛世传承艺术馆艺术总监）：为了这件事我和阿梅说过，说到她哭了。如果你按照一买一卖这样的商业模式去运作呢，你的艺术馆不会长久的。因为你怎么样，都没有景德镇当地人运作（艺术馆）那么长的时间，特别是在去年刚刚开的时候，整个艺术环境那么低潮的时候，你才开（艺术馆）。

韩洁梅（盛世传承艺术馆馆长）：其实这个时候才是入市的时候。因为经济不好，可

能会有好多以前的藏家，以几千块买的东西，之前鼎盛时期已经升到十几万了。十几万可能很多人接受不了，我现在几千块买的，几万块出手的话都不会亏本，会有钱赚。这个时候就有人出手去放（艺术品），你反而可以拿少点的钱，买到更多的精品。

韩鹤松（盛世传承艺术馆艺术总监）：她说"我喜欢艺术，我想做我喜欢的东西，作为自己的职业"。

虽然父亲在古陶瓷领域游刃有余，但韩洁梅却觉得古陶瓷争议太大，真假难辨。她希望自己的艺术馆像外国的画廊一样，不仅聚焦中青年陶瓷艺术家的作品，更注重挖掘和培养年轻艺术家，通过举办展览帮助他们将作品推向市场。

韩洁梅（盛世传承艺术馆馆长）：从开馆以来的初衷就是，我想让艺术更加普及，更加平民化。独立艺术家创作的作品有他们的证书，以及和作品的合影照。如果你当时正好有眼光，收藏到一件精品，可能会有十倍八倍的升值。

韩鹤松（盛世传承艺术馆艺术总监）：如果需要培养艺术家，就要我帮忙，所以就逼我上梁山。

争取到父亲的支持，韩洁梅开启了另一种全新的生活模式。

韩洁梅（盛世传承艺术馆馆长）：以前我都不用天天回厂，但是开了艺术馆后，我每天都会回艺术馆，而且是最早到的那个。为了方便工作，员工也不用两边跑，我将其中一间公司的办公室移到了艺术馆里，带给我另一种生活模式，其实这种生活模式是我很向往的。

带着对新事业的无限憧憬，韩洁梅将全副身心都投入到艺术馆的运营中，小到灯光的调试，大到艺术品的挑选、搬运，都亲力亲为。

韩洁梅（盛世传承艺术馆馆长）：从一个收藏者转型到经营者，是两个不同的范畴。那个时候，作为收藏者，就是有钱的时候多买两件，没钱的时候不买。但当你真正开店时，开门七件事，你会不希望亏损，就有点盲目。只要人家说这个展好，艺术家过来，我就接，一个月办两次展。所以那时候很辛苦，自己辛苦，员工也辛苦。怎么样能做好？怎么样能把作品销售出去，或者让更多人认识它？我就会不停去思考、策划，输不起。不想让人觉得办了展览后，东西卖不出去，声誉也不好。即使赚得到钱，我仍然对每个展都有期待。

思想融合，父女默契

对于女儿所承受的压力，父亲都看在眼里，默默地一路陪伴。

韩鹤松（盛世传承艺术馆艺术总监）：她真的很投入，而且她的投入启发了我，加强了我的信心。你既然开了店,我什么都不讲,我会尽我的能力去帮你,支持你,看你怎么做好。

韩鹤松开始重新观察,以前他看不上女儿的种类繁多的收藏品,现在却欣喜地发现,其实无论哪里都有传统的影子。

与欧洲古董钟表商paul合影(paul及其父亲从事古董钟表生意超过45年)

韩鹤松(盛世传承艺术馆艺术总监):阿梅你过来看看,这个花瓶很有内涵。这个是欧洲的珐琅彩,但它的瓷胚是景德镇的,所以证实了文献记载,在16、17世纪,中国很多白胚运到了欧洲,证明这个是好东西。这个瓶子我也是刚刚发现的,很有个性。

我是老八股一点,她年轻一些,但是作为我这样的年纪,应该承认年轻人好的一面。

找到了认同点,他又与女儿一起去景德镇考察当地的艺术家,观看各种当代陶瓷展览。慢慢地,陶瓷画所使用的新材料、新工具以及艺术家大胆率性的表达方式,都让他感到欣喜。然而他也发现,景德镇的年轻画家也普遍存在守旧却内涵不足的现象。于是韩鹤松干脆在景德镇建了一个工作室,亲自陪着年轻画家写生、学习,烧制瓷板画。

徐海就是他发掘并签约的第一个年轻画家。

应邀出席在国会大厦举办的中英文化交流50周年晚宴(韩洁梅与黄云鹏老师一家合影)

韩鹤松(盛世传承艺术馆艺术总监):他的雪景画让我眼前一亮。我就到他工作室,要求他当场用了三个半小时,以青花釉画了张山水画。他的用笔很肯定,构图很严谨。

韩鹤松将自己多年的收藏积累无私奉献,使得艺术馆的方向更加明确。然而他对于作品质量的严格把控,让韩洁梅都吃了一惊。

韩鹤松(盛世传承艺术馆艺术总监):由于我们的画放的位置在窑炉,位置放得不好,所以颜色变化出不来,而且这个枝条有点乱,所以这幅画我们不能要。

徐 海(青年画家):说实话是舍不得,里面包含了创作者的心血。

韩洁梅(盛世传承艺术馆馆长):不行的话,我们

韩洁梅与景德镇知名中青年陶瓷艺术家李泉(左二)、崔迪(左一)合影

就低价卖出去吧。

韩鹤松（盛世传承艺术馆艺术总监）：真正的艺术家，一定要有好的作品，包括国画大师李可染都是这样的，烧几千张画，不好的全烧掉。

徐海（青年画家）：画得不好的就当作是作业。

韩洁梅（盛世传承艺术馆馆长）：（父亲）觉得如果一幅作品不好，还硬要拿出去卖，对不起收藏者。

随着自己在艺术鉴赏方面了解得越多，韩洁梅对父亲的敬佩也越来越深。现在韩洁梅负责艺术馆的经营，父亲一年大部分时间在景德镇驻扎，父女俩配合得十分默契。

韩洁梅（盛世传承艺术馆馆长）：正是因为有我爸爸这样来支持我，令我走出一条不同的路。连景德镇的行家都说，很少有人能像我们既出钱又出力培养艺术家。

2015年的春节刚过完，韩鹤松又准备再次启程去景德镇了。临出发前，他拿出一卷手卷，那是他年前70岁生日时花了几天总结出来的收藏心得，满页满卷，每个字都饱含深情。

韩鹤松（盛世传承艺术馆艺术总监）：时间就像一个穿行人，匆匆过去了。我只能抓住这历史记忆中之倒影，保持清晰的轮廓，否则给后人留下的只可能是慨叹。我的学识不是很深，只是一步步跟着同辈人学，跟着后辈人学，这样才能使自己有长进。

韩洁梅（盛世传承艺术馆馆长）：我爸爸是我生命中最尊重最敬佩的人，大家都在创新，传统向当代靠近，当代又向传统取经，就像我和爸爸的思想，大家都在做一个融合。

如今，盛世传承艺术馆已经成为顺德规模最大的多元性综合型艺术馆，为企业家、收藏家及广大艺术爱好者提供研究、交流、学习、鉴赏、收藏与投资的艺术平台，还定期举办专题性和综合性文化艺术展览。艺术的生命力在于积累，在于沉淀，在于传承！盛世传承艺术馆在年轻的韩洁梅馆长带领下，在传承的基础上发展、创新，既然选择了远方，便只顾风雨兼程，韩洁梅追求艺术的这颗心永不停滞。

《在场——2015李纲》公共教育系列活动

《在场——2015李纲》当代艺术展，荣获国家美术第七届全球华人金星奖年度十大展览之一

编导手记

漂亮的容貌、流畅的谈吐以及优雅的气质,这是韩洁梅(May姐)给人的第一印象,与经营艺术馆这个职业简直是完美搭配。她的盛世传承艺术馆,古代与当代艺术品交融的搭配,中西艺术和谐共处,使得静谧的空间里呈现着时代的穿越感,让人流连忘返。而这种交融也使得片子里其实有两位主人公。

May姐的父亲韩鹤松老师是顺德有名的收藏家,他对古董的知识是信手拈来、滔滔不绝,他将女儿带上艺术之路,而女儿却喜欢当代艺术和西方艺术。父女俩看似志趣不同又相互影响,特别是70岁的韩老师,至今频繁来往于景德镇与顺德之间,亲自在景德镇设窑炉、培养青年艺术家,其实以他的资历和学识,大可安坐家中,但他却能和时代接轨,用艺术熏陶艺术。这大概也是May姐能在艺术馆里另辟蹊径,走艺术经理人路线的最强后盾。生活,只有在平淡无味的人看来才是空虚而平淡无味的。收藏馆里收藏的不仅仅是艺术品,还是韩老师父女不计较的付出。了解的人才知道,收藏的就是一份不言而喻的热爱,或者,就是爱。

印象企业

顺德盛世传承艺术馆成功举办的展览有:

2014年

5月上旬,中国近现代字画名家展;中旬,景德镇名家陶瓷展;下旬,藏魂——李泉陶瓷艺术作品全国巡展。

6月上旬,马丁民、由翠青——演绎色彩舞曲作品展;中旬,三人行——丰伟、杨义娇、段立志作品展。

7月上旬,苦乐禅修·静虚淡泊——王辉陶瓷艺术作品展;下旬,徐海·鸿彦雅聚画友陶瓷艺术联展。

8月中旬,明清书画大展。

9月中旬,疯狂印记——2014顺德纯粹藏品展。

10月下旬,故乡寻梦——伍海成国画作品展。

11月中旬,高温色釉陶瓷艺术联展。

12月中旬,张建国、苏仕元、王豫湘艺术作品联展(水彩·油画·国画)。

2015年

1月下旬,心随大化,自有我在——陈坚樵、梁汉钊书画联展(陈坚樵老师的全部作品被多位收藏爱好者收藏)。

3月中旬,女人如花——女陶瓷艺术家邀请展。

4月下旬，《物语》三人行油画展（陈子雄、李占卿、黄滨）。
7月下旬，瓷上华彩——徐海、冯全秀2015新作展。
9月下旬，《世纪经典——张松茂陶瓷艺术展》。
11月中旬，《陆驰——诗意水乡油画展》。
12月上旬，《梁小贞漆画作品展》。
12月下旬，《在场——2015李纲》当代艺术展。

2016年
1月上旬，《莫非·一见》马伟雄版画交流展。
2月上旬，《青年文人艺匠——陶土上的辉煌》景德镇中青年陶瓷艺术家作品联展。
3月下旬，《觅·见》黄丹红版画展。

顺德盛世传承艺术馆策划及合作项目有：

2014年9月下旬，"买得起的精英文化，让艺术走进每个家庭"陶瓷艺术展（地点在顺德容桂碧桂园）。11月下旬，盛世传承，路虎精神！优雅与激情迸发——盛世时代精品陶瓷艺术展（地点在广顺捷豹路虎4S中心）。12月下旬，中华传统文化——陶瓷与国画艺术收藏经典讲座（地点在顺德碧桂园钻石湾）。

2015年1月中旬，亘古传说·璀璨时刻——李泉陶瓷艺术2015全国巡展首站暨欧洲古董钟及古董家具鉴赏之夜（地点在顺德金地天玺，李泉的全部作品被多位收藏家收藏）。1月下旬，景德镇中青年陶瓷艺术家原创作品展（地点在顺德清晖园博物馆）。5月下旬，"盛世收藏 创想未来"高端艺术品鉴之旅（地点在顺德华侨城）。7月上旬，瓷上华彩——徐海、冯全秀2015新作展（地点在广州夏圣陶瓷艺术馆）。

2016年4月中旬，童心妙笔·墨趣盎然——顺德东部片区中小学生书法联展。6月上旬，"造就2016"凤城艺术互动展。

"徐海·鸿彦雅聚"陶瓷艺术联展

盛世传承艺术馆艺术总监韩鹤松先生向顺德区博物馆捐赠岭南近代四大家黄节的部分书信。韩鹤松先生将黄节的真迹交予顺德区博物馆馆长何兆明先生的手上

04

创造需求，缔造品质

陈子毅：分享缤纷生活
——长兴超声专注母婴健康

27年前，以做电子摄影器材为主的大良长兴电子厂开始转型，将目光投向医疗器械多普勒胎心仪的研发生产中。2009年，公司旗下的"babyfun贝缤纷"品牌正式将医用多普勒胎心仪民用化，胎心仪走入千家万户。风雨近三十载，长兴的产品越做越接地气，因为总经理陈子毅知道，只要能抓住亿万个妈妈的心，企业就会有新的出路。

长兴公司主要由长兴超声设备有限公司和长兴电子制造有限公司这两个主体构成。长兴超声设备有限公司主要生产经营医用超声设备，主导产品有超声多普勒胎心仪、胎儿监护仪、多参数监护仪；长兴电子制造有限公司以生产经营超声波塑料焊接机、高周波热合机、热板塑料热合机和超声波清洗机为主。因为专注，所以专业，就连联合国也不远万里前来顺德采购长兴医疗器械。

长兴丰富多彩的企业文化生活

公司发展到今天，长兴产品早已在江湖上占有重要地位，但总经理陈子毅还在奋斗的路上奔跑不息，他率队开发"i纷享"盒子、APP等，都是为了给用户提供更加贴心的服务。他回想当年，长兴在刚进入市场时却不是一帆风顺的……

分享是一种美德

在自然界中，我们一起分享阳光，分享雨露，分享着大地恩赐的一切。分享是一种快乐，更是一种美德。

陈子毅（长兴超声设备有限公司总经理）：其实我从小到大都是在这样的地方成长的。记得小时候，左邻右舍有什么好吃的一定会拿来和我们一起分享的。这种分享，其实对我一直都有很大的影响，直到现在，我还是很愿意将我们最好的和其他人一起分享。

在陈子毅看来，分享是最美丽的。近期厂里正在准备印尼政府的投标订单，因为货物太多，几个部门的员工都来帮忙一起发货。

冯小行（长兴公司董事长）：那个F20，这段时间能赶到这一批的话，就可以集中精力去做好政府的招投标了。

陈子毅（长兴超声设备有限公司总经理）：主要4月23日，有2000台H10-3，4月底还有1000台6D要交货。

这批医用胎心仪，是长兴超声设备有限公司专注做了28年的产品，从2009年至今一直稳占70%的市场份额。

陈子毅（长兴超声设备有限公司总经理）：到今天，联合国的招投标、印度政府指定的招投标、印尼政府的招投标，这些基本上我们都是中标单位。

空降管理，收拾烂摊子

万丈高楼平地起，昨日的辛苦，成就了今日的辉煌。如今公司的货品基本不愁销路。但放在8年前，却是考验陈子毅的拦路石。

陈子毅（长兴超声设备有限公司总经理）：在2007年的6月30日，我们长兴超声有限公司的前任经理人，一夜之间，带着他的下属团队，带着公司的技术资料，还有相关管理的文件离开了我们公司。就在那天晚上，我接到冯董事长的电话，他说出现了这样的情况，让我明天过去上班，职位是总经理，让我帮他收拾好这个烂摊子。

陈子毅所在的长兴集团分为电子制造公司和超声设备公司。在此之前，他是电子制造公司的销售总监。董事长的任命，虽然让他一跃成为掌门人，却意味着他要从工业设备转行到医疗器械这个不熟悉的领域，这也是他第一次认真审视这间在1987年就成立的公司。

陈子毅（长兴超声设备有限公司总经理）：这个奖杯就厉害了！这个是1990年，顺德县科学技术的进步一等奖。当时全中国就只有我们和另外一间工厂可以生产胎音仪。你说如果2007年我熬不过那一关，那我真是千古罪人了。（为什么一定要接呢？）一个20年的企业，如果我有机会通过自己的努力令它起死回生的话，我愿意试一下。

都说"新官上任三把火"，但面对管理团队的集体出走，公司的仓库里还积压了7000多台成品，"空降兵"陈子毅的火，似乎有点难烧起来。

陈子毅（长兴超声设备有限公司总经理）：2006年的销量，我们全年只卖了3000多台成品机。那就是说当时积压了差不多2年的库存，还有几个月没有开工。

好在公司经过多年的发展，在全国有3000多个经销商，遍布三四级县城。陈子毅很快平复了忐忑的心情，开始从自己最擅长的销售入手。

陈子毅（长兴超声设备有限公司总经理）：在那种情况下，就是一家一家去走访，去做经销商的工作。只要是有质量问题的机器，我就将他库存的机器全部拿回来，免费发回工厂，帮他们重新检验更换相关的零部件，重新包装给他们发过去，及时解决他们的后顾之忧后，他们就有信心重新再买我们的产品。

这台检测仪是我们从中国计量科学研究院定制的胎心模拟器。这条指针模拟的是胎儿心跳发出的信号，而这个水槽模拟的是胎儿在母体中的羊水。胎心仪的国家标准是可以允许有正负2帕（误差），也就是在138～142这个范围都是正常的。但我们的企业标准的话，是全国行业里面最严格的，我们的企业标准要求必须在正负1帕这个范围以内，才允许出厂。

郭庆河（客户）：我说"要24小时随时随地为婴儿的妈妈提供服务，这是你的宗旨"，结果他现在是24小时地工作，你说这种人不值得信赖吗？

严苛的质量要求，加上诚挚的沟通服务，半年的走访效果明显，积压的7000多台设备销售一空。公司很快开始重新走上正轨，还常常需要加班生产。一年以后，陈子毅开始带领团队进军国际市场，成为联合国多个单位指定的供应商。

陈子毅（长兴超声设备有限公司总经理）：联合国的机构，只要需要胎心仪，就一定要来我们这里采购。

电商铺路，进军家庭市场

很快，"长兴"这个顺德本土品牌再度成为胎心仪行业的领军人。大家都认为能够做好现在的订单就已经很不错了，但是陈子毅认为只做单一市场很难把企业做大，想要获得更好的发展就不能止步不前。他提出了一个大胆的想法——将胎心仪从医用拓展到家用。

陈子毅（长兴超声设备有限公司总经理）：当时有很多质疑的声音，怀疑的态度。就算是管理团队里多少也有不配合的现象出现。

每年的北京上海母婴展，都由陈子毅亲自带队布置展会上最大的母婴电子类产品展位。在2009年的母婴市场上只有洗护类和电器类两种产品，家用胎心仪这种母婴电子类产品还是第一次听说。不少人都说反正要去医院孕检，为什么还要多此一举买个家用胎心仪呢？

陈子毅（长兴超声设备有限公司总经理）：孕妇在医院做检查的时候，只有妈妈可以听到"怦怦怦"的胎儿心跳声音，但是爸爸和家里人是听不到的。我们（生产的）是严格的医疗器械，我转换一个销售渠道，转到家庭的时候，会更加方便孕妇在家里监听胎儿的心跳，全家人都能分享到新生命带来的喜悦，所以我们的英文名叫"baby fun"，中文名叫"贝缤纷"，经销商也是很聪明的人，他们也知道消费者的需求。

带着全新的理念，陈子毅又开始一家一家走访经销商，用了近三年的时间为全国经销商做科普工作。但是时代不同了，传统的销售模式并不适合家用胎心仪这个新事物。考虑到家用胎心仪的使用者都是90后，他开始尝试做电商。

陈子毅（长兴超声设备有限公司总经理）：最关键的是用户用起来，第一是否安全？第二她用我们产品是否放心？第三用起来是否方便？第四好不好玩？

到2012年，家用胎心仪凭借特别的定位得到了市场的认可。与全国各大连锁药业公司

全国孕婴童展览会　　　　　　　　　公司大堂　　　　　　　　　温馨的产品包装设计

都有合作，电商市场占有率高达60%。与此同时，巨大的市场也让不少同行看到商机。一时之间，各种品牌的家用胎心仪蜂拥而上。

陈子毅（长兴超声设备有限公司总经理）：在网上销售的时候，碰到我们的竞争对手，很多是通过一些宣传虚假交易，做销量出来，误导消费者进行购买。比如这个很明显，整个月的成交量刷到差不多2000笔。但是这个产品上线以来，一直的累计评价只有1300多单，很明显的刷单行为。

我们这个小提示，就是右上角的小图形，它可以告诉大家（胎心）曲线图属于什么范围，正不正常，会给消费者一些建议。

在这个看评价购物的时代，电商选择虚假刷单，制造口碑假象屡见不鲜。但陈子毅却明确规定团队不准刷单，从始至终都要让品质说话。

陈子毅（长兴超声设备有限公司总经理）：我们开发了一个手机软件，可以用手机或平板电脑将你监测到的胎心音的曲线数值录下来，并且可以在一些公众平台，例如QQ、微信发送出去，令更多的用户可以感受到新生命为你带来的喜悦。其实我们每一年都坚持推出2到3款全新的机器。所以我们是一直被追赶，却从来没有被超越过的。

专业之外，更要贴心

除了在技术上继续保持领先。细心的陈子毅还将用户体验发挥得更极致。无论消费者在哪家网店咨询他们的产品，都会直接转到贝缤纷的专业客服团队，每天十几小时为客户答疑解难。

陈子毅（长兴超声设备有限公司总经理）：经销商会代理很多产品，但是如果由我们自己去组建我们的客服团队，可以给孕妇提供更专业的胎心仪使用知识，以及在孕期相关的知识，这样可以令客户的体验进一步提升。

  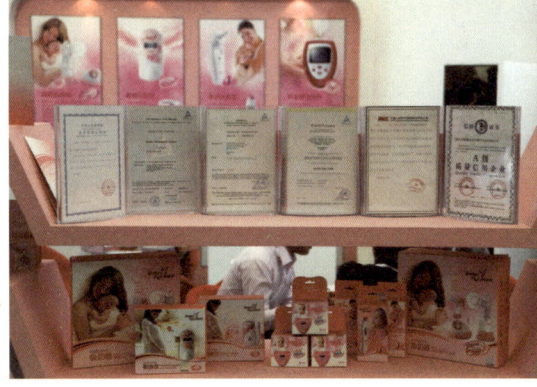

精干的业务团队　　　　　　　　　齐全的产品认证

陈子毅（长兴超声设备有限公司总经理）：想和你聊聊近期市场的情况。怎么进一步打破消费者的戒心？

冯小行（长兴公司董事长）：以前刚出来的时候，我们拿着台胎心仪去到新会、开平，那时候医生当然觉得很新奇，但是他们一听价钱就说："哇！几百块一台哦！"有没有必要啊？因为他们买个木听筒也能听到胎心音，不过是要八个月以后才能听到，所以你要让医生接受这个，很难的。

28年前，冯小行将胎心仪的概念科普到全国。如今，陈子毅再次将家庭保健意识升级。消费者估计都想不到，在这个充满关怀的母婴产品后面，是这样两个土生土长的顺德男人。

冯小行（长兴公司董事长）：我觉得他对个人的东西不是很计较，而且真的是吃苦耐劳，事事都要带头，亲力亲为。

基于这样的信任和情感，公司的60多名员工中超过10年工龄的有20多人，超过20年工龄的10个。每年年初八上班，他从来不担心有人不到岗。能够成为联合国定点单位，很大一部分原因是基于这种像家一样的良好氛围。

王春兰（员工，工龄16年）：我在这里工作了16年了。因为这里的待遇挺好的。
张林（员工，工龄22年）：我在这里做了22年了，陈总对我们都很关心，我们平时加班，陈总都和我们一起赶货。
涂细娣（员工，工龄12年）：也有吵，也有争，但始终都是团结的。
陈子毅（长兴超声设备有限公司总经理）：踏实，无论做什么都踏实。而且千万不要怕吃亏。今天你的付出得不到回报，你会觉得自己的价值得不到体现，但我认为你应该选择坚持，因为从另外一个角度来说，可能你身边的人或者你的领导、或者其他的合作伙伴正是通过这样的困境去考察你。

经过20多年的研发、生产经验的积累，长兴超声设备有限公司已成为一家具有现代规模的医用和工业设备制造企业，并拥有一批长期研发功率超声的经验丰富的工程技术人员。2000年7月，公司顺利通过ISO9001-2000国际质量保证体系认证，严格的品质控制使产品的质量达到了一流的水平。长兴在打造出顺德品牌的同时，也成就了公司一次次跨越式的发展，获得了广泛的公众认同及社会荣誉！陈子毅身上有着匠心的坚持与执着，面对新时代，自然水到渠成地升华。

编导手记

因为片子长度的关系，陈总的很多经历都难以一一展现。在去长兴之前，他已经在外地做到总经理职位，却又回到家乡从低做起，每月拿几百元基本工资。大学学的是旅游专业，工作却是贸易岗位，在这过程中还要拿起电路图学焊接，然后又从工业设备转到医疗器械。"转型"一直是他的关键词，虽然他说起话来总是带着微笑，但其中的艰难可想而知。不知是这样的经历锻炼了他温和淡定的性格，还是因为他的性格让他能在一次次的改变中从容应对。

或者是为了让我们更清晰感受到陈总的人格魅力，偏偏在采访过程中因为各种原因，采访时间几经变动，甚至跟去北京的拍摄都调整了机票，我们非常不好意思，但陈总在了解原因后总是轻描淡写地说："好的，我来安排。"坦然的态度实在让人感动和佩服。而正是因为这种敢于承担的态度，他临危受命，带领公司冲出险境，又走进新领域。

在公司拍摄的时候，我们感觉非常舒服，陈总与冯董至今的交谈非常融洽，除了尊重，更有种老朋友、父子的感觉。他们和员工一起吃饭，一起给货品打包，一起聊天说笑，让这个有28年历史的顺德企业充满情谊，他们研发出的母婴产品除了科技含量外，也更强调情感沟通。套用古语就是"和则一，一则多力，多力则强，强则胜物"。

印象企业

1987年，大良长兴电子厂成立，以电子摄影器材为其主打产品。

1989年，公司开始研发医用多普勒胎心仪，并于1990年经广东省科委专家组评定，一致通过授予其科技进步一等奖，成为当时全国第三家生产此类设备的厂家。

1993年，公司改制，从街道办下属的小工厂转制成为民营股份制有限责任公司。

1995年，公司与睿诚发展（香港）有限公司合资，成为中外合资企业。

2000年，企业引入职业经理人制度，聘请职业团队全面负责公司的业务发展与管理。

2005年，在国家卫生部组织的"卫生部中央补助地方公共卫生专项资金，降低孕产妇死亡率和消除新生儿破伤风项目"采购中突围而出，获得25个省份中的16个省份的产品供应资格，成为该品类最大的中标单位。

2008年，公司成为联合国发展计划署、联合国儿童基金会、联合国难民事务高级专员办公室、国际劳工组织、联合国项目服务办公室五大机构的指定供应商；公司医用多普勒胎心仪稳占国内同类产品70%以上的市场份额。

2009年，在国内医用胎心仪最大单一采购量的"湖南省基层医疗机构卫生室设备购置项目"中标14000多台设备，成为最大供货单位。同年成立孕婴童电子类产品品牌"babyfun贝缤纷"，正式将医用多普勒胎心仪民用化，从传统医疗市场转向家庭民用市场，寻求企业发展新的增长点。

2012年，"babyfun贝缤纷"家用胎心仪在淘宝、京东等电商平台上有300多家经销商进行销售，占据60%以上的市场份额。

2013年，公司与海王星辰、健民、康爱多等大型连锁药业集团合作，进驻天猫医药馆，销量进一步上升，占当年天猫同类产品市场的30%以上。

2015年，公司研发"i纷享"盒子与APP应用程式，成为品牌社交营销的重要工具。

罗立新：速度与激情
——志达管业迈进工业4.0时代

他曾是金融圈里的贤才俊彦，本该在自己熟悉的领域有所作为，一次命运的垂青，他半路出家，跨入了自己一无所知的制造业。在他最初做这家公司职业经理人的前几年，企业连年亏损，每年亏损上千万。企业面临空前的经营困境，在董事会想要做出变卖企业的决定的时候，他向集团提出整改意见。世界上任何事情最怕"认真"二字，面对企业的连年亏损，他殚精竭虑，细思良策，大胆做出了经营、管理理念的调整决定，使企业由危机出现转机。如今，这家汽车配件制造工厂经营转亏为盈，享誉国内外。令濒临破产的企业出现生机的，正是扎扎实实做企业的广东志达精密管业制造有限公司总经理罗立新。

新时期，国家提出"工业4.0"和"中国制造2025"战略，这家生产与汽车零部件、家用电器零部件制造配套使用的精密焊接钢管、电焊冷拔精密钢管、异型钢管以及钢管的深加工公司，正在罗立新的带领下积极响应国家的号召，大步迈入工业4.0时代。

面对新形势，他如何应对新时代的挑战？让我们一起走进广东志达精密管业制造有限公司，踏上总经理罗立新的"速度与激情"的奋斗道路。

志达钢管大坝厂

角色转换,投身制造业

　　这些日子,罗立新正在为企业上市而前后奔忙。广东省有200多家为汽车提供零部件生产的企业,但能生产高端钢管的企业只有3家,其中2家是日本企业,而另一家就是罗立新如今所掌管的企业。在他看来,上市是企业上升到新的平台的绝佳契机。

　　罗立新(广东志达精密管业制造有限公司总经理):选择上市基本上是方向,定下来的会先走三板,但材料我们是以主板和创业板的标准去考虑的。这到底是放在三板还是主板?我们以后会有一个主动权。

　　进一步规范企业去上市,表面看来似乎又回到了罗立新最初的职业。2007年以前罗立新一直从事金融业,但一次机会让他彻底转了行。那么,他为什么会进入现在这个行业呢?

　　罗立新(广东志达精密管业制造有限公司总经理):这个是提前一年的时候,黎德先生已经让我过来这个企业,来帮忙。

　　黎德先生是志达集团董事长,之所以向罗立新抛出"橄榄枝",是看好他踏实严谨的工作作风,但这对于罗立新来说,却是一个全新的挑战。

　　罗立新(广东志达精密管业制造有限公司总经理):当时我是没有答应的。主要一个原因就是,我真真正正没有这个制造业的管理经验。

志达钢管班组长户外拓展活动合影

虽然没立马答应，但罗立新开始关注汽车零件制造业。

罗立新（广东志达精密管业制造有限公司总经理）：刚接手这家企业还是在七八年前，当时中国人均汽车的拥有量还是非常低的，甚至低于世界平均水平，基于这一点来看，中国的汽车市场肯定会有一个比较大的发展空间，这是我们的机会，但是面临的困难也是相当大的，我们可以从日本、德国、美国引进当时国际先进水平的设备，但欠缺的就是我们的管理跟技术水平，这是我非常担忧的。

就这样，带着对汽车市场前景的期望与对管理、技术水平不足的担忧，罗立新转行来到了志达精密管业，做起了职业经理人。虽然进了门，但起初的担忧很快就成了拦路虎，挡在了他的面前。

罗立新（广东志达精密管业制造有限公司总经理）：刚刚接手企业的时候，就看到一个铁，就一个铁里面含有多少的化学元素，它的机械性能是代表什么？这些都不清楚。

做制造业完全不懂技术，对罗立新不能不说是一个不小的困惑。因为是门外汉，让他在管理上遇到不少难题。

罗立新（广东志达精密管业制造有限公司总经理）：接手这个企业后，工厂的管理与以前从事的金融行业的管理是完完全全不同的一个管理模式。金融这一块可以说有些眼光，大的或者比较宏观的方面把握得好就比较OK。但是管理这个企业无所谓小事，所以这个差异很大。大在哪里呢？管工厂必须是细致的，细化的管理。

企业遭遇连环致命打击

不仅在理念上需要转变，专业技术团队的缺乏，也同样成为横在罗立新面前的一只拦路虎。

郭桂晓（广东志达精密管业制造有限公司总经理助理）：在起初阶段，技术人员也比较缺乏，管理人员也比较缺乏。罗总很多事情都要亲力亲为。

为了适应生产，集团决定在罗立新接手企业后上一条新的生产线，而这更是给了罗立新不小的压力。

罗立新（广东志达精密管业制造有限公司总经理）：首先是投入三年亏损的压力。单纯设备的话，我们是8000多万的投入，就单纯买这个设备，还没有包括后面增加的。我们虽然买了设备回来，但这个设备基本上发挥不了作用出来。很多工艺设定的参数没有一个标准。只能是一个参数一个参数地试，出了问题再调整，调整完再试，效率非常低，耗费了很多时间。

由于当时在中国，精密钢管制造属于尖端行业，这几乎让罗立新这个门外汉束手无策。

罗立新（广东志达精密管业制造有限公司总经理）：由于做这个精密钢管，在中国基本上可借鉴的很少。由于是比较少的企业，那相对应的这方面技术的人员，跟这个管理的人员就很少。

角色转换，让罗立新不得不重新调整自己适应新环境的速度。尽管不断学习，努力去改变，但另一个摆在面前的事实却给企业带来了几乎致命的打击。

罗立新（广东志达精密管业制造有限公司总经理）：在公司刚起步的时候，我们的业务人员到一个企业推销我们的产品，业务员跟他们说了很多我们的产能如何如何，技术如何如何，但是这些人都是专家，跑到我们工厂里面一看，对我们的业务人员说，你说的话全部是假的。因为这个事情，这个客户有六年时间都没来我们企业。

接手企业两年，每年都亏损一千万。面对这样的状况，董事会不得不做出了一个决定。

罗立新（广东志达精密管业制造有限公司总经理）：所以当时董事会也有这样的考虑，在2008、2009年的时候，不如把企业卖掉，或者跟外资合作。

力挽狂澜，永不退缩

企业生死关头，罗立新能否力挽狂澜？面对各方质疑，他又如何赢得大客户的信赖？工业4.0时代，他又是如何保持自己的速度与激情？

每当困惑，罗立新就会回到乡下，去到农场释放情绪，让紧绷的神经得以放松。遇到困难，罗立新从没有想到过退缩。

罗立新（广东志达精密管业制造有限公司总经理）：平时压力大的时候，就到这里来放松一下，压力反过来就是动力。如果面临一点困难就退缩、放弃的话，那这个项目我做不好，我去到其他地方同样也会做不好的。

在企业生死攸关的节骨眼上，罗立新冷静思考后，给集团提出了自己的观点。

罗立新（广东志达精密管业制造有限公司总经理）：当时对这个市场的判断，可以说是非常精确的。用什么方法去做好做强，心里面是有底的，只不过在时间上需要有一个过程，包括人员的锻炼啊、管理架构的调整啊，都需要有一个时间。

在罗立新的坚持下，卖掉企业的想法被集团暂时搁置了。罗立新带领着他的团队再次踏上了开拓征途。罗立新的这个经营团队是一个非常年轻的团队，他非常喜欢和这班年轻人在一起。

罗立新（广东志达精密管业制造有限公司总经理）：我最喜欢跟年轻人一起打篮球。为什么喜欢跟年轻人在一起？也可能是跟我们企业所从事的行业或者产品有关的。既然以前的经验不能解决现有的问题，那我就自己学，自己学那不如带一帮年轻人一起来学。他们就像是一张白纸，没有过多的经验，但也正是这样才有更多的可发展潜力，他们与我一起学习，与企业一起成长，这个企业、这种做法所形成的企业文化很容易被这些人接受，对他们才具有更强的企业凝聚力。

为了应对挑战，罗立新发挥自己爱好学习的长处，经常和年轻人泡在一起，与他们一起学习一起探讨，他像海绵吸水一样不断地丰富着自己的知识结构，开始重新武装自己。

罗立新（广东志达精密管业制造有限公司总经理）：我们向自己的内部人员学，向公司内部的工程师学，当公司的工程师满足不了我的学习内容的时候，就向外学习。

困难越大，动力越足。在困难面前，罗立新永远保持着学习的激情。

郭桂晓（广东志达精密管业制造有限公司总经理助理）：来公司7年，对罗总印象最深刻的就是，他是一个很刻苦很努力的人，很努力去学，经常会向工程师甚至生产一线的员工请教。平时跟他一起出差的路上，他也是一直在学习。即使在机场等飞机的时候，他都在买书看书。

罗立新总经理（左二）带领团队年轻人参加"志达风采"职工篮球赛

内部重组，树立业界标杆

技术和管理两大难题一直困扰着罗立新。企业的连年亏损，客户的否定态度，在各种压力之下，罗立新反而做出了一个大胆的决定。

罗立新（广东志达精密管业制造有限公司总经理）：我们原来是做传统的钢管，是一个公司两个事业部，或者两个工厂去做的。但在2012年的时候，我们就是完完全全独立的一个公司。为什么这样独立一个公司呢？因为低端的产品跟高端的产品在市场的定价、面对的客户、管理的要求、品质的要求上完全不一样，如果不分开的话，你两套人马的时候，以哪个为标准？他们的理念很难扭转，有些时候扭转不过来。

企业的整改，再加上罗立新对市场的正确判断，让志达精密管业扭亏为盈。

罗立新（广东志达精密管业制造有限公司总经理）：与本田的合作，开始的时候本田给了我们一个车型，一个GB1的项目，它是一个自主品牌，叫理念，可能很多人在市场上都不一定认识这个品牌。这个车型可以说是在广本里面销售最差的。平均一个月生产都不足500台。其实当时拿到这个车型我们也知道不会有很好的市场，但本田把这个项目给到我们，对我们来说却是有非常大的意义的。

世界上最怕的就是"认真"二字。一开始合作，罗立新他们就得到了本田的认可。2013年的一次品质事件，更加深了双方的合作。

罗立新（广东志达精密管业制造有限公司总经理）：在与本田的合作过程中，也有出过一些品质上的问题，但这个品质问题可以说双方都有责任在里面。产品性能是符合国标标准的，我们的管理也是没问题的，但客户在使用过程中就存在一些问题。所以我们双方后面修订标准，就不用这个国标的标准，大家商定一个标准，在国标的基础上加严管控，把这个标准缩小到一个比较严格、比较小的范围。为这个事情，我们起码损失有40来万。也正是由于这个事情，反过来我们双方的关系变得更好，本田对我们的开发也更加有信心了。

"以诚为本，以质为先"是罗立新坚守的经营理念，也正是坚守了这样的理念，让他赢得了市场的认可。

志达集团春节晚会，罗立新总经理（左二）为员工进行抽奖

罗立新总经理（左二）带队参加广州汽车零部件展会

罗立新总经理（右一）给优秀员工颁奖并留影

志达精密管业参加上海国际钢管展

罗立新（广东志达精密管业制造有限公司总经理）：这个行业有一个非常好的地方，就是圈子里面有很多信息是共享的，你哪个车型是哪个客户供应的，哪些工艺是比较好的，他就在行业里面很容易得到。一旦你做好哪一家，其他的同行很多会自动找上门来与你联系。

如今，志达精密管业已成功地占领了中国汽车精密零部件生产的高地，年产值近3亿，成为业界的标杆。

罗立新（广东志达精密管业制造有限公司总经理）：终端的汽车主机厂就有12家。汽车终端的品牌有丰田、本田、福特等等。拿本田来说，本田的供应体系里面，它有很多做零部件的供应商，通过零部件供应商间接供应。可以说，目前，本田的汽车有70%左右用的都是志达精密管业的钢管。

如今，罗立新正带领企业迈进工业4.0时代。

罗立新（广东志达精密管业制造有限公司总经理）：工业4.0，其实就是怎么样提高生产效率，降低成本，跟你的客户怎样去对接。我们已经开始在做了。

在罗立新眼里，每个企业的起点都有它需要越过的难题。在发展的过程中，要时刻保持着自己的速度与激情，才能克服难关，始终保持领先。

罗立新（广东志达精密管业制造有限公司总经理）：人生最重要的是什么？诚实做人。对朋友也好，对同事也好，对家里人也好，如果能够做到诚实，就能够心安理得。无论遇到什么事情你都可以放下，或者遇到什么事情你都可以睡个安稳觉。

广东志达精密管业制造有限公司坚持"以诚为本，以质为先"的经营理念，发扬"团结、进取、包容、快乐"的企业精神，致力于员工与企业共同成长，永不满足地打造世界的"志达"。以诚相待，方可赢得人心；以诚为本，方能扭转乾坤。而这，也是总经理罗立新为人处世的态度和他的成功之道。

编导手记

初次见到广东志达精密管业制造有限公司总经理罗立新时,他给人的印象十分特别,当时的他,穿着工装正在和技术人员讨论技术,毫无老板的架子,这有点颠覆了我来之前的预想。

当罗总说起自己之前是学金融的,半路出家才来到制造业时,我惊呆了,对于这个年纪的人来说,很多人都会选择在自己熟悉的领域安稳生活了,可是他偏偏选择了一个完全陌生的领域,很多东西都要重新开始学习,这是需要多大的勇气和魄力啊!而罗总自己却觉得,人本来就应该一直学习和创新。

在采访中,罗总说他是个"不服输"的人。接手这个企业的时候,行业的特殊性让他这个门外汉遇到了不少难题,但是他并没有放弃。他所坚持的不断学习和创新,让他时刻保持着最佳状态,从不迟到,不早退,甚至一直以来都是最早来公司的人,自然让所有的员工都心服口服。也正是这样,他扭转了乾坤,让企业现在成为行业翘楚。

在拍摄的最后一天,罗总非常热情地邀请我们去他的农庄,他告诉我们,平时工作压力大时,就会来这边走走,撒网捕鱼,回归到小时候的田园生活,忘却那些让人烦心的事情。

在自己的道路上永远保持着速度与激情,这就是罗立新。

印象企业

1992年,志达进军钢管行业,成立亚洲金属制品厂(现龙峰厂区)。

2005年,佛山市志达钢管制造有限公司建设工程奠基,投建大坝工厂,并从德国、意大利、日本、美国等发达国家引进多条国际先进高频焊管生产线及冷拔生产线。

2007年,企业通过ISO/TS16949认证,取得了进入汽车零部件行业的"敲门砖"。同年,志达生产的精密钢管开始批量进入日资企业协富光洋和美资企业北京天纳克,为今后大量进军外资企业打下了坚实基础。

2011年,经过内部重组,志达钢管大坝厂区更名为"广东志达精密管业制造有限公司"。

2013年,集研发、检测、加工、制造于一身的技术研发中心成立并投入使用;同年,获得7项国家实用新型专利认证,企业不断加大创新型科研投入。

2014年,获得"广东省高新技术企业"称号,为企业的发展奠定了坚定的方向。

2015年,获得"省级企业技术中心"称号,并获得4项国家实用新型专利认证。企业引进先进的自动化设备及相关专业人才,开展各项自动化改善项目的研究和实施,为企业未来的飞速发展做好充分准备。

罗国辉：跳出家族思维做企业
——四维塑业的百年长青梦

广东四维塑业股份有限公司董事长罗国辉，曾是一名公职人员，他曾预言自己决不做实业，却"不幸"地做起了实业，在实业的路上一走就是16年。

1999年，罗国辉创建了四维塑业，多年来只专注做几根塑管。乍一听起来，品种很稀少，如何有销量？但这些环保塑管却广泛用于中央空调、燃气、电信、电力、化工、医疗等领域，办公生活不可少。目前，四维塑业在国内20多个省的专卖店突破100家，同时在国内已有3000多个上规模项目在使用该公司的产品，产品远销中东、南亚、东欧等国家和地区，可谓"塑管大户"。

公司里四位股东执手15年，这个家族式企业有自己经营的要求，是什么秘诀让罗国辉走出家族式企业不长久的怪圈？罗国辉如何带领企业成功上市？今天，《顺商传奇》为您揭秘四维塑业董事长罗国辉如何"聚力"，带领家族企业一步步走向成功。

雷打不动，一天两次股东会议

在广东四维塑业股份有限公司股东会议现场。

罗国辉（广东四维塑业股份有限公司董事长）：公司下班了，我们股东又要开会了。

鹤山工业园奠基

说说今天所发生的事,看哪些需要拿出来说说。

"总体来说,没什么问题。""关键有个问题就是……""关于绩效的问题……""基本上有些不合理。"
……

从1999年四维塑业成立,到现在在天交所上市,十多年来,中午12点到1点,下午5点半到7点,工人一下班,罗国辉他们四个股东都会风雨无阻地开碰头会,沟通解决当天各自负责的领域出现的问题。

公司正门

罗国辉(广东四维塑业股份有限公司董事长):起码问题不要拖延。需要大家去探讨的,我们马上去做出一个决定。

十五年来一直坚持当天能解决的事情绝对不隔夜,为的就是避免股东之间的猜忌。

罗国辉(广东四维塑业股份有限公司董事长):其实这样就可以把小问题化解。不要把小问题累积变成一个大问题,也不要给股东之间有一个怀疑。你那里可能会出现什么问题,为什么不及时反映?这样可以避免很多猜测。

打破家族企业不长久的怪圈

四维塑业的四位股东,都是企业成立之初的创始人,相互之间是亲属关系。换句话说,四维塑业是一间家族式企业。在常人眼中,从最初合作走向慢慢有分歧,然后分家,甚至老死不相往来的家族式企业不在少数。但四维塑业从创立至今,四位拍档一直都紧密合作。他们是怎样打破家族式企业不能长久的怪圈的?

李培民(广东四维塑业股份有限公司销售经理):我们几个拍档,目标都是想做得长远一点,有一个自己做出来的品牌。这样去做生意,不是看短期的。所以做了十几年,做到现在。

最早进入环保塑料管道行业,对于董事长罗国辉而言,极具偶然性。

罗国辉(广东四维塑业股份有限公司董事长):其实做这个产品,是(因为)一个偶然的机会。因为我自己家里装修,需要用管,当时问装修师傅,师傅说是铝塑复合管。了解了铝塑复合管的优点之后,觉得这种管的前景很好,自己刚好也有一个创业的冲动。

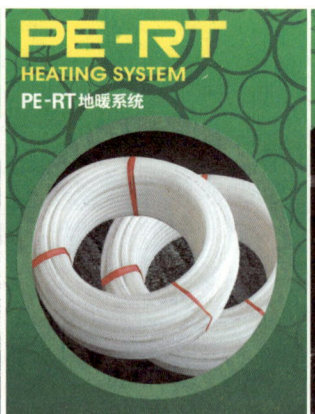

| PE | PERT | PVC | 线管 |

  创业以前，罗国辉在一家为制造企业提供服务的单位工作。因为有所了解，他曾认定，自己无论如何也不会走上做实业这条路。

  罗国辉（广东四维塑业股份有限公司董事长）：当时的了解，就觉得做实业很辛苦。自己暗下决定说，不要做实业，一做实业，就等于跑马拉松。接触到这个行业，接触到这个产品之后，不小心就做了实业。

  准备参加这场马拉松，罗国辉得到了家人的支持。几位亲友把全部家当都拿了出来，筹集了300万，准备起跑。为了和当时市场已成熟的品牌差异化竞争，他们把产品定位为中高端市场。谁知，起跑令刚一响，罗国辉就感到了前所未有的压力。

  罗国辉（广东四维塑业股份有限公司董事长）：困难很多。第一个就是对这个行业不了解，要重新了解市场，要做什么产品才适合市场的推广。第二个就是技术，因为技术，我们完完全全对这个行业不了解，之后要重新启动。做的过程，其实对我们来说最大一个问题还是资金问题。因为我刚才说，（办）企业，我们当时投资了300多万之后，其实我们全部家当都已经投入进去了。企业的运转资金我们是完全没有的。

  为了渡过难关，一开始四位创始人就接受着考验。

  罗国辉（广东四维塑业股份有限公司董事长）：曾经为了控制资金，把原有的一些生产人员和非生产人员大幅裁减，想到找我们几个股东轮流开设备这样的做法。

  为了扭转局面，几位股东达成了一致，改变结算方式，要求客户先付款再提货，这个决定不仅打破行规，扭转了局面，更成为四维沿用至今的结算方式。

罗国辉（广东四维塑业股份有限公司董事长）：每年的回款率都会达到96%，所以是让很多行业、同行很羡慕的一种做法。

定好规矩，防止纷争

对于已经步入正轨的四维塑业而言，客户关系仍是罗国辉经常要维护的，从客户处听取产品使用的反馈意见，了解第一手市场需求，对于罗国辉而言是必修课。

龙志华（顺德总代理）：经常要去客户那里拜访，主要了解一下客户对我们家装新产品的看法。

罗国辉（广东四维塑业股份有限公司董事长）：你好！你好！我们的产品怎么样？市场反应怎样？

客户：市场反应挺好的，质量、价钱，比任何一个大品牌都有优势。

罗国辉（广东四维塑业股份有限公司董事长）：我们还有些新的产品，就是这些颜色的家装线管，有所区别。环保，清新一点。还有一个是因为市面上有很多有颜色的管容易褪色。我们这次的新产品在颜色的选择上，很注重这种颜色，耐晒，不会褪色，这个是我们的一个卖点。

2008年经济危机时，主张要引进新产品，就是罗国辉对市场有足够信心的结果。

罗国辉（广东四维塑业股份有限公司董事长）：我们要上PVC排水管的时候，有股东说这个产品已经是一个成熟的产品，如果我们再做这个产品，会不会没有竞争力？如果我们不开发这个新产品，四维可能处于一个瓶颈。在一个平台上没有一个新的突破。因为我们的产品是客户需要的，如果我们不做，可能他们会选择其他的牌子，对我们原有的客户是一个损失。2008年，我们引进了两个产品，我们用另外一个做法，把这个成熟的产品变成我们四维的一个新产品。

在经济低谷的时候，购买新设备，开发新产品，罗国辉的想法在股东当中遇到了不小的阻力。股东间出现分歧，如何化解？股东数一直为双，少数服从多数不存在，他们又如何达成共识？对于罗国辉而言，这次遇到了前所未有的难题。

天交所挂牌

天交所挂牌企业证书

罗国辉（广东四维塑业股份有限公司董事长）：处理矛盾，在股东之间的（矛盾），就会用中庸的思想去做，就是有没有可能大家会达成一致，如果不能够达成一致，我们都会给大家时间去思考。

那在思考这个过程，我们会定一个时间，就是说下一次，在那个时候大家说出自己的意见，如果没有意见的，我会引导性告诉他们我的想法是怎样的，那如果对这个想法有异议的，大家会将问题摆出来，同意的就通过。

李培成（广东四维塑业股份有限公司总经理）：由于特殊的关系，有时觉得得失都是自己。就算谁的看法不同也好，最终的目标都是共同的利益体。

通过分析思考，再加上充分的沟通，股东们最终达成了一致。而这在当时看来是一场冒险，在今天却变成了新的机遇。"打江山易，守江山难"，家族式企业成长之后的另一个危险因素，就是随时都可能引起纷争。而早在建厂之初，罗国辉他们定好了规矩，就是为了防止纷争的发生。

最具投资价值企业

李玉霞（广东四维塑业股份有限公司董事）：共同目标，为什么会有纷争？就是利益。利益上面首先股权分好，还有你的亲戚、我的亲戚，都不可以进来（工作）。哪怕你是做第三方加工也好，合作单位都没有在利益上，没有自己私下的秘密。

实现上市的历史性跨越

"根据获取的信息做出判断"，这句简单的话于普罗大众而言再简单不过，但对于企业，尤其是像罗国辉这样的家族式企业更为重要。在罗国辉看来，有共同的感受，才会更容易达成共识。

罗国辉（广东四维塑业股份有限公司董事长）：如果我们要确定一项新的东西，新的事不好通过嘴巴去说，一定要把所有的股东，或者需要决策的人请去现身参与。因为这个信息的同步，互相那种信任感是很重要的。

就是通过这样的方法，在罗国辉和股东们陆续亲身了解和感受了天交所后，2013年8月30日，四维塑业股份有限公司实现了历史性的跨越。

罗国辉（广东四维塑业股份有限公司董事长）：

高成长企业

上市其实是上了一个平台，我们通过上市，去做更多我们需要做的事。

从最初单一的排水管道，到现在的包括吸水管道、地暖管等在内的七大系列产品，四维塑业已是经营塑料管道的区域龙头企业。一路走来，罗国辉收获的远不止企业的上市，于他而言，更为珍贵的是建立在团队精诚合作之上的百年目标。

罗国辉（广东四维塑业股份有限公司董事长）：这个行业，我们不急于说在一两年内一定要赚多少钱，而是我们要把它当成一个事业来做。我们在经营过程中，怎样做到十年企业、二十年企业、五十年企业，甚至是百年企业？我们希望在这条路上继续走下去。

审时度势，就是要对目前的形势、市场做很充分很深入的了解；顺势而为，就是顺着这个形势的发展有所作为，最后乘势而上，借助这步势，实现发展、实现跨越。

罗国辉（广东四维塑业股份有限公司董事长）：知道身边的环境是怎样的，如果环境变，你的思想不变，你就可能会落伍了，所以要审时度势。

大家对家族企业的误解，就是家族企业变的速度很慢。但是我不认为这样，如果是家族企业根据环境的变化而改变，我认为它的生命力就很强。

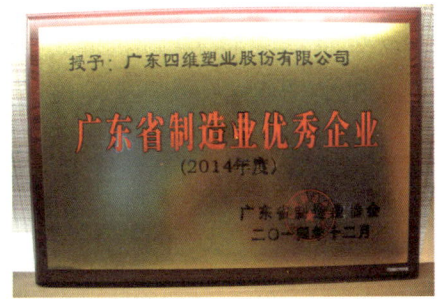

企业荣誉

从长远观点来看，家族和企业的目标与利益是一致的，经营管理过程中更多地体现人文主义色彩。家族企业的多数成员之间，都是由于各种各样的关系联结在一起的，人与人之间有着千丝万缕的联系。

十多年来，广东四维塑业股份有限公司董事长罗国辉正是以他的气度、心胸，凝聚力量，明道取势，重视股东之间的沟通、信息的交流，根据获取的信息做出判断，审时度势，顺势而为，走出家族式企业不长久的怪圈。

祝愿广东四维塑业股份有限公司在董事长罗国辉的带领下，凝聚力量，基业长青，不断创新，不断做大做强，打造成为百年企业。

编导手记

采访广东四维塑业股份有限公司董事长罗国辉之前,我想先通过网络进行些了解。没承想除了公司的简介外,有关罗总的信息真是少之又少。低调,这个几乎是顺德企业家专属的词瞬间浮现眼前。

其实在业界,四维塑业名气不小。这间公司1999年就创建了,十六年来,坚持只做各类环保塑胶管道,2013年8月30日,成功在天津股权交易所(下称"天交所")挂牌上市,成为北滘首家在天交所上市的企业。

边采访边了解,边了解边采访,拍摄工作在这种状态下推进。我们通过了解发现,家族式模式确保了企业十六年来的稳步发展。在常人眼中,家族式企业,存在诸多弊端,做不久,也难成大气候。但为什么罗国辉他们可以打破这种怪圈呢?

深入了解后,我发现这个家族企业之所以一直保持健康状态是有秘诀的:所有股东,不能安排任何亲属入职公司;所有股东,不能接手配套产品的生产;每天下午5点半,工人下班,进行股东会议,汇总一天需要沟通的问题,风雨不改;股东之间有分歧的事情,会一而再再而三谈论,第三次以少数服从多数来定结果;一个股东外出得到的感悟,会第一时间和大家分享,牵涉到重大决定的,会再一起去体验,以求信息对等,等等。

在顺德,低调的企业家不少,家族式企业也不在少数。我希望通过挖掘到的低调的罗总的营商理念,可以给家族式企业的发展多些借鉴。

印象企业

1999年,公司正式成立,铝塑复合管系列产品投产。

2010年,成为顺德区优秀企业成长工程(龙腾计划)重点扶持企业(首批300家"龙腾企业"之一)。

2012年,被授予"广东省重点创新帮扶500家高成长性中小企业"(首批200家之一)。

2013年,完成股改工作,成功在天津股权交易所挂牌上市,股权代码为:044008。同年荣获2013年度"最具投资价值企业"称号。

2014年,鹤山工业园奠基。

2015年,湖北分厂正式投产。

刘晖：兴趣是最重要的财富

——三合工业的智造路

1997年，一名东北大学生毕业后来到与顺德毗邻的中山，找到人生第一份工，成为中山市农机二厂的机械设计师。几年后，他为了实现能开上小车的梦想，与朋友一起注册了"三合"公司，将目标盯在"非标设备"上。俗话说"选择比努力更重要"，2004年，这位年轻人将公司从中山搬到顺德，从此坚定走在一条自动化设备的智造路上。

短短十几年间，三合工业从当年容桂华口工业区的一间小厂摇身一变，成为年销售额超过5000万的星光企业。多年来，公司一直秉承"以现代化工业技术在生产中的推广与应用为目标，着重解决客户生产中遇到的技术难题，提供全方位的自动化解决方案"的经营

三合公司厂貌

理念,建立起一套完善的非标设备设计制造的管理控制体系。而总结三合成功的原因,公司总经理刘晖认为不外乎是自身的兴趣加上合适的环境。

那么,刘晖是如何将兴趣与事业完美结合,带领公司走上智造路的呢?

一个天生热爱机械的人

在很多人眼里,设计、组装、调试几乎就是机械制造的全部,而刘晖却在这看似枯燥的过程中享受着专注带来的乐趣。

刘晖(三合工业自动化设备有限公司总经理):吃过饭之后,把自己的办公桌打扫一下,然后安安静静地去想一下自己这个项目,设计一个设备,就那种宁静,对我来说真的是很享受的。设备也是有生命的。说实话,这个产品,是按照自己的想法、思路去完成它的,成功之后还是很有成就感的。

马健(广东志高空调有限公司电机厂副总经理):明年我们的产能增加的时候,可能还要再增加一台设备。我们现在一个工人看四台机,这个生产效率,现在同行业都认可,都算比较高。这是最实在的,它每天不停地生产。

这一款空调塑封马达绕线机是刘晖团队7年前的得意之作,至今仍然在不断完善,并且广泛服务在众多知名空调制造商的生产线上。

刘晖(三合工业自动化设备有限公司总经理):总体来讲,这台设备销售了将近2000台。单台设备占有率来讲,在国内占80%以上,包括美的、格力、志高、海尔、格兰仕这些大型的空调厂、电机厂。

在轰鸣的生产线上,这些自动化设备的运作对于厂家来说,是生产成本的降低和产值的提高。而对于刘晖来说,则是他将国产设备不断推陈出新的见证。他对于机械的热爱,似乎是理所当然的事。

刘晖(三合工业自动化设备有限公司总经理):我自小在机械厂长大,在五六年级的时候,我就经常看到些车床、铣床,总会拿锤子敲一敲,拿锉锉一锉。可能是自小培养起来的兴趣,家里有一个机械的闹钟,我可以把它拆一遍两遍三遍,拆若干遍。

自小耳濡目染萌发的兴趣,使他读大学时选择了机械制造专业。毕业后跟着地图走,东北人刘晖来到与顺德毗邻的中山,找到人生第一份工,成为中山市农机二厂的机械设计师,那也是当时最早一批尝试研发国产化设备的企业。对新技术充满好奇的刘晖很快就全身心投入工作。

刘晖(三合工业自动化设备有限公司总经理):作为车间的其中一个工程师,我几乎每个星期都把全拖拉机厂走一遍。因为当时是两千人的拖拉机厂,有30多亩地,我会整个车间走。一个是来源于兴趣，另外一个就是对未知领域的东西，其实我是有极大的兴趣的。我也常说技术是"无域"的，无域就是没有疆域的。你各个方面的技术都要去了解。我记得碰到其他车间的人可能不认识，照面会聊一下，他以为总厂又来了一个领导呢。

刘晖在办公室

大学生，有文化，爱学习，并且不满足于纸上谈兵，然而刘晖的热情很快受到了冷遇。

刘晖（三合工业自动化设备有限公司总经理）：比较老的师傅，都是55岁或者60岁的老师傅，可能在沟通上有些障碍，他也不愿意把自己所有的经验教给另外的人。机械设备有故障的时候，只有两个人能做维修，他们一般都是在12点以后后半夜去维修，基本上来讲一般人也是看不到的。

要让自己的设计能落在实处，最终还是要靠老师傅指点。被拒绝的刘晖一点没觉得没面子，反而更加勤快。

刘晖（三合工业自动化设备有限公司总经理）：我自己想去学习一件事情，我可能要付出一些东西，那我也等到了12点，在修的过程中，师傅拆了很多散件也没人帮他，我就帮他。逐渐和师傅接触过程中，师傅也逐渐接受了我，也愿意把一些实践技术教给我。后来我自己创业的时候，这些老师傅都到工厂来看我。

创业初衷是为了"开小车"

有了理论知识和实践技术做基石，刘晖很快就能独立运作项目，并且得到单位的重视。然而这时，他却决定自己创业。

刘晖（三合工业自动化设备有限公司总经理）：比较实实在在的一句话就是说，我说我在这公司做，可能两年开不上小车，那我出去后两年，我有可能开上小车，也许那时的梦想就是，能开上小车。

2001年，刘晖和朋友一起注册了"三合"公司，将目标盯在"非标设备"上。

刘晖（三合工业自动化设备有限公司总经理）：其实非标设备就是非标准的。换句话说就是"量身定制"。尤其近几年国家提倡产业转型，每间工厂都要持续地改善工作环境，省人、省力、进行智能制造，我们就持续为他们服务。

三合大家庭合照　　　　　　　　　公司优秀员工

虽然前景看好，但是由于资金的限制，刘晖把厂房搬到容桂华口工业区，事事都得靠自己。

刘晖（三合工业自动化设备有限公司总经理）：里里外外就自己一个工程师。自己要画图纸，参与加工，参与组装调试，同时一台设备，它的控制部分还包括电气。当时对于PLC（可编程逻辑控制器）自己真是一窍不通，后来就自己买回来这个元器件，自己看着书，一点点完成了第一台PLC编程工作，也就是完成了整个设备的控制工作。将近4年的时间，三合自动化公司机械的设计和电气的设计，甚至是编程都是我自己来操作的。

在这实打实的磨炼中，刘晖也培养出了一批可以独立运作项目的优秀工程师。至今他的公司里都没有业务员，工程师个个都能独当一面，并且能敏锐地把握市场需求。2007年，空调绕线器马达应运而生。

刘晖（三合工业自动化设备有限公司总经理）：当时国内企业是引进日本企业的设备和工艺。那个时候，它所用的元器件相对来说比较落后。而这时候数控系统加上伺服电机，对于位置、速度的协调动作起来是非常准确和快捷的。当时我就想把这种数控系统引进到绕线机上来，我们也算是首家。那时候日本这台设备要70多万元，它只是一个头的。到现在为止，我们每个头计算也就是4万元左右。

马健（广东志高空调有限公司电机厂副总经理）：2007年我们通过采购以后觉得效果很好，就不断增加订购量，作为我们自己的民族企业，在整个技术提升上，我们觉得它不比国外设备差。

刘晖（三合工业自动化设备有限公司总经理）：很自豪地说，我们基本上给几大家电厂每年将近节省400人左右。

靠着不懈努力，十几年间，刘晖的厂房几经搬迁，从最初的800方扩大到5000方，员工从不到20人增加到120人。

产品局部图　　　　　　　　　　　　绑线机细节图

刘晖（三合工业自动化设备有限公司总经理）：我是一个比较踏实稳健的人。需要多大的生产，就购买多大的厂房。这个（厂房）是在2006年购买的，接下来我们又准备在天富来购买2000方的厂房，这个企业一直都是一步一步踏踏实实地走下来的。

正是这种踏实、稳扎稳打的态度，让刘晖在企业的迅速发展中始终保持着清醒的头脑。绕线器马达大大节省了厂家的成本，订单也纷至沓来，刘晖的企业逐渐确立了在马达设备领域的领先地位，然而却也因此差点损失近900万元。

刘晖（三合工业自动化设备有限公司总经理）：从2009年开始到2010年，是我们空调厂大幅度扩张的时间。其中一间电机厂组织了一帮技术人员、销售人员，就成立了另外一间电机厂。当时给我下了一张将近900万的订单。货全部在现场，就准备装车了。因为装车之前一定要有20%的发货款，但是客户没有按照合同去执行，坚持先发货，后按合同规定付款。那我们就取消了这个订单，然后把预付金退给了客户，将近500万的成本。这时候对我们影响是很大的，是很纠结的。这么大一张单，对当时的企业来讲，是将近三个月的产值。然而不久，那间电机厂因为资金周转问题濒临倒闭，不少人甚至我自己都感到庆幸不已。然而我更清楚敢于退掉大单，在于对自己产品的自信，货是供不应求的，而且我们的确是在技术方面能迅速地把客户需求变成产品。

为了让产品达到高标准，刘晖的工厂还自己生产非标产品的零配件，这在同行中是非常少见的。

刘晖（三合工业自动化设备有限公司总经理）：我很自豪地说，我们是两条腿走路。我们自己加工、设计、组装。我当时最有感触的一件事情是，一个四五个人的加工部，我们在外面等着零件，但是对方说他还有别人的要加工。"有台床，你自己去加工吧"，这时候对我触动很大，我感觉这是我未来发展的一个瓶颈，它会受品质和货期的严重约束，有70%以上的厂家没有自己的零配件制造。

高新技术企业　　　　　　　顺德机器人协会副会长单位　　　顺德区优质企业成长工程"星光工程"重点扶持企业（星光企业）

人才是企业发展的动力

身处高精密的行业培养了他细致的思考习惯，也正是种种在细节上的坚持，让他把大部分时间都放在了工作上，即便企业早已步入正轨，刘晖依然保留着夜里加班研究设备的习惯，他总是说"想要获得成功就必须付出"。

刘晖（三合工业自动化设备有限公司总经理）：从1997年毕业至今我过年都没回过家，一个是回家怕花钱，另外一点就是说，空调业过年的时候是他们最旺的时候。我也不能离开。你回家10天的话，客户的很多售后服务、很多问题要处理，你处理不了，也是耽误客户的时间。其实也想父母，也挺亏欠父母的。我父母对我的付出是非常大的。我记得我母亲攒钱的时候，为了供我上大学，我看她是一分一分攒的，把很多零钱都夹在书里。我一直能回想起来那个场景。

因为经历，所以懂得。在将父母接到顺德的同时，刘晖也常常告诉员工不要将自己当作顺德的过客。为此，每年有两位员工可以享受到公司支付购房首付款的福利。每次他都亲自陪着去挑选，给意见。

刘晖（三合工业自动化设备有限公司总经理）：那边是干吗的？
公司员工：商铺。刘总也费心，陪着我们来看了很多次，这次也终于定下来了。
刘晖（三合工业自动化设备有限公司总经理）：这个花园、房间、户型还是非常不错的。你是7楼，9楼又是咱们同事，以后三合发展了，咱们干脆整栋买下来，那就更好了。

人才是企业发展的动力，工厂在这方面也是很重视的。

刘晖（三合工业自动化设备有限公司总经理）：我也希望工程师把家庭料理好，然后再去全身心投入到工作中。坚持、持续地做一件事情，成功的概率是非常大的。

公司经过多年的发展，已成功开发出空调两器生产专用设备、纸浆模塑生产专用设备。同时，公司致力于电机生产设备的研发、先进制造工艺及装配技术在电机行业的推广与应用，着重提高国内生产装备落后的局面，推动电机生产的自动化。公司现已成功开发了全套塑封电机生产设备，串激洗衣机电机生产设备。道路是曲折的，前途是光明的。在刘晖的带领下，公司业务蒸蒸日上，刘晖迎来了他的最好时代。

编导手记

采访刘总,再一次刷新了我对东北人的认识:原来东北人这么细心与谦逊周到呀!用网络词语来说,就是"温暖的技术宅"。和刘总交谈是非常舒服的事情,他总是不急不躁,但是能把每件事都说得清清楚楚,带着让人安心的语调。

缺乏对事业的热爱,才华也是无用的。刘总创业的历程,恰恰就是将兴趣与事业完美结合的案例。他们设计生产出来的机械手,能让以出产精密仪器著称的日本人伸出大拇指,为不少大企业提供了坚实的技术解决方案。在同质化、恶性竞争的环境下,他坚持梳理国产设备新形象,正是有这样的坚持,让我们在采访中也充满了骄傲和信心:国产出品真的在很多时候已经与世界同步!媒体更该将目光对准这些低调而又务实的企业。

和他稳扎稳打的性格完全相符,当年来到顺德,刘总很快就把家安下,不把自己当作过客,踏踏实实地创业,全身心投入。正是这种感受,让刘总的企业也充满温度——亲自培养具有独立运作项目能力的优秀工程师、不需要业务员靠的是口碑、为优秀员工购房,他打造的不只是技术的平台,更是实现梦想的平台。

印象企业

2001 年,中山市三合工业自动化设备有限公司正式成立。
2004 年,公司由中山迁址至顺德高科技产业园。
2005 年,注册成立佛山市顺德区三合工业自动化设备有限公司。
2006 年,购买顺德容桂天富来国际工业城一期厂房,面积 2000 平方米。
2010 年,购买顺德容桂天富来国际工业城三期厂房,面积 6000 平方米。
2014 年,于顺德容桂天富来国际工业城一期 7 座成立钣金车间,公司经营面积扩至 7000 平方米;于顺德容桂天富来国际工业城三期 3 座成立三合机器人车间,车间经营面积扩大至 10000 平方米。
2015 年,控股佛山市顺德区三兄弟制造有限公司;引进国信证券团队。

龚武：凝聚团队合力
——中辰钢结构进军海外

70后的龚武，是敢想敢拼的新顺德人的缩影。因为年轻，他敢让员工"剥自己的皮"；因为真诚，他把生意做到了非洲。从顺德出发，让自己和企业在海外扎根，这就是老一辈顺商勇闯天涯吃苦精神的延续。

广东中辰钢结构有限公司是龚武一手创办的公司，它集建筑钢结构技术研发、设计咨询、加工制作、施工安装与售后服务于一体，具有建筑钢结构制作及安装一级资质、幕墙设计与施工二级资质、钢结构专项设计资质，钢结构年生产能力在40000吨以上。多年来，在龚武的带领下，公司出色圆满地完成了多项大型工业厂房、高层建筑钢构、网架、汽车展厅、玻璃幕墙等钢结构工程的设计制作及安装，深受业主的信赖和好评。

随着经济全球化的发展，中辰也在加紧步伐，大力开拓海外市场，于2010年在非洲成立"中辰建设（卢旺达）有限公司"，在卢旺达购地建厂；并于2013年在乌干达购地建厂，成立了"中辰建设（非洲）有限公司"，已承建社保高层雨棚、天桥通信塔、卢旺达国际机场扩建等多个钢结构工程，实现跻身海外工程项目的目标！

公司发展如此迅速，身为董事长的龚武和他的钢结构团队也在自我成长，与公司一同演绎着别样的精彩。《顺商传奇》带你走进广东中辰钢结构有限公司，看看这个庞大的机构是如何高效运转起来的。

以人为本的人性化管理

在广东中辰钢结构有限公司，员工正在开"剥皮会"。讨论的主角，就是他们的老板龚武。

主持人：第一条就是过于冲动，不听人解释。在不了解的情况（下）就发脾气，有时候发完脾气呢就会马上道歉。大家觉得他有没有改变？请举一下意见牌。

生产基地全景

员工：我举的是哭脸。我觉得龚总最近这段时间，就是说，他还是经常很冲动，这一点我还是不认同。

作为老板，龚武不能参加这个会议，因为员工在收集反馈意见，看看最近这段时间员工对老板提出的意见他有没有改进。

龚武（广东中辰钢结构有限公司董事长）：我自己来说，上班是很开心的一件事。所以有时候放假在家，都想去上班的。大家之间，沟通也好，工作生活也好，这个氛围都是特别好的。

郑平珍（广东中辰钢结构有限公司副总经理）：公司是很多年以来就一直有这个"剥皮会"的。每一年会有两次，主要针对中高层管理人员。这个"剥皮会"其实不是想象中那么恐怖，真的去剥皮。在我们公司，有一个企业文化传统，就是同事之间互相指出缺点。我们的目的就是——有则改之无则加勉。

一个企业的领头人，愿意面对员工的意见，这并不容易。培养出这样的企业文化，也许和龚武他们从事的钢结构行业有着密切的关系。

龚武（广东中辰钢结构有限公司董事长）：钢结构的话，基础和柱的骨架，我觉得应该就是我们公司的核心管理团队；构件和维护板之类的，就相当于我们公司其他的同事；那些工具、螺丝、拉杆，那些小的构件就相当于我们新进入的同事。那整个钢结构的主构件、维护构件，还有螺丝是无间地搭设上来的，才能做好工程。同事之间也是一样的，就是每一个部件、每一样东西都是相当重要的，每一个人都是同等重要的，才会搭建好这个工程。

龚武和同事们就是这样，各司其职，不断地搭建出一个又一个工程。在他的办公室里面，我们被一张挂历所吸引，细看了才知道，这是员工送给他的生日礼物。

龚武（广东中辰钢结构有限公司董事长）：以前就是送贺卡，那种卡片的形式，但是公司的同事越来越多，一张小小的卡片已经完全写不下（祝福）了。后来同事就送一张可以挂在墙上的挂历，有很多话语不是很正式的，有的是写得很搞笑的，就希望老板在闲暇的时候看到可以开心。

重细节，开辟非洲市场

钢结构属于建筑业，多用于大跨度的工程中。材料可以反复利用，不但环保而且抗震，外观凸显力量与线条时尚。这几年，全国各地都在鼓励使用钢结构进行建筑施工。虽然现在的龚武不再需要像公司创立之初一边画设计图一边去找客户，但是他仍会坚持把握工程的许多细节。

龚武（广东中辰钢结构有限公司董事长）：我自己做事、计算都很注重细节的。每一个行业，现在都有很多企业去做，做得好与不好呢，其实基本上大体的东西是一样的，但是细节做得好不好，才是体现这个公司的管理和水平的。所以我自己先要求自己，从自己做起。

细节的把握关系着一个工程的成败，更是日后使用者的安全保障。带领团队在顺德创业14年，聊起自己起步时的经历，龚武却说，如果不是在顺德创业，自己很难发展得这么快。

龚武（广东中辰钢结构有限公司董事长）：顺德这个环境相当好。这几年我跟周边的地方、跟国外都有接触。顺德、顺商这个氛围是相当好的。讲诚信，在这里做生意，（只要你）做人实际，做事够专业，人家都会很支持配合你。你可以为客户创造价值的话，那市场是肯定会有的。

坚持积极创新，使得龚武可以将钢结构事业做到全国各地。在很多地方，我们都能够看到他们的作品。前几年，他还成功开辟了非洲市场。

陈丽生（广东中辰钢结构有限公司董事）：非洲处于中国20世纪80年代初的那种水平，经济条件非常落后。虽然他们有一些政策上的支持，还有税收上的优惠，但是对于我们公司来说，去到一个陌生的地方，那么我们也非常艰苦。但是经过了这么多年，我们也是在非洲站稳了脚跟。

龚武（广东中辰钢结构有限公司董事长）：我觉得现在来说，应该是属于第二次创业。因为已经过了一个发展期，团队技术相对稳定。所以第二次创业的话，就是一个创新、一个突破。因为现在整个行业实际的竞争都很大，经济环境比早十几年前差很远，所以要突破这点的话，现在才是正式开始，一个新的挑战。

换位思考，服务客户

每一个城市的美丽，都离不开建筑工人的汗水。在这一行，龚武只能算是个高级建筑工人。（建筑工地现场）

员工A：现在的进度满不满意？
龚武（广东中辰钢结构有限公司董事长）：都可以了。
员工A：主要是前段时间天气不好，现在已经赶回很多了。
龚武（广东中辰钢结构有限公司董事长）：在珠三角来说，这么重型的厂房相对少见，基本上没有。
员工B：不冷吗？
员工A：不冷。
员工B：钢结构再加把劲。
员工A：是，刚刚就跟老板在说这个事情。

因为只要天气允许，正常施工，龚武总会出现在各个工地上，一天之内，他可能会出现在顺德、中山、肇庆等几个地方，来回奔波几百公里，这是再正常不过的事情。

龚武（广东中辰钢结构有限公司董事长）：我做生意的话，主要有一个思维，就是换位思维，就是大家换一个位去想事情。跟客户做生意，三个意识去考虑问题。一个是服务意识，就是我自己定位。我们这个行业，本身是建筑行业，但是我出来创业就定位为服务行业。一个是创新，我们是属于专业的，很多东西要自己去设计，所以一定要有创新的意识。还有一个就是共赢，不是说我要赚你多少钱，而是我要将你的需求、客户的需求转化，为客户创造价值。

中辰核心管理团队

换位思考，服务客户，再通过创新共赢。龚武的总结听起来很简单，但是其实包含了他多年积累的经验，而这些经验和知识，不少是他从客户身上偷师回来的。

中辰杯结构设计竞赛

龚武（广东中辰钢结构有限公司董事长）：我们跟日资企业打交道就知道，管理前期的准备工作怎样才叫作准备充分。从与那些上市公司、大公司的沟通中，书面化的各方面，我们都学习了很多东西。早期公司很小的时候，我们已经接触了这些大企业，让我们的管理（进度）加速很多，就是少走很多弯路。

第二期中辰订单班

义务讲课，勇担社会责任

中辰钢结构义工队成立仪式，员工们正在宣誓。要求团队做好工作，更要求他们承担社会的责任，这就是70后的龚武选择的管理方式。

主持人：立正！我承诺！
员工：我承诺！
主持人：尽我所能！
员工：尽我所能！

第五届家属答谢宴

张家界欢乐之旅

主持人：不图回报！
员工：不图回报！
主持人：实行志愿精神，传播先进文化！
员工：实行志愿精神，传播先进文化！
主持人：贡献力量！
员工：贡献力量！

这个年轻的团队，在飞速发展的同时也在变得更加成熟。

刘春宏（广东中辰钢结构有限公司商务经理）：我们公司目前就是说，（工作）5年以上的差不多有40多个人。特别是我们80后的占绝大多数。我们最喜欢的应该是这儿比较有活力，可以学东西，特别是老板肯教，肯给你机会，他不怕你犯错。

黄飞旺（广东中辰钢结构有限公司工程副总监）：我为什么留在这里这么久？在一个公司做了七八年这么久？因为我觉得这个公司每年都有进步，每年都给我们带来不同的一些惊喜，现在公司又在搞这种非上市公司的股权激励，还有人力资源，通过管理来提高效益，来增加我们的收入，大家通过努力就有结果，所以这是每年的盼头。

程容琴（广东中辰钢结构有限公司设计总监）：在这里工作，可以感受到人与人之间的尊重，还有那种成就感，同事在一起也是很团结的，平时关系都特别好，对这里有很强的归属感。

崔柱生（广东中辰钢结构有限公司商务部）：我印象最深的就是，我刚刚毕业就进来了，老板亲自面试我们。之后对上一个师傅，就是以前那个师傅，他基本上是毫无保留地教我们知识。所以我现在做别人的师傅，都是毫无（保留），把我所学的知识教给我的徒弟。

龚武（广东中辰钢结构有限公司董事长）：今天的话，我就是带头来分享一下我们这个行业的一些基本的流程。本地企业里面，拿到粤钢奖的到目前为止只有三家，我们就是其中一家，有很多广东钢结构金奖都是被外地外省的（企业拿走的）。

龚武在广州城建学院开了个中辰班，不但自己义务去讲课，还定期安排工程师去和学生们分享工作的经历。他希望自己作为过来人可以帮助到年轻人。在学生面前他就只是一个前辈，而不是我们眼中成功的老板。

龚武（广东中辰钢结构有限公司董事长）：我觉得成功，应该就不是一个结果。我个人的理解是一种状态，并且我更加享受这个过程，所以我觉得自己离成功的路还有很远，这个过程还很漫长。不过我觉得不管是我自己还是整个团队是具备这种意识的，就是达到成功这个状态，是已经具备这个意识了。通过我们大家一起努力，我相信中辰钢结构公司应该很快会成功的。

一个充满力量的行业，一个善于激发员工活力的老板，一个迸发着激情的团队！龚武和他的团队表面上看起来似乎没有什么特别之处，但是这也是真实的他们。就像他们完成的建筑作品一样，即使看似平静地伫立在城市，但内在都充满了无限的生命力！

编导手记

龚武不是地道的顺德人，但是早早地就把家安在了顺德。我们第一次去到他的公司，就感觉到他是非常随和的人，没想到和他的员工一聊天，才知道这个老板的随和是看情况而定的，他着急起来脾气可不小，不是说他性子差，而是他对于工作非常严谨，这份严谨与他从事的建筑行业是密不可分的。因为建筑的每一个细节都容不得分毫的差距。也许就是因为自己平时已经太严格要求员工了，所以日常生活的时候，他会尽量表现得随和些。

做建筑行业，一个人是做不出工程的，所以对团队的协作能力就有了更多的要求。龚武对自己团队的付出，这是不少企业都难以做到的。我们和他的员工聊天，不论是开车的司机还是高级工程师，每个人对公司都有不少的感情。用他们员工的话说，在这里工作，每一年你都能看到自己发展的新的希望，每一年你都能够成长到一个高度。一个让员工觉得充满前景的公司，才能够让员工有想一直留下来的心。除了经营自己的事业外，龚武对于慈善公益事业投入了不小的精力物力，自己带头做义工，员工也跟着成立了义工队，一有公益活动整个公司就一起行动，谁都不甘落后。

龚武创业十来年，依靠的是对客户的一份真诚，对员工的一份真心。很多人都说商场尔虞我诈，其实未必，龚武不就是那个例外吗？

中辰义工队情聚"爱心田"活动

印象企业

2002年,佛山市顺德区新实景钢结构有限公司(中辰钢结构有限公司前身)正式挂牌成立。

2004年,公司正式更名为"佛山市中辰钢结构有限公司"。

2006年,公司拥有占地面积约6000平方米的加工厂,成为集设计、加工、安装为一体的专业钢结构企业。

2008年,公司总部正式搬入顺洋商厦新的办公楼办公,生产基地搬迁至三水南山工业区,"广东三浦重工有限公司"因此成立并于年底成功投产,从6000平方米的小型加工厂升级为2万平方米的生产基地,成为佛山地区最具发展潜力的钢结构企业。

2009年,公司取得钢结构工程专业承包二级资质,并建立华南理工大学、华南农业大学水利与土木工程学院、顺德学院学生实践教学基地,为社会培养专业人才。

2010年,公司进军非洲市场,第一家海外公司"中辰建设(卢旺达)有限公司"在东非成立,同年取得了建筑幕墙工程设计与施工二级资质证书。同年9月,公司与广州城建职业学院校企合作,设立第一届"中辰订单班",为建筑钢结构行业培养专业技术人才。

2011年,公司荣获"国家高新技术企业"认定,初步形成集建筑钢结构设计咨询、加工制作、施工安装与售后服务于一体的专业钢结构集团公司。

2012年,公司升级为"广东中辰钢结构有限公司",荣获广东省"诚信示范"企业、广东省"守合同重信用"企业,并入选顺德第一批"星光企业"。同年在海外购地建厂,设立第一个占地2万平方米的海外生产基地。

2013年,公司在肇庆市国家高新区大旺购地约6.8万平方米,倾力打造成华南地区最大型最专业的重钢生产基地。承建的项目荣获广东钢结构金奖"粤钢奖",并当选为广东钢结构协会常务理事单位。同年在非洲成立第二家海外公司"中辰建设(非洲)有限公司",使业务范围辐射到整个中东非地区。

2014年,荣获"广东钢结构事业20年优秀企业奖"称号;完成亚洲最大船体主车间的建设与贵州林城时代项目写字楼钢结构工程建设,以此为基点公司正式进军地产钢结构及重钢领域。同年成立中辰义工队,董事长龚武先生当选为顺德青年企业家协会义工队队长、顺德企业家协会义工队副队长。

2015年5月28日,荣获钢结构工程专业承包一级资质,成为佛山地区首个取得该资质的钢结构企业。荣获2011—2014连续四年广东省"守合同重信用"企业"。6月在非洲成立"理想地产"有限公司,正式进军中东非地产领域。

冯永坚：找对方向就是前进

——光腾走节能环保道路

冯永坚对环保节能产品深有情结，他认为这是一个信念，也是社会责任，因此15年来，他坚持只做节能产品，他相信一直坚持下去，会令这个世界的空气和水更加清新，人们呼吸更加顺畅。

早在1999年，冯永坚就进入了太阳能行业，2000年，佛山光腾新能源股份有限公司成立，成为首家导入汽车空调技术制造热泵热水器的公司。公司专注绿色环保节能热泵热水器的自主研发、设计和生产，其太阳能热水器、热泵热水器被评为"重点推荐产品"。现在，冯永坚主力做的是变频地暖，他与希腊合作商商谈，接下了变频地暖的研发项目。别看产品形态不同，其实冯永坚做的，还是围绕环保节能做产品。

有人问，15年来，冯永坚只做节能产品，他如何适应市场？消费者买账吗？企业发展每个节点，他如何掌控？从节能产品到社会责任，他有着怎样的情怀？让我们跟随佛山光腾新能源股份有限公司总经理冯永坚，开启一段愉快的"绿之行"。

希腊订单，研发变频地暖项目

这几天，冯永坚正忙着和来自希腊的合作商，就新研发的变频地暖项目商谈进一步合作事宜，希腊方提出了改进的意见。

外商:Hello! How are you?(你好)

冯永坚(佛山光腾新能源股份有限公司总经理):Welcome to Guangteng!(欢迎来光腾)

外商:Hello!(你好)Good to see you!(很高兴见到您)

……

身为总经理,冯永坚也当场从专业角度给出了回应。

冯永坚(佛山光腾新能源股份有限公司总经理):在安全角度上考虑可加装紧急停止开关装置,因热泵在运行时,意味着这台机附近就有电。在范围之内,如果把开关关了,这台机整个范围都没电。

一年前,冯永坚接受了希腊方研发变频地暖项目的请求,目前在国内,掌握这一技术的企业可以说寥寥无几。

冯永坚(佛山光腾新能源股份有限公司总经理):因为变频空气能热泵技术是在空调的原理上改进过来的,但是用在空调上和用在地暖上是两个不同的概念。对研发来说,主要就是研发的次数和研发采集的工况会比较复杂。

既然接受了挑战,就勇于尝试,这早已成为一种气质,它隐藏在这位外表看来不温不火、温文尔雅的中年人身上。

冯永坚(佛山光腾新能源股份有限公司总经理):大部分都是我研发的,但有一些方向性的东西,可能我说了一个概念,和下面的技术人员再沟通,有一些是他们自主去研发的。

虽然出身于热泵热水器这一科班,还有着15年做企业的丰富经验,但投入一项新项目的研发,对冯永坚来说绝非易事。

冯永坚(佛山光腾新能源股份有限公司总经理):研发一款产品,大概需要半年的时间。需要研发的次数,大概有十次到二十次的调整。因为这里面是很多不同的参数变化,室内的温度和室外的温度是做很多不同的工况的。

之所以花大力气去研发,除了满足客户的需求,冯永坚更看重产品节能的特性。

冯永坚(佛山光腾新能源股份有限公司总经理):如果我们研发出变频地暖机的话,能为很多家庭节省很多电能。成功的话,变频地暖机比传统的热泵地暖机可以节能30%。

找对方向，做环保节能产品

除了看重商机，身为企业家，冯永坚还有另外一种情怀。

冯永坚（佛山光腾新能源股份有限公司总经理）：环保节能，一定要很容易地融入人们的生活，这样才能达到使用的效果，容易推广。环保节能的产品是一个很大的趋势，以后人类的生存是靠我们平时去保护环境，保护地球不要再受污染，我们才能一代一代地生存下去。

冯永坚在公司

找对了方向，本身就是一种前进，认清了目标，冯永坚带领他的团队开始了前行的步伐。

冯永坚（佛山光腾新能源股份有限公司总经理）：投入的人力物力都有几十万进去。这些全都是在这里研发的半成品，有的是已经研发成功了的，有的是处于调试阶段，（预计）起码有一个爆发性的增长。

机会总是垂青有准备的人。这个新的研发项目，之所以能顺利推进，和冯永坚平时的积累、对创新的追求密不可分。

冯永坚（佛山光腾新能源股份有限公司总经理）：我们花费了相当大的资金，建造了这三个热泵热水器实验室。在全国做热泵热水行业的企业中，不是有很多企业会有这样的实验室。但是我们为什么要花这么大的资源搞实验室？主要是为提升产品的研发能力和产品创新能力。

早在1999年，冯永坚就进入了太阳能行业。当时空调市场竞争进入白热化，之前一直从事空调售后服务，在顺德这片从商氛围浓厚的土地上土生土长的冯永坚觉察到了商机。

冯永坚（佛山光腾新能源股份有限公司总经理）：到1999年的时候，空调的销售就开始白热化，这个竞争太激烈了。我就看到了一个节能产品，叫太阳能热水器。在2000年我就成立了光腾太阳能热水器有限公司，就先做太阳能热水器。

凭借从小就耳濡目染的从商意识，再加上自己所学的能源方面的专业知识，企业很快就步入了正常运转的轨道。但没过多久，一个新的问题就横在了冯永坚面前。

冯永坚（佛山光腾新能源股份有限公司总经理）：真正的困惑呢，是在2003年到2004

冯永坚与国外客户

年之间,究竟是选择太阳能热水器呢,还是空气能热泵热水器?因为太阳能热水器名字比较响亮,空气能热泵热水器在2005年以前消费者都没听说过。那到底是做下去呢,还是不做下去呢?

战略转型,花两年时间权衡

从太阳能热水器到空气能变频地暖,他如何突破难关?从事能源行业15年,他又有怎样的节能情结?

冯永坚(佛山光腾新能源股份有限公司总经理):我现在最关心的就是变频技术应用在热泵热水器上,实际的场地我们已经做了三个月实验了,今天来看看实验的数据怎么样。

经销商:今天的数据稳不稳定?

冯永坚(佛山光腾新能源股份有限公司总经理):还不错。还在测试中。我们一定要尽快做好变频热泵热水器,趁今年冬天尽量拿到实机去现场,最好是在北方比较冷的地方,能够做一个实地的测试。

经销商:好的。

冯永坚(佛山光腾新能源股份有限公司总经理):热泵你也熟悉,你可以提出一些建议,比如我们光腾(需要)改进的(地方)。提几点意见,或者产品的质量有什么要求?市场上也会听到,或者自己知道。

除了听外商的意见,就新产品变频地暖,冯永坚也会多方听取国内经销商的看法。在他看来,这个项目在国内也有巨大的市场空间。

冯永坚(佛山光腾新能源股份有限公司总经理):变频地暖热泵技术,因为变频地暖热泵技术涉及中国黄河以北,大部分的地方都需要用采暖的,中央政府号召,南方也有必要使用采暖。

企业每一次战略转型,冯永坚都会听取多方意见,认真调研。2003年,是继续做太阳能热水器,还是做空气能热水器,在这个问题上,冯永坚就花了近两年时间全面权衡。

冯永坚(佛山光腾新能源股份有限公司总经理):我考虑到以后的人力成本会比较高,而且我们装太阳能热水器的时候,可能安装的成本相对比较高,但我们现在安装的空气能热泵热水器的成本比较低。在以后人力成本不断上升的时候,我要考虑一些比较容易安装、容易维修、容易使用的产品来做。

减少人力成本。正是这样一个念头，让一个新的项目——空气能热水器在冯永坚的企业诞生了。但由于市场认知度不高，销量并没有打开，2006年的一次油荒，彻底给了冯永坚转变的机遇。

冯永坚（佛山光腾新能源股份有限公司总经理）：2006年的时候，出现了短暂性的油荒，大概持续了一年。当时很多大型场所所产生的热水都是由燃油锅炉来生产的。当时没有油卖的时候，大型的热水场所就突然想到空气能热泵热水器。空气能热泵热水器是非常节能和环保的。所以经历这段缺油之后，大家都马上转而使用这个热泵热水器。这是空气能热泵热水器一个很大的转折点。由于这个油荒，空气能热泵热水器销量节节上升。

任何付出，都像是前进路上埋好的伏笔。不知道会在人生的哪个节点，在天时地利人和的机缘中加倍偿还。很快，冯永坚的产品就在激烈的商战中占领了一席之地。

冯永坚（佛山光腾新能源股份有限公司总经理）：在商用机里，我们的产品占全国销售大概十分之一，产品在行业中有一定的影响力。机遇是要靠平时自己的积累，加上自己的执着，加上一定专业的角度，才能把握的。

规划企业，延续节能情结

凭借顺德人特有的务实精神和自己所具备的专业基础，冯永坚的产品已经行销全球十多个国家和地区。年产空气能设备超万台，年销售额也已过亿。这个在能源行业摸爬滚打了十五年的企业家，对节能有着独特的情结，他的志向，就是在自己力所能及的范围内，让节能产品更广泛地得以应用。

冯永坚（佛山光腾新能源股份有限公司总经理）：石油始终是不可循环的，始终都会用完的，而且对环境的污染也越来越大。所以对于我们来说，空气能热泵热水器，因为它比较节能，我就觉得是一个很大的机遇。空气能热泵应用领域很广，可以渗入到生活，也可以应用到农业的烘干、工业的高温热水，都会使用到空气能热泵这一类产品。

除了要在节能方面坚持自己的理念，如今冯永坚也正在为企业做规划。他明白，只有企业走得更远，他的节能情结才能一直得以延续。

冯永坚（佛山光腾新能源股份有限公司总经理）：转型准备股权的转制。下一步就是准备变成股份有限公司，然后让下面的员工都持有一定的股份，让他们自己有当家做主的权利。新三板上市我认为是，第一规范自己企业的运作；第二因为通过规范运作之后，让企业更加公开透明，能够让下面所有的员工都很容易地融入这个企业。今年完成了股改的第一步。

而对于产品的节能性，平时喜欢亲近自然的冯永坚，也有更高的追求。

冯永坚（佛山光腾新能源股份有限公司总经理）：希望更加节能，更加人性化，更加耐用。对产品的外观性有一定的融合，比较贴近自然。

目前，公司已经成长为中国知名空气能热泵热水器品牌，中国工程建设协会指定的热泵热水器定点生产企业，首家导入汽车空调技术制造热泵热水器的企业。

冯永坚（佛山光腾新能源股份有限公司总经理）：为了我们下一代的生存，我坚持十几年，都是做环保节能的产品。也都有这个信念，我只做节能产品，一直坚持下去，令这个世界的空气、水和环境更加清新，更加自然，呼吸更加顺畅。

作为一个企业家，冯永坚除了做大产业做强事业外，还承担起对社会、对环境的责任，十五年来，只做环保节能产品，并且表示会将这一信念一直坚持下去！主动把企业融入到对自然的促进和环境的改良中。这，就是一个企业家的社会责任和人文情怀！

编导手记

顺德企业家踏实、务实，这一特质，在佛山光腾新能源股份有限公司总经理冯永坚身上体现得尤为突出。

在商海磨砺，已有15个年头。15年来，正如姓名里的"坚"字，冯永坚一直专注于自己所从事的绿色环保节能热泵热水器的自主研发、设计和生产，尽管一路诱惑不断。

自己做扎实了，企业自然有生命力。这是冯永坚一直秉承的理念。他带领的团队锐意进取，不断创新，旗下有30多个技术过硬的工程人员和数十位经验丰富的行业技术员。为了让产品更有针对性，他不惜重金，花了几百万购买研发实验设备，所使用的设备都处于国际先进水平。正是有了坚实的功底，企业的产品质量一直保持稳定，这种稳定，也使得企业与海外采购市场保持着十几年稳固的合作关系。

身为电器生产企业家，冯永坚对节能环保有着不一样的情怀，在他眼中，每一缕阳光，每一丝空气，都是大自然的恩赐，每个人都要好好珍惜。因此，在他的产品中，低碳环保并非一句口号，而是一遍又一遍的研发，是实实在在的节能产品。在冯永坚看来，低碳环保不仅仅是一种流行的生活方式，更是为了我们自己，为了造福后代。他希望自己的产品能够伴随着低碳减排一直存在，做百年企业，成就优质品牌。

印象企业

2003年3月10日，佛山光腾新能源股份有限公司成立。

2004—2010年，获得ISO9001：2008专利管理体系认证，热泵系列产品获得CCC、CB认证、CE认证、GS认证；企业LOGO和光腾LOGO获得商标注册证，获得4项实用新型专利；被中国工程建设协会评为"太阳能行业重点推荐产品""太阳能工程安全施工单位"和"太阳能热水器、热泵热水器定点生产企业"；参与起草广东省地方标准《太阳能热水系统通用技术规范》和参与起草广东省地方标准《家用平板分体式太阳能热水系统》；被佛山市顺德区市场安全监管局评为守合同重信用企业。2010年8月份，由于企业壮大和发展需要，光腾公司整体搬迁到顺德伦教永丰二期工业区。

2011年，公司获得5项实用新型专利；获得"全国工业产品生产许可证"；被佛山市顺德区市场安全监管局评为A级质量信用企业；获得由中国国家标准化管理委员会和广东省质量技术监督局颁发的采用国际标准产品标志证书。

2012年，获得5项实用新型专利和1项外观设计专利；被佛山市顺德区人民政府认定为"星光工程"重点扶持星光企业；获得中国制冷空调设备维修安装企业资质。

2013年，热泵产品获得中国节能产品认证；获得4项实用新型专利；获得太阳能热利用工程设计、施工企业资质。

2014年，获得"采用国际标准产品标志证书"；获得由佛山市顺德区市场安全监管局颁发的"安全生产标准化三级企业"证书；获得ISO14001：2004环境管理体系认证、OHSAS18001：2007职业健康安全管理体系认证；加入中国节能协会，成为中国热泵产业联盟会员单位、《空气源热泵热水器全年综合能效比测试方法》起草单位；获得5项实用新型专利和2项外观设计专利；获得广东省高新技术企业称号，公司生产的太阳能热水器和空气能热水器被评为广东省高新技术产品。

2015年，加入中国制冷空调工业协会，成为协会会员；挂牌新三板。

李文华：通往极致，做到唯一

——云志压力容器制造的十年领跑

十年前，李文华筹备创建自己的公司，和几个同事一起来到顺德。当时的顺德，没有一家厂家是做压力容器的，但是城镇周边还有很多的钢材市场、压力容器配套的厂家，物流便利，于是，李文华就把自己的厂选址顺德，开启创业人生。

"工科男"李文华严谨踏实，他选择做与自己专业相关的压力容器。十年打基础，十年谋发展。李文华像放大镜一样，敏锐捕捉未来商机，再聚焦能量，找准自己的定位，找到自己的蓝海。日以继夜的奋斗和坚持并没白费，云志公司生产的医疗消毒容器，市场占有率居于华南地区第一位，云志还是美的、日立、大金、申菱等世界知名的空调企业唯一的压力容器供应商。公司有专用的不锈钢压力容器制造车间和碳钢压力容器制造车间，拥有一批在压力容器制造方面具有多年生产和管理经验的专业技术人员和压力容器焊工（其中有多名高级焊接工程师和国际焊接工程师），已发展成为在压力容器制造行业具有较高知名度的企业。

每一个人的成功都不是巧合，而是专注、做到唯一，顺德区云志压力容器制造有限公司总经理李文华告诉你：成功需要几多奋斗，几多坚持。

成功是坚持做一件事

从毕业到创业，他一直专注去做同一件事，做到成为全国唯一。

云志公司外景

李文华（顺德区云志压力容器制造有限公司总经理）：我觉得做事最重要的是要有坚持，就是有十年如一日的坚持，不论有多困难，都要保持冷静。

新的一批海水过滤设备已经进入到涂装阶段，经过检验合格之后，很快就会通过容奇港运送出国，这些设备既珍贵，又来之不易，李文华当它们是自己的孩子一样，怎么看都看不够。

过滤罐产品技术研讨会

李文华（顺德区云志压力容器制造有限公司总经理）：这个是我们公司生产的海水过滤设备，它对密封性能的要求非常高，目前在海上航行的船只必须装这套设备。我们公司的产品已经得到国际海洋组织的认可，我们是全国唯一可以生产这类设备的厂家。目前我们的市场份额是占了全球的三成。

全国唯一，占全球市场份额的三成——这些成绩对一间成立不足十年的年轻公司来说，实在值得骄傲。云志公司生产的这种海水过滤设备，是远洋航行的船只必装的硬件，对密封性要求非常高，哪怕只是一粒螺丝钉大小的漏洞，维修起来都相当困难，损失更是以百万计。在三年前，以色列的客商来到中国寻找具备制造条件的工厂，花了整整一年从北方走到南方，最终选择了将订单交给李文华，看中的正是云志公司的专业。

李文华（顺德区云志压力容器制造有限公司总经理）：应该说我们只要有一个产品出现了安全问题，我们在这个行业里面就很难站得住脚。所以我们不能够说万一，一个都不能够出现安全问题。这个是我们创立这个企业的时候就定下来的，或者说要坚持的一个思想和意识。

从零开始，漫漫长路

李文华1998年毕业于华南理工大学的化机专业，他不像一般的生意人八面玲珑、能言善辩，而是典型的工科生气质：逻辑缜密、踏实，而且非常专注。在大学毕业时，全班50多人，只有一两个在毕业之后还选择化机行业，其中就包括李文华。他在广州一间压力容器厂从技术员做起，做到技术部经理，越做越觉得这行大有作为。2005年，李文华和几个同事一起来到顺德筹备创建自己的公司。

李文华（顺德区云志压力容器制造有限公司总经理）：当时在顺德这里，没有一家是做压力容器的。我觉得顺德的一个优势就是顺德在珠三角的中心，这个是一个地理位置的优势，另外一个，顺德周边有很多的钢材市场、压力容器配套的厂家，都是我们这个行

云志老板梁先生（右）、李文华（左）与国外某知名公司工程师合影

业需要用到的。这样对成本控制、对物流控制、对开发新产品都是非常有利的。所以我们选择在顺德这里创业。

刚到顺德，从零开始。光是找厂房、注册公司就花了几个月时间。而压力容器属于特种设备，需要领取专门的制造许可证方可生产。没产品，意味着没有收入。

李文华（顺德区云志压力容器制造有限公司总经理）：那个时候就比较辛苦。大家因为没有产品出，基本上就拿基本工资，就没有奖金，收入是比较低的。大部分的员工都不会超过3000块。就是所有的员工，包括我们。但是因为是一个新的开始，大家觉得很有创业激情，我们这种状态持续了一年半，才拿到这个许可证。

在中国，压力容器产业可谓"北强南弱"。北方知名的压力容器企业年产值可高达数十亿。但当时全广东领牌生产压力容器的公司只有60多家。因此领到制造许可证，还只是漫漫长路的第一步。

李文华（顺德区云志压力容器制造有限公司总经理）：最困难的时候，我们做产品的产值加起来都不及我们的厂租，就是厂房的租金，还有工人工资，都不能维系。开始创业的有些员工就有一些思想的波动，也流失了一些员工，这个就是创业阶段。怎样去留住人才，这个是我们碰到的很大的困难。

对李文华来说，坚持下去尤为困难。他家住广州，每天搭公交车来顺德，往往他离家时孩子还没起床，当他晚上回到家，孩子已经睡着了。

李文华（顺德区云志压力容器制造有限公司总经理）：因为要回到公司上班，我们就要很早起床。一般都是5点多起床，晚上我们公司是5点半下班，我们经常要到8点钟、8点半左右才回到家。下雨的时候，有时候因为塞车，会到9点多才回到家。所以那段时间和家人一起吃饭的机会就很少很少。

并非无路可退，但李文华就是这么执着，选择了走这条路，就咬紧牙关走下去。

李文华（顺德区云志压力容器制造有限公司总经理）：觉得这个企业是一个自己的企业，就是很有感情，我们整个团队创业激情又很高，从来没有谁叫过苦。毕竟我觉得困难是暂时的，只要坚持走下去，一直走下去，那你总会有见到光明的那天。我们一直以来都是坚持着这个信念，就没有放弃过，一直在坚持。

突围之道，深耕自主品牌

今日的李文华可以肯定地说，当初来顺德的选择是正确的。日以继夜的奋斗和坚持并没白费，云志公司生产的医疗消毒容器，市场占有率居于华南地区第一位，云志还是美的、日立、大金、申菱等世界知名的空调企业唯一的压力容器供应商。

云志公司成立十周年庆典，李总致词

李文华（顺德区云志压力容器制造有限公司总经理）：2014年，又重新物色了厂房，开张了，比原来的厂房差不多大两倍，所以这个是我们公司的第二次的提升，我相信通过这次提升以后，我们公司会进入到一个快速发展阶段。

九年时间，云志公司从蹒跚学步到稳步前进。下一个阶段该如何走，李文华已经深思熟虑。

云志足球队球服

李文华（顺德区云志压力容器制造有限公司总经理）：我们差不多十年了，进入到另一阶段。我们一直想做又比较难做的一件事，是品牌的建立。就是自己从配套生产供应商转型成为一个品牌的、提供整套解决方案的公司。要建立自己的品牌。目前，都是奔着这个目标去的。

由于没自主品牌，李文华吃过不少亏。客户采购他们的产品回去，通过研发、设计、包装，卖出的价钱是他们的十倍。一直做加工，订单时多时少，对生产安排、员工稳定都是一个挑战。

李文华（顺德区云志压力容器制造有限公司总经理）：做品牌很难，做品牌的要求很高，这个我深有同感。因为一个品牌不是一朝半日可以建起的。需要很多年，十年二十年积累。我们公司在压力容器制造方面积累了一定的行业知名度，如果我们能在市场上找到自己的天地，我相信一旦打开这条路子，做这个品牌，收获会比困难多得多。

没有品牌，企业只能临渊羡鱼。下一个十年，他退而结网，都是奔着这样的目标，就是要建立自己的品牌。和大多数工科男一样，李文华醉心工作，几乎没别的爱好，踢足球

可算是一个例外。云志球队的队员,大部分都是在广州工作时就结下的旧相识,个个都像家人般亲密。

李文华(顺德区云志压力容器制造有限公司总经理):我们做企业,一定要专业、专心,要专注在某一个领域中,做到前几名。我本人一毕业就做压力容器,我们公司从成立开始就是做压力容器,从来未分心过。我觉得无论面临什么困难,做企业也好,做人也好,一定要坚持,不要放弃。

"锲而不舍,金石可镂;锲而舍之,朽木不折"。李文华正是以他的专业、专注和坚持,在困境面前迎刃而上,赢得了市场,迎来了事业的腾飞!十载风雨兼程,十载披肝沥胆,十载铸就辉煌!祝愿顺德区云志压力容器制造有限公司在下一个十年骏马奋蹄千万里,鸿鹄展翅云霄天!坚持不懈,打造出自己的顶级品牌!

编导手记

在采访李文华先生之前,"压力容器"对我来说是个陌生的名词。因此当我知道云志公司是日立、美的、大金等国际知名空调品牌的唯一压力容器供应商,云志公司的海水过滤设备市场占有率全国第一时,我不禁为自己的孤陋寡闻汗颜。

然而李先生并没有因此看轻我,他耐心、细致地解答我这个外行人的每一个问题,专业的学术背景和多年的工作经验使得他对压力容器的技术工艺细节了如指掌。而且李先生说话的声音轻柔,语速缓慢,用词造句朴实简要,似乎每句话都经过深思熟虑。除此之外,他具有一切"技术宅男"的优点:眼神清澈,逻辑清晰,专业执着。可是,正当我要把他定义为"技术宅男"时,他又对人才的管理、商业模式的改进发表深刻的见解,并且热爱在绿茵场上挥洒汗滴,让人非常惊喜。

节目播出后,过了大半年,我再次拜访李先生,录制栏目开播一周年的祝贺视频。那段时间,云志公司正在全力筹备世界著名安全质量检验单位劳氏船级社的认证。得知我们拜访的目的后,李先生消失了五分钟,再出现时直接面对着镜头,流利、得体地一次完成祝贺视频的拍摄,比起大半年前在镜头前还略显羞涩的他,进步之大、效率之高让人刮目相看。

静水流深,静生智慧,流藏力量。李先生和云志公司的未来,值得期待。

印象企业

2005年6月23日,佛山市顺德区云志压力容器制造有限公司在北滘镇桃村工业区成立,占地面积1800平方米。

2006年3月,获得国家质量监督检验检疫总局颁发的《中华人民共和国特种设备制造许可证(D1、D2级压力容器)》,并于2010年和2014年顺利通过复审;同年成为广东省特种设备协会会员单位。

2008年,云志公司开发的"铝合金储气罐(PW1000)"项目,被广东省科技厅列为"2008年度广东省重点新产品计划项目"。

2009年,云志公司由原来的桃村工业区迁往现址,公司占地面积5600平方米。

2010年,公司通过了ISO9001:2008质量保证体系认证,并于2013年顺利通过复审;同年,获得了"广东省科技创新,质量管理先进单位"的荣誉称号。

2011年,取得压力管道元件钢制法兰(限机械加工)制造许可证,并于2015年顺利通过复审;同年被大金空调惠州分公司评为优秀供应商。

2012年7月,成为顺德区星光工程重点扶持企业;同年,成为佛山市机械工程学会副理事单位及焊接分会理事单位。

2013年,获得顺德区"和谐劳动关系先进企业"称号;同年,与全球排名前列的过滤器生产商——某国外知名公司签订战略合作协议,成为其在亚洲唯一的合作承建商,成功进入水处理领域。本公司制造的压载水管理系统中的压力容器占全球市场30%份额。

2014年,云志公司扩建6000m² 厂房,以应对压载水管理系统项目的快速增长(预计5年内年均增长率超过100%)。

2015年6月23日,云志公司成立10周年。顺应国务院印发的《水污染防治行动计划》(国发[2015]17号,简称《水十条》),根据公司的产品特点和多年发展积累,云志公司宣布从单一的压力容器制造商向医疗设备、水处理设备、环保节能设备等成套设备提供商转变,目标是5年内成为行业著名品牌。

圆形蒸汽灭菌器

方形蒸汽灭菌器

卧式储气罐

傅永旺：饮水思源，不忘初心

——爱隆节能设备保障饮水安全

水是生命之源，"人可一日无食，但不可一日无水"，饮水安全出了问题，将直接影响居民身体健康。做水设备的事业，是良心的事业，也是很大的考验，傅永旺将他的个人精力，全部投入到爱隆节能设备有限公司的研发运作上。

傅永旺的公司拥有1万平方米现代化厂房，各类饮水机年产能达10万台。北京大学、同济大学、华为集团、富士康集团等学校与企业，都是用爱隆公司生产的艾龙饮水设备。从公司成立至今，傅永旺一直奉行"诚则通，信而立。精达成，熟能巧"的经营理念，带领公司一步步走向辉煌，也为自己的人生添上了无数的精彩。

这家公司很年轻，创立十年，专注于经营节能饮水设备、中央饮水供水、开水器设备、节能中央热水设备、水处理设备与器材等系列产品，颇具运营实力与专业水准。公司致力于安全可靠地为人民大众服务，改善人民的生活水平与品质，提高集体与家庭的饮用水及热水质量。领头羊傅永旺付出了怎样的心血，才使得自己的公司在业界脱颖而出？他扎扎实实的创业故事，其实也是顺德制造业里无数奋斗者的缩影。

思考，看天空才会更远

傅永旺每次去车间巡视，工人们都打起十二分精神。因为这个总经理，眼睛像雄鹰一样锐利。

爱隆经销商会议盛况

傅永旺（广东顺德爱隆节能设备有限公司总经理）：这个还不习惯吧？习惯了就很快了，一定要确保焊接牢固啊。

一台饮水设备，过百个部件，在傅永旺看来，就像庖丁解牛般一目了然。哪个细节没做到位，都躲不过他的双眼。

傅永旺（广东顺德爱隆节能设备有限公司总经理）：开水器是属于功率比较大的产品，对于线以及它的端子、接口的要求非常高。接口的端子比普通市面上的端子要厚两

傅永旺与行业专家合影

倍，每一个接口必须确保它的工艺达到国家标准。陶瓷接线排的好处就是耐高温耐老化，不会受到潮气影响，也不会受到高温影响。

其实现在，傅永旺也比较少去车间巡视了。他创立的广东顺德爱隆节能设备有限公司，如今已经进入第九个年头，公司发展平稳。他把精力从日常生产中抽出来，放在对未来的思考上。

傅永旺（广东顺德爱隆节能设备有限公司总经理）：年轻的时候非常冲动，也非常热情。现在40岁了，会坐下来沉着地思考问题。

傅永旺没太多的兴趣爱好，就是喜欢思考。关起门来，一个人或坐或行，未来的路就在他脑海中渐渐清晰。

傅永旺（广东顺德爱隆节能设备有限公司总经理）：我会花很多时间去思考。特别是思考方向或战略性的问题，我的组织、企业或者我个人的方向。一旦没有搞清楚，我会立即冥思苦想，我一定要想清楚方向，我不担心事情做不好，我只担心方向出问题。

标准化生产饮水设备

2014年，公司对饮水设备进行了标准化设计和标准化生产，让饮水设备既好看水又好喝。

傅永旺（广东顺德爱隆节能设备有限公司总经理）：我们现在已经实现了标准化，实现了从功能上予以确保，确保了它的可靠性和安全性，这是不容打折的。

从踏入饮水设备这一行开始，"安全"二字就是傅永旺脑海中一直紧绷的弦。自来水进入饮水机内胆中，加热之后，体积会膨胀。传统的饮水机虽然在进水口安装了安全阀泄压，但水罐还要承受较大的压力。

爱隆员工风采

爱隆团队外训

爱隆团队热情接待客户

爱隆营销与服务团队

爱隆展会盛况

傅永旺（广东顺德爱隆节能设备有限公司总经理）：如果内胆一直保持压力的话，会产生两个问题。第一个是内胆的寿命会缩短，第二个是有安全隐患，有隐忧。这个是我们行业内多年来未解决的问题。包括我们和其他厂家，大家都面临这个挑战。

针对内胆承压的问题，傅永旺组织了公司的技术骨干，成立了专题技术小组进行攻关。

傅永旺（广东顺德爱隆节能设备有限公司总经理）：我们把内胆锯开来，研究内胆被腐蚀的原因究竟是什么，我们还请专业的检测机构去检测内胆。

开会讨论开模具、做样品、进行测试，整个过程傅永旺全程参与。

易志国（广东顺德爱隆节能设备有限公司总经理助理）：傅总可以说是个工作狂。我们平常上班，经常见到他是最早一个来，晚上最晚走。平常如果周末没有其他事情的话，他也都是在公司。他对待工作方面的事情是非常认真的，在我认识的老板中，这是非常少见的。

产品在一次次探索中被改善。从最原始的泄压阀，到采用磁力感应式的零压力，再到自动平衡阀式的零压力，最终，他们找到了使内胆保持在零压状态的方法——触控式控制系统。

傅永旺（广东顺德爱隆节能设备有限公司总经理）：从内胆到控制模式到电路到控制按钮，包括现在的控制按钮，都是我们自己设计开发的。我们行业内没有这样的控制按钮，是我们专门做的。这个按钮的寿命是50万次，整个零压控制方案已经在市场充分进行使用。市场证明我们是成功的。

傅永旺在欧洲游学

一场说干就干的创业

每隔一两个月，傅永旺都会抽空去大良红岗工业区的一个厂房附近走走，这里是他刚开始创业的地方。虽然地方不大，但散落着当年创业时的激情。每次回来，傅永旺都很感慨。

傅永旺（广东顺德爱隆节能设备有限公司总经理）：2007年的3月，我们只花了一个月的时间，就把这个厂筹备起来。当时我什么都不懂，原来搞生产，一开始就是买剪板机、折弯机、焊机，反正要一个买一个，从一点都不懂，到生产出现在的产品，就在这边开始起步。现在厂还是这个样子，整个外观都没有什么变化。防盗网还是我装的，当时这个厂旁边都是垃圾回收站，现在已经干净多了。

800方的铁皮房，十来个人。工作多年都是负责销售的傅永旺，对生产一窍不通，他说一切都是硬着头皮上。

傅永旺（广东顺德爱隆节能设备有限公司总经理）：可以这么讲，我们开工厂，是在一无所知的情况之下，懵懵懂懂就前进了。反正在我的思想里面，我认为世界上没有什么难的事情，只要我们愿意去做，只要我们想去做，就有把握把它做好。抱着这种不怕死的精神，现在回想一下，有很多次都可以让我们死掉。但是到今天都没有死，没有倒下，那我觉得我们是幸运的，而且在行业内树起了我们自己的品牌，拥有了我们的一片天地，我觉得这是我们很值得骄傲的一件事情。

傅永旺在福建建筑工程学院毕业，他学的是建筑水电专业，对电气控制和流体力学有些了解。他把老本行搬出来，当了半个设计师，幸好创业时，他的伙伴都是行动力特别强的人，七拼八凑终于把厂建起来了，生产了第一台饮水机。

傅永旺（广东顺德爱隆节能设备有限公司总经理）：厂就这么开起来了。我也不知道怎么过来的，很多时候，人不一定能把所有的事情都想清楚。反正我有一个理念，等你把所有事情想清楚，可能已经没有了，市场也就没有了。

说干就干的果断，同傅永旺的工作经历分不开。他从福建来到顺德，第一份工作就是去学校做饮水机维修员，做维修做了半年之后，他开始跑业务。

傅永旺（广东顺德爱隆节能设备有限公司总经理）：跑业务，当时开的是摩托车，我们跑了几年，一年平均跑到5万公里。对珠江三角洲的每一个地方，大街小巷，我们都非常熟悉，现在比本地人更熟悉。

产业触网，主动出击

孙文康曾经在爱隆节能设备有限公司工作多年，任职质量管理、区域销售等，是傅永旺的得力助手。去年，孙文康决定离开公司，到中山开办饮水设备专卖店，傅永旺非常支持。

孙文康（经销商）：我认识傅总已经好几年了，他给我的感觉，永远都是上进，爱学习。因为他这么大一个老总，这么忙，每天加班到十一二点，但是一到星期天，还抽时间做一些培训。他自己去学习，所以我觉得这一点，很值得我们年轻人学习。

花在思考和学习上的时间没有被辜负，傅永旺对公司发展的脉络把握得非常清晰。互联网时代，信息的透明化带来商业的短期化，消费者可以通过网络随时找到想要的信息。单一的公司生产模式，走到被淘汰的边缘。两条腿走路，已经跟不上时代发展的步伐，傅永旺如今日思夜想的，是怎样为企业插上一双翅膀。

傅永旺（广东顺德爱隆节能设备有限公司总经理）：卖服务，卖系统。真正地跟消费者融合在一起，互动的一种模式，跟我们现有的互联网思维有很多相似的地方。比如说，我举个例子，比如我们去投资，由第三方付费，消费者买单，谁喝谁买单，我们所去做的服务，也能够得到消费者，或者得到用户的一个支持和肯定。但这一来就解决了过去的单一的供销模式所带来的恶性竞争的问题。

市场经济的大潮千帆竞渡、百舸争流。在互联网时代，产业只有"触网"才能跟上时代发展。祝愿广东顺德爱隆节能设备有限公司在捷思敏行的总经理傅永旺带领下，以敏锐的市场洞察力及领先的技术，为企业发展插上腾飞的翅膀！

编导手记

　　傅永旺先生是思想的巨人。我问他平时有空的时候一般做些什么，他说：思考，就在办公室里，想东西。他是非常重视方向的人，企业发展的方向，个人发展的方向，他会花大量的时间去探索、思考、研讨。显然这种思考卓有成效。傅永旺对公司发展的脉络把握得非常清晰。卖服务、卖系统到搭建平台共赢，解决过去单一的供销模式所带来的恶性竞争的问题，也为传统产业走进互联网＋探索了新路径。

　　傅永旺先生还是行动的巨人。刚来顺德时为跑业务，开辆摩托车一年跑5万公里，把珠三角大街小巷都跑遍。刚创业时摸着石头过河，花了一个月就把公司筹备起来了。在饮水设备的升级换代中，他也不甘心只做指挥者，而是全程参与，对整个饮水设备中过百个零件了如指掌。

　　采访的过程中，我分别接触到了傅先生的商业伙伴和供应商，他们对傅先生的评价有一点非常一致：工作狂。每天最早回公司，最迟走，连节假日也基本上花在工作上。很多人都说这几年制造业很艰难，有劲无处使。但我相信，如傅先生这样，谨慎选择方向，然后不懈前行的企业，必能走出康庄大道。因为梦想，从来都在自己手上，只有自己，能让自己发光。

爱隆八周年庆典祝酒

印象企业

2006年7月12日，爱隆公司正式注册并挂牌成立。

2007年3月，公司制造工厂正式在顺德大良樟岗工业区挂牌成立，并产出第一台产品。8月6日，艾龙饮水设备成功自主研发出磁控零压式节能饮水机，并获得国家知识产权局颁发的专利证书；同月，艾龙饮水设备通过中国质量认证中心CQC认证并荣获《质量认证证书》。10月11日，艾龙饮水设备取得广东省卫生厅颁发的《涉及饮用水卫生安全产品卫生许可批件》。

2008年9月19日，成功自主研发出自动平衡阀式节能饮水机，并获得国家知识产权局颁发的专利证书。

2009年3月16日，艾龙饮水设备通过ISO9001：2000国际标准质量管理体系认证并获颁证书。4月3日，艾龙饮水设备通过审查并获颁《全国高技术节能产品》荣誉证书。4月12日，艾龙饮水设备第一次搬迁扩大。4月16日，艾龙饮水设备通过国家质检总局审查并获颁《全国工业产品生产许可证》。8月12日，艾龙饮水设备再次扩大厂区，厂房面积达到6000平方米。11月，艾龙饮水设备VI形象系统工程基本完成。

2010年3月，艾龙饮水设备被评为"诚信优质服务单位"，并获颁"诚信优质服务单位"牌匾。10月18日，成功自主研发出双核双高效之快速即热沸腾式电开水机。同日，成功自主研发出双核双低速热开水机。11月18日，成功自主研发出无水垢大通量节能饮水机与柜式纯水机。

2011年1月15日，艾龙饮水设备全员携城市动员及媒体举行艾龙低碳行动——环城环湖自行车低碳之旅活动。

2012年7月，公司被顺德区政府评定为"星光工程"重点扶持企业。9月24日，艾龙饮水设备通过ISO14001：2004国际环境管理体系认证并获颁证书。

2013年3月，艾龙饮水设备实现第二次厂址搬迁，搬迁至现有的新厂区，新厂面积达10000平方米。3月12日，艾龙饮水设备通过中国质量认证中心节能认证并获颁《中国节能产品认证证书》；同月，成功自主研发出节能饮水机自动防爆控制系统。5月，自主研发出液晶面板高端控制系统。6月，公司正式更名为广东顺德爱隆节能设备有限公司；自主研发出节能饮水机感应式零压力控制系统。8月，自主研发出全触控式节能饮水机、全触控式RO逆渗透节能饮水机。9月，成功自主研发出壁挂机式开水机。10月，成功自主研发出办公室及家用系列不锈钢饮水机。成功自主研发出豪华立式速热一体开水机。11月22日，公司隆重举行公司成立七周年庆典及第二届全国经销商年会。

2014年9月，公司顺利通过OHSMS18001职业健康安全管理体系认证。

朱训民："热流"于心
——弗伦克热流道的民族品牌之路

说起"热流道"，寻常百姓闻所未闻。然而却有一个外乡人，听说顺德在容桂搞起了个模具工业城，于是，他带着一千块钱来到顺德，在珠江西岸第一个做起了热流道。没背景没资金，刚创业就病倒在床，公司刚刚好转，眼前几十万订单一下子就飞走了。时至今日，他回首往事，觉得一切都是命运最好的安排。他，就是弗伦克热流道科技有限公司总经理朱训民。

弗伦克热流道源自欧洲，早期以模具设计制造为主，后来应国内产业需求，专业从事热流道系统的研发、设计、制造、销售及服务，以推进中国模具产业发展为己任，让所有中国模塑企业都用得起热流道，用得好热流道。

在行业内外资品牌强者如林的境地，朱训民竟敢于扛起"打造第一民族品牌"的大旗，他的底气出自哪里？让我们来听听朱训民独到的经营理念。

弗伦克热流道厂房

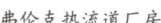

全国工商联领导莅临弗伦克

认准方向，白手起家

朱训民每天都会抽时间在车间巡视，大至机械的运行情况、员工的精神面貌，小至工位的卫生整洁，他都很上心。因为眼前的这一切，都是他一点一滴亲手营造的。

朱训民（弗伦克热流道科技有限公司总经理）：这是我们的数控加工车间。比如说这台是我们的车铣复合中心，四轴的，比如像这样一个零件，它一个原棒料，通过6分钟左右就变成一个精密的零件。这台设备在珠江西岸热流道行业是第一台。

朱训民毕业于湖南工程学院模具专业，早在大学的时候，他就已经接触了一门叫热流道技术的课程。从那时起，他内心就认准了将来要做模具技术的研发——热流道。

朱训民（弗伦克热流道科技有限公司总经理）：热流道，模具的一个新方向。以前是冷流道，是一种普通的模具，它是有废料的。我觉得这是一个方向，热流道模具代替冷流道是一个绿色环保的技术升级，所以很有前景，决定做这个。

毕业后的朱训民在东莞工作一段时间以后便来到了顺德。当时热流道行业在珠江三角洲地区基本没什么人做。朱训民抓住了这个机遇，同两个老同学一起白手起家，2006年，他在顺德容桂创办了公司。

朱训民（弗伦克热流道科技有限公司总经理）：顺德当时在容桂搞了个模具工业城。这是珠江西岸的第一个工业模具城，所以我就这样来到了顺德。但是我那个时候毕业也就两年，身上也就一千块钱，当时来到顺德办这个工厂，完全是因为这个工业模具城。

这是我当年来到顺德办的第一个企业所在地。这是我们顺德尚钢模具工业城，当年我来到这个地方，这里还是一片甘蔗地，我在这里等了它一年，我是第一家入驻这个工业园的。

创业初期，万事开头难

很快，弗伦克迎来了第一个客户。当时既兴奋又窘迫的心情，朱训民到现在还记得清清楚楚。

朱训民（弗伦克热流道科技有限公司总经理）：我记得那个时候，我也没真正做过生意接过单，那个六万多元的订单，我到现在还记得很清楚。然后他给我三万块钱的订金。虽然这个订单不大，但是对我来讲意义很大。他在我什么都没有的情况下就给了我三万块的订金。当时这个系统做完以后，他从广州开车到顺德，然后就在路边，我把这个东西给了他。

可惜第一单生意的成功，并不意味着市场的大门已经打开。当时珠江西岸的热流道行业尚处于起步阶段，对朱训民来说，在顺德这个人生地不熟的地方做开拓者，可谓是步履艰辛。

朱训民（弗伦克热流道科技有限公司总经理）：我过来的时候这边也没有前辈。我就在这个办事处，自己钻研热流道的技术和热流道的销售。那时候条件没现在这么好，交通也不方便，所以我经常坐公司的物流车。有时候公司的物流车从中午开始，到凌晨两三点才回去。我就跟着这个物流车跑遍珠江西岸。那时候可以说蛮拼的，后来到夏天非常炎热，饮食各方面也没有怎么注意，就大病了一场。刚刚创业不久就在医院住了两个月，生意上面肯定也受到很多的影响。

旧厂址

没有前辈指导是一回事，雪上加霜的是，创业初期的朱训民没有任何经验，不懂得去保护自己。

朱训民（弗伦克热流道科技有限公司总经理）：我们曾经接了一个订单，我们的设计方案都做出来了，可是我们跟客户的评审方案也被竞争对手知道了。他们也模仿我们做。当我们的东西出来以后，客户说不需要了。这是一

乔迁庆典

个几十万的订单，当时对我们来说非常重要，因为我们前期的研发、技术，各方面投入都比较大。

打造热流道第一民族品牌

大病一场，再加上几十万订单的亏损，接连而至的风浪打得朱训民差点翻不过身。正当他鼓起勇气准备重新出发时，令所有人意想不到的事情又发生了。2007年金融危机降临全球，很多企业纷纷倒闭。然而，朱训民早有准备。

朱训民（弗伦克热流道科技有限公司总经理）：我觉得做企业很重要的就是看天气，接地气，当时我就是看准了天气。2007年金融危机还没开始的时候，我就调整了工作方向，调整了产品定位。从原来做汽车医疗（模具）这些高端产品，转入到做对抗金融危机的产品，像餐具、沐浴露、洗发露这些日用品，还有化妆品这些。所以在当时可以说是逆势。

金融海啸来了。退潮以后有人说是一片狼藉，但是有人说，我们可以去捡贝壳。所以说是危机，也是机遇。

爱好钓鱼的朱训民最懂得何为伺机而动。在河边练出来的耐心和洞察力让重新振作的他逃过了一劫。昂首挺过金融危机后，朱训民集中精力优化内部管理，提升产品技术。如今的弗伦克已经是珠江西岸规模最大、最具影响力的热流道供应商。朱训民说，自己之所以有今天的成就，不是因为他有多好的运气，而是他一直坚持了下来。

朱训民（弗伦克热流道科技有限公司总经理）：不是每个人都适合创业，但是如果真正走上这条路的话，就是要坚持，然后要选好方向。这个，是人生的一个财富。就好像我曾经觉得很多的磨难是很痛苦的，但是我经过了这些磨难，后面再碰到一些类似的困难，我就觉得很轻松了。

珠江西岸行业龙头的位置并不能满足朱训民。他提出了要将弗伦克打造成为第一民族品牌的高远目标。

朱训民（弗伦克热流道科技有限公司总经理）：我觉得这不是一个虚的、高不可攀的目标，而是因为我们这个行业在中国才刚刚发展。虽然国内有很多做这个东西的，但是真正做得好的，微乎其微。

稳固技术团队建设

在朱训民的新办公室。

朱训民（弗伦克热流道科技有限公司总经理）：未来我们的技术和研发中心，还有运营中心都会搬到这个写字楼，我们希望在这里起航，真正做出一个全国性的民族品牌。

现在我觉得融资方面是一个问题,企业已经发展那么多年,现在是从高处成长的这么一个阶段,我需要新的资金进来,然后扩大规模。随后是技术的更新换代,因为现在的科技更新换代很快,你必须跟得上时代,那么技术团队非常重要。

朱训民非常重视员工的拓展培训。因为他认为通过这些活动能够增强团队的凝聚力,同时让员工专业技术不断提升。

朱训民(弗伦克热流道科技有限公司总经理):要靠一个团队,不能够单打独斗。做自己的产品,坚持自己的理念,做出自己的差异化。

弗伦克即将迎来9周年的生日。而朱训民依然像当初一样,勤恳而踏实地朝着自己的目标在奋斗。当工作累了的时候,他就会在办公室静静地看书。有空的时候,他会打一打高尔夫球,放松一下自己。

朱训民(弗伦克热流道科技有限公司总经理):以我的人生经验来说,我从求学开始就一直有人生规划,并且一直坚持不折不挠地走下去。不管前面发生什么,有多大困难,几度重新来过,一直坚持。其实,我觉得人生很多时候,最简单、最笨的方法,就是最可行的方法。

朱训民说过:"不是每个人都适合创业,但是如果真正走上这条路的话,就是要坚持。"坚持,让朱训民取得傲人成绩,他不骄不躁,立下创办民族品牌的远大目标。如此谦逊、有毅力的企业家,怎会不做出一番成就?产业报国,实业兴邦。弗伦克热流道科技有限公司必定能成为民族的品牌,走向国际!

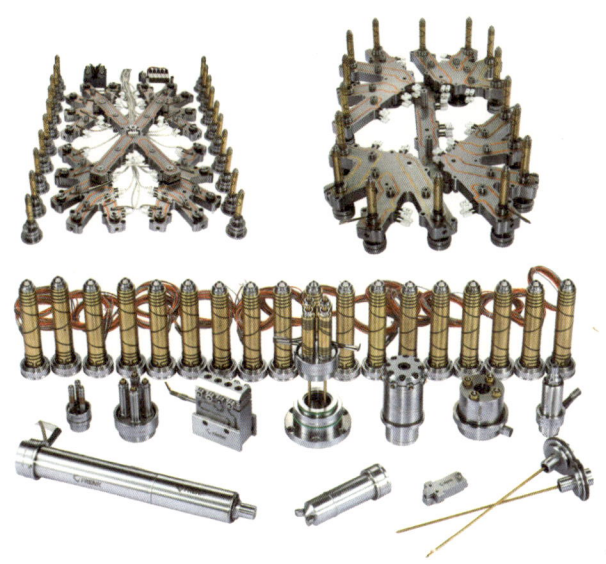

公司产品

编导手记

我所接触的朱训民先生,是个完美主义者。

每次见面他都衣冠楚楚,神采奕奕,虽然在采访的间隙他会抱歉地说自己近期活动很多,休息不够,担心上镜效果不理想。

拍摄厂房时,他会一再要求员工把所有东西整理归位,在我看来,这已经是采访过的厂房里面非常整齐干净的一间了。

或者就是这种追求完美的精神,让朱训民先生创立的弗伦克热流道科技有限公司从创业初期的严重亏损到在金融危机中逆势翻番,再到如今拥有敢于扛起"打造第一民族品牌"大旗的志气和底气。可以说,朱训民先生骨子里的执着,为弗伦克在这个时代中提供了生存发展的源源动力。

"热流道"这个词对一般老百姓来说比较陌生,其实它在模具的生产成型上面起着非常大的作用,与传统工艺相比,热流道系统使得模具成形周期短,而且更节约原料。它更强调技术、设备,而非人力。在弗伦克中,偌大的厂房放着十来台机器,一台机器前面就站着一个人,一人一机就能完成从粗料到成品的全过程。而在二楼的研发室,反而密密麻麻地坐着许多工程师和研发员,这样的企业结构自带强劲的学习力。在经营企业外,身为董事长的朱训民也积极参加各种学习活动。根深自然叶茂,任凭市场风云变幻,弗伦克将不断前进、风雨不倒。

印象企业

2007年,弗伦克成立,公司选址珠江西岸第一个模具工业城——尚钢模具城。

2011年3月,高速成长让弗伦克热流道备受中国政府关注,中央统战部副部长全哲洙带领调研组考察弗伦克。

2012年,弗伦克参展亚洲第一、全球第二国际塑料橡胶展;7月,弗伦克被顺德区人民政府授予顺德区重点扶持星光企业称号。

2013年3月,弗伦克取得两项实用新型专利;10月,荣获"2013模具配件著名品牌企业"称号。

2014年6月,弗伦克苏州分公司成立;同年8月,弗伦克扩产搬厂至国家高新区,乔迁入新工业园。

2015年1月,弗伦克陆续成为广东省模具工业协会、深圳市模具技术学会和佛山市模具行业协会理事单位;1月30日,弗伦克乔迁庆典在新工业园内隆重举行;2月,弗伦克通过ISO9001:2008国际质量体系认证。

05

创造市场，智能安居

胡建洪：等风来再飞

——永怡御风，逆风飞扬

这是一个平凡人物几度创业的故事。他曾接过一次上千万元的订单，没承想却让企业跌落深谷，宣告破产，之后从头来过，最终他带领新公司逆风飞翔，走上正轨。他公司的产品使用广泛，电影《非诚勿扰2》的拍摄地"人间天堂"——鸟巢度假村，以及北京欢乐谷、深圳东部华侨城、三亚亚龙湾万豪度假酒店、三亚亚龙湾红树林度假酒店等，都在使用这家公司的吊扇灯。这家优质企业的背后承载着一位传奇人物的精彩故事。

胡建洪，从五金生产跨行至风扇灯行业。在商场沉浮中抢占市场先机，开创先河，纵横风扇灯行业二十年。2001年，位于广东佛山市顺德区均安镇的广东顺德永怡御风电器灯饰有限公司成立，开始引进国外最先进技术和设备在国内生产行销高级灯饰风扇，让国内消费者享受欧美先进国家同等质量风扇。经过十多年的发展，如今装饰吊扇已经被越来越多的国内消费者所钟爱，"永怡御风"已经成为装饰吊扇细分行业国内市场第一品牌，占全国装饰吊扇产品销量60%以上。公司拥有"永怡御风""永怡欧梵"和"维迦丝"三大品牌，面向不同阶层的消费者，而在外销市场方面，该公司的"Mountain Air"系列装饰吊扇远销东南亚及欧洲，并得到当地市场认可。

现在，企业稳打稳扎，一路向好，在金钱诱惑面前，胡建洪则是再也不会轻举妄动。

机缘巧合，转战灯饰

（中山古镇现场）为了精准把脉市场，这天，胡建洪专程前往中国灯饰之都中山古镇，向同行取经。

中山同行：这是均安灯饰协会的会长。

胡建洪（永怡御风电器灯饰有限公司董事长）：你好！

中山同行：风扇灯吊扇灯，您是专家。

胡建洪（永怡御风电器灯饰有限公司董事长）：这边很壮观。这个水晶比我们的风扇灯的水晶贵好多，我们一般是普通的。

早在十三年前，胡建洪开办灯饰厂之初，就曾在中山设立过专卖店。今天再来中山，这里发生的巨大变化像水晶灯一样光鲜耀眼。胡建洪身上一直保持着自己的气质，这种气质一如他所经营的产品——质朴内敛、平易近人。

胡建洪（永怡御风电器灯饰有限公司董事长）：这些风扇灯挂了三四年，有没检测过配件？有没生锈？

中山同行：电镀的变化，我们每个星期都有记录。这两三年都没见过电镀生锈的情况。

胡建洪（永怡御风电器灯饰有限公司董事长）：现在假冒产品比较多，新开发的一个产品，可能推出市场几天，就被不同的厂家模仿。所以有时候我们要多去市场，了解市场的行情。

从事风扇灯生产，于胡建洪来说，是十四年前的一次机缘巧合。

胡建洪（永怡御风电器灯饰有限公司董事长）：有个台湾朋友，做灯饰风扇行业的，过来江门都有几年了，在一个大的风扇厂做采购，对这行比较熟悉，介绍说为我们去引入。

之前胡建洪已经经营企业十几年了，生产跟灯饰完全不相关的产品，朋友的指引让他陷入了沉思。

胡建洪（永怡御风电器灯饰有限公司董事长）：我们调查过这个市场，当时市场占有率很低，在大陆都是空白。只有一个台湾的大型企业在垄断这个市场。这个行业在国内空白的情况下，可不可以做呢？

（中山古镇现场）胡建洪熟练地向大家分析空调、落地扇和吊扇灯的特点及各自的优劣性。

胡建洪（永怡御风电器灯饰有限公司董事长）：现在多空调病，落地扇容易吹到身体有问题。吊扇灯的风像自然风，一阵一阵吹过来，觉得可以向这个市场去开拓。因为每个行业都要考虑前景，在前景比较大的情况下，下大决心，把它做强。

多花十几万买回诚信

胡建洪义无反顾进军风扇灯行业。因为行业在大陆的空白，导致技术人员也相对匮乏，企业刚运转半年，胡建洪就遇到了意想不到的难题。

胡建洪（永怡御风电器灯饰有限公司董事长）：做了半年之后，就接了一两个新加坡朋友的订单。但是问题呢，新加坡质量要求非常高，但我们当时的生产技术水平达不到

要求，但是自己又不知道。当时出了两个货柜到新加坡，产生的轴承噪声（客户）很难接受。

那时新加坡方已付了货款，胡建洪可以不去理会。但在关键时候，顺德企业家骨子里的那股责任心，促使他做出了一个对于刚起步的企业难以承受的决定。

胡建洪（永怡御风电器灯饰有限公司董事长）：空运1000多个电机去新加坡，派两三个技术人员去新加坡换电机。电机留在新加坡没拿回来了，足足用了半个月时间，全部把1000多个风扇换了电机，十几万的电机费，运费都几万块。等于那批货不见了，钱都没有了。

十几年过去了，这个新加坡客商，不但没有因质量问题不再合作，反而被胡建洪的诚信所打动，至今一直都是胡建洪忠实的客户。

胡建洪（永怡御风电器灯饰有限公司董事长）：当时损失了十几万，但是买回了诚信。

杜绝仿冒，投入技术研发

就这样，一边出现问题，一边亲自解决，再加上引进了一批工程师，产品质量逐渐稳定，企业也步入正轨。但谁知好日子没过多久，新的挑战又接踵而来。

胡建洪（永怡御风电器灯饰有限公司董事长）：到一定程度的时候，有些模仿者，跟风的企业出来了。自己整天被人模仿的情况下，你的产品就没办法进步，永远停留在这个程度，被人抄，抄着就没的抄了，变得被别人超越。

胡建洪意识到，如果不能及时改变被仿冒的现状，将会给企业带来致命打击。原来早在创业之初，胡建洪曾经生产过打气筒，当时的品牌在行业内也小有名气，但就是因为被仿冒，企业被推到了破产的边缘。

胡建洪（永怡御风电器灯饰有限公司董事长）：当时做打气筒的时候，在广东我们的产量是最大的。十六七块的出厂价，短短两年之间去到十二块。为什么呢？冒牌！你卖到十四块，他卖到十二；你卖十二，他卖十块；你卖十块，他卖九块。仿冒的，原来这么粗的杆，改细些。大家去恶性竞争。做到这样的时候，你都跌到成本边缘的时候，就做不下去了。

为了避免让企业走老路，胡建洪加大了对技术研发的投入。他深知这是和对手拉开距离的绝对法宝。

胡建洪（永怡御风电器灯饰有限公司董事长）：我们在做风扇灯的时候，经过五年的沉淀，我们自己不断开发了技术含量比较高的私人模具，被人抄的时候，也需要成本。要开这套模具，十万或者五万，开始就拉大了同行之间的距离。

基于这种理念，现在胡建洪的产品拥有两项发明专利、二十多项外观结构专利。企业也如他所生产的产品一样开始翩翩起舞。就在这时，新的诱惑又来临了。

公司外景

胡建洪（永怡御风电器灯饰有限公司董事长）：当时均安有做制衣的朋友，可能一年投入很少，就几十人，可以做到两三千万、三四千万的产值，可以一年赚到几百万。像我们这样，做五金，做电器、风扇这些，利润比较低。许多人都怂恿我，不如抽部分资金出来，投入均安的牛仔行业，很不错的。

跌倒之后更勇敢站起

不管利润、诱惑多大，胡建洪都不为所动。之所以不为所动，一方面是因为胡建洪对现在所从事的行业充满了信心。另一方面，更缘于十几年前的一次惨痛教训。

胡建洪（永怡御风电器灯饰有限公司董事长）：另外一个台湾朋友，拿了一台国际很时兴的滑板车，我们试了下，它的市场真的好大。我们有机械设备，就开始开发滑板车这个市场。

当时生产打气筒受仿冒困扰的胡建洪，看到了生产滑板车的商机，也拍了拍脑袋杀入市场。

胡建洪（永怡御风电器灯饰有限公司董事长）：这个产品是时兴的产品，可能是一种风气，或者风潮，过了就没有了，但是我们这方面的危机意识不是很强。

因为是时髦的产品，销路非常火爆。更为难得的是，胡建洪接到了一个史无前例的大单。

胡建洪（永怡御风电器灯饰有限公司董事长）：一个澳洲的大客户订了十万台。当时滑板车160多元一台，产值有1000多万。

被喜悦冲昏了头脑的胡建洪为了完成订单，开始加大人员和设备的投入。形势一片大好的表象背后，一场致命的危机却正在酝酿。

胡建洪（永怡御风电器灯饰有限公司董事长）：做了一两万台之后，很高峰的时候，紧接着跌落下来。由100多块一路跌到七八十块，拿着这么多的原材料、半成品和设备的时候，比较难消化。

走投无路，胡建洪只好接受破产的现实。

胡建洪（永怡御风电器灯饰有限公司董事长）：做了这么多年的企业，到最低谷。当时将自己做打气筒和单车锁那几年的业绩，几乎所有的资产，一次全部清空。

商场如战场。摸爬滚打二十多年，胡建洪至今都会牢记这一血的教训。

胡建洪（永怡御风电器灯饰有限公司董事长）：通过这次经验，设立了一个模式，就是少量多样。

胡建洪善于学习，善于思考，热心于研究中国传统文化，将中国元素融入自己的产品之中。

胡建洪（永怡御风电器灯饰有限公司董事长）：收藏紫砂壶和家具，把几千年的文化融入我们的产品，更加沉淀，把中国元素加入我们的产品，更有古典的内涵。

大浪淘沙，几经沉淀。如今胡建洪更加坚定所从事的行业，也更愿意把自己感悟到的人生真谛融入到产品当中，在他看来，融入情感的产品才更富生命。

胡建洪（永怡御风电器灯饰有限公司董事长）：风扇灯有时开有时停，有时快有时慢，光源可以亮和暗。所以和人生一样，可能有很多坎坷，很多不同的环境，不同的际遇。人生和灯饰风扇差不多，都是起落、坎坷、快慢，走得比较急的时候，需要停一停，

休息一下;太光亮的时候,可能要调暗些,冷静思考一下。都是一个目标,定了一个目标下去,就算怎样辛苦、坎坷,都会觉得这个目标是自己想去实现的,再辛苦都继续去走。

"实之华之,兹乃兼求;顺风兮逆风兮,无阻我飞扬!"大浪淘沙,得失成败由谁?风不息则飞不止!是的,凭海临风,是一种历经风雨后的气度和淡定;逆风飞扬,是一种面对挑战时的自信和勇气!历经风雨依然斗志昂扬的胡建洪,正以更加成熟的姿态,带领永怡御风电器灯饰有限公司逆风飞扬!

编导手记

顺德均安,中国牛仔重镇,紧邻中国灯饰重镇——古镇。

胡建洪,广东顺德永怡御风电器灯饰有限公司董事长,一位在牛仔重镇均安领航风扇灯行业的翘楚人物。

"太潮流的产品,我不会去做。"这是制作完胡总的节目后,一直久久沉淀在我心里的一句话。反复琢磨,真正感受到身为企业家置身商海的不易——面对稍纵即逝的机会,需要果断做出判断。可在全球经济一体化的当下,谁又能精准感知到哪只蝴蝶扇动的翅膀,在哪里会带来怎样的效应?

每个企业家在商海中都难免经历沉浮。不做潮流产品的理念,来源于一次现实的惨痛总结(正文访谈里有提及)。不过,人生的经验教训总不会白费,总会在人生的某个拐点,在关键时刻与你不期而遇,指导你走向舒畅的人生。于胡总而言,人生一次历练,也恰恰成就了他的今天——沉淀十五年,专注于自己所熟知的领域,赢得"风扇灯行业翘楚"的美誉。

胡总是个热爱中国传统文化的人。在工作之余,他喜欢收藏,收藏红木家具,收藏紫砂茶壶,在细细品味中,他会通过这些承载着中华民族五千年传统艺术和文化的藏品,反复品味,仔细把玩,把获得的艺术灵感很好地应用于自己的产品——中式风扇灯的设计当中。

商海临风,逆势飞扬,这就是我所认知的永怡御风电器灯饰有限公司董事长胡建洪。

印象企业

2001年,3月,永怡御风正式成立;6月,办公楼在顺德均安落成;10月,产品展厅在"灯都"古镇落户;11月,第一张东南亚客户订单顺利发货,接受高品质客户检验。

2003年,3月,公司因扩大规模从顺德均安搬迁到中山小榄;8月,公司签约第一家国内代理——上海习普实业有限公司;12月,永怡御风首本品牌图册亮相市场。

2007年,2月,公司顺利通过ISO9001:2000质量体系认证;3月,公司确定代理制销售方式作为公司销售发展路线;7月,公司签约代理经销商100家;12月,首次参加"香港国家照明展",年底永怡御风销售额首次突破2000万。

2010年,6月,参加"广东光亚照明展",打造吊扇灯行业最大展位;10月,"永怡欧梵"品牌月销量突破1万台;12月,公司在天猫上成立"永怡御风"旗舰店,公司电子商务销售正式启动。

2011年,4月,公司举办"优秀消费者"评选活动,得到广大消费者积极参与,收到消费者来信及产品图片上万张;10月,永怡御风被评为"中国灯扇先驱";11月,永怡御风成立10周年大型庆祝活动在公司总部举行。

2013年,3月,公司整体入驻顺德均安新厂,厂房面积达20000多平方米,永怡御风"维嘉丝"品牌产品正式亮相市场,开启高端伸缩叶片吊扇先河;9月,永怡御风700平方米独立展厅在"灯都"古镇设立,永怡御风销售网点覆盖中国大陆所有一线城市。

2014年,4月,32英寸"维嘉丝"上市;10月,32英寸"维嘉丝"月销量已达1万台。

2015年,4月,变频智能风扇灯DC系列产品上市,受到市场热烈欢迎。

永怡御风灯具

路新民：领跑集成热水器
——欧必德做用户喜欢的产品

他曾经做到海尔的高管，事业如日中天，生活条件优越，却因为认准新型热水器的开发，毅然放弃稳定的状态，背井离乡，跟两位志同道合的朋友来到顺德创业。读到这里，你一定很想知道为什么，为什么有的人可以因为心中的信念，放弃身边诸多成就，选择吃苦？或许，只有他们更明白，只有舍，才有得。

本文的主人公路新民，就是这样一个坚持信念的人。他始终觉得传统热水器产品本身创新不大，个性化不足，他觉得热水器不应该是这个样子的。路新民所创立的欧必德热动力科技有限公司，研发的就是全新的集成热水器，集洗浴、洗漱热水、梳妆台、储物柜和洗手盆五大功能于一身，创造性地解决了普通电热水器挂墙易跌落、不美观、占空间的三大难题。这样的改变，让集成热水器近几年成为了家庭的新宠。

路新民说，"各行各业肯定都存在这个问题。就是一窝蜂，看什么东西好可能都去做。什么样的产品，一定不要看其他人的、对手是怎么做的，一定看用户需要的是什么。"从用户出发，做出用户喜欢的产品，走出差异化的道路，这，就是路新民坚持这么久成功的秘诀！

断舍离，过想要的生活

近几年，集成热水器逐渐成为家庭的新宠，但是很少有人知道，国内最早研制生产出这种产品的是路新民和他的团队。

欧必德创始人、集成热水器发明者路新民

路新民（欧必德热能科技有限公司创始人兼CEO）：离我的理想应该是越来越近了。产品上市两年以来，我们发展了两百多个代理商、三百多家专卖店，这个是有目共睹的，至少我们找到这条路了。那么接下来就是如何去复制这些东西。我认为我们可能就变得相对来讲简单一些。

短短两年的时间，路新民将"欧必德"做成国内热水器领域的领创者，对于这间初创公司来

2012年8月10日，中国家电协会秘书长徐东生和路新民沟通交流集成热水器新品，徐秘书长给欧必德的评价是：能带给消费者五星级酒店享受的五星级热水器！

与中国家用电器研究院副总工程师张亚晨对话

说,看上去似乎走得很顺,但是笑谈成功的背后,却总是艰辛。早在几年前,路新民就意识到了传统热水器的不足之处。当时他还在青岛一家大企业工作。

路新民(欧必德热能科技有限公司创始人兼CEO):其实就是一个想法,改变热水器这样一种在消费者心目中的形象、印象,热水器不应该是这样子。

大胆想象,打破传统思维,他对热水器有新的思考。可是正当他兴冲冲地把想法报告给领导的时候,却让他有些失落。

路新民(欧必德热能科技有限公司创始人兼CEO):可能和我们原来企业整个的一些流程、一些制造的体系冲突比较大,最后这个项目就被否决了。所以从大企业的角度来讲,可能就不是太适合。再一个,这个产品涉及个性化定制,因为用户家的浴室里,尺寸呀,包括形状、位置可能是有很多不同。这样的话,涉及个性化定制,这是大企业他们满足不了的,因为大企业追求的是量、是规模,要求的是标准化。

虽然没能得到领导的肯定,但是在路新民内心始终有一种声音在指引着自己。

路新民(欧必德热能科技有限公司创始人兼CEO):被否决掉,肯定有那么一点遗憾,但是在我的内心并没有被否决掉,我觉得它仍然是一个非常好的产品。因为我这个人有一个特点,就是认准了一个事,总要弄出一个为什么来,是什么原因。所以我觉得这是一个非常好的产品。

认准的路就不会放弃,路新民准备做出新的抉择。

路新民(欧必德热能科技有限公司创始人兼CEO):领导肯定是不愿意我走的,也找我谈了很多次。当时自己的想法就是,你未来五年甚至十年,你是个什么样的状态,可能已经很清楚了。你在那个大企业打工,高管,可能业绩好,一步一步升迁。但是我已经升迁到很高的位置了,在企业属于二把手。有的人他很保守,他认为我奋斗了这么多年,到了这么高的位置,你让我辞职,从零开始,很多人舍不得。所以很多周边的朋友同事都不理解,他们说老路你真能折腾,叫我我不会这样做,想到所有人能辞职,没想到你能辞职。但是,我就想做这个事,全力以赴地去做。当时想做成了呢,可能是运气,侥幸;做不成呢,大不了从头再来。

从青岛来顺德创业

说走就走,路新民打起背包,从青岛来到顺德。

路新民(欧必德热能科技有限公司创始人兼CEO):第一次来顺德的时候,感觉这个城市——可能不太像城市。因为我毕竟是从青岛过来的,感觉顺德确实像一个乡镇。2009年12月19日到的顺德,刚好天最冷的时候。到了以后因为晚上冷嘛,我就找空调。开了空调以后发现更冷了,一看空调单冷的。那怎么办?晚上睡觉冻的话,我就买了一个帽子,那种非常暖的帽子戴在头上,然后就这样睡觉了。

论成败人生豪迈,大不了从头再来。抱定这样的决心,路新民和两位志同道合的朋友从青岛来到了陌生的顺德,准备在这里实现自己的梦想。

路新民(欧必德热能科技有限公司创始人兼CEO):我们刚搬过来的时候,感觉空荡荡的,那个车间那么大,什么时候能用完?现在都摆不开了。

最开始的时候没人啊,就我们三个人。后来请了一个人,还是朋友介绍的,然后再招人就很难了,你不能都找朋友介绍。我印象很清楚,有一个姓李的小姑娘过来面试,我们感觉还不错,临走的时候我记得,她问我们的一个员工,说你这个公司多少人?我们总共三个人嘛,我说,就这么多。然后她走了,再打电话就不来了。也没有人主动找,都是打电话找,数不清打了多少次。一说欧必德,反应就是没听说过,一说我们做这个产品,也没听说过。所以人家就表示怀疑,甚至认为我们是不是骗子。我总算深刻理解了马云说的那句话,"创业的时候招人,两条腿的都要"。

招不到人就自己干,时间和市场是不等人的。路新民和团队决定以产品为先。

路新民(欧必德热能科技有限公司创始人兼CEO):因为我本人在热水器这个行业工作了十几年,跟用户打交道比较多,听到用户的抱怨比较多。传统热水器安装的问题,或者用户的墙的问题,导致这个传统热水器掉下来,把下边用户的地板,或者说下边的洗衣机啊,甚至马桶砸坏的这种现象时有发生,再一个就是那种空心墙越来越多。怎么解决这个事?一直没有好的解决方案。

然而究竟应该如何做出有别于传统热水器的产品,解决用户面临的问题呢?对于这个山东大汉来说,最紧要的是怎样让自己的公司成长起来。

路新民(欧必德热能科技有限公司创始人兼CEO):也很头疼,也请了很多人,也有人出主意。你这东西不应该搞方的,搞方的就不对,你

2012年8月,欧必德集成热水器第一次参展便吸引了众多客户的关注,成为展会焦点

展会上,路新民亲自接待客户。图为他向约旦的客户详细讲解集成热水器的功能原理和定制思路等

看热水器哪有方的?都是圆的。你搞个圆的,你再弄一个什么东西把它隐藏起来。我当时觉得不对,不应该那样,就应该做成和柜子非常好配合在一起的,它就是一个整体,就是一个集成热水器。所以当时也是做了很多试验。

急于求成,错失机会

在三个人不懈的努力下,似乎看到了新的曙光。

路新民(欧必德热能科技有限公司创始人兼CEO):我记得当时我们产品做出来以后,要参加展会,那就要晚上组装,分分工。干这又干那的,就三个人干。我记得干到晚上两点多钟,我们崔经理就说,不能再干了,再干我的腰受不了,明天我起不来了。其实你也可以改时间,你也可以不参加8月份的展会,那你参加明年3月份的,你的时间就很充裕了。但涉及你的费用高啊,没有入项,全是费用。所以你看到账上的钱唰唰地掉,你心里不踏实啊!你不参加的话,那就意味着这半年没事做,等明年3月份才有展会,这期间怎么办?我们吃什么?喝什么?所以这样导致时间就比较紧。

潜力往往就在压力当中被激发出来。路新民和团队经过一夜奋战,总算有了成果。

路新民(欧必德热能科技有限公司创始人兼CEO):逼到那个份上以后,你会想很多的办法。没有退路了,只能往前走。没办法,逼着你只能这么做。如果稍微有点退路,你可能就退缩了,这时候是很难成功的。

正当他们满怀欣喜,带着产品参展的时候,新的考验却让他们有些措手不及。

路新民(欧必德热能科技有限公司创始人兼CEO):没人搭理你,因为他不知道你是干什么的。一说欧必德不知道,一说产品也不知道。所以先面临的是,作为展会的组织方,他不给你位置,说没位置了。其实我们后来知道他有位置的,而且留的都是好位置。他就像卖楼一样,先把不好的位置卖出去,其实留在手里的都是好位置,只不过他不舍得给你而已。所以我就一遍遍地找,通过关系找,通过朋友找,想办法留个位置,后来好不容易协调到了一个,很偏很偏,最边上的。

酒香不怕巷子深,尽管身处偏僻的展位,但是路新民的产品引起了很大反响。

路新民(欧必德热能科技有限公司创始人兼CEO):结果很多客户对这个产品非常感兴趣。整个展会,我们的展厅人爆满,人最多的。展会组织方,那个总经理到我们那儿看了,感到很吃惊,说你们的产品这么好。

眼看机会已经降临，可是现实却又刺痛了路新民的心。

路新民（欧必德热能科技有限公司创始人兼CEO）：客户对你的公司不了解，对你这帮人不是太了解，对你公司的实力没底，所以他就会犹豫就会担心。终于有一个客户非常感兴趣，签了合同，规定三天之内把款打过来。也可能是我们太急于求成了，每天打无数个电话，唯恐客户款打不过来。也许是电话打得太多了，反而引起客户怀疑，说你们到底是什么意思？你们为什么催这么紧？催得紧，让人家反而起了疑虑，最后就干脆说，"算了，我不做了"。这对我们是非常大的一个打击。

打开局面，走出困境

没有客户订货，就没有收入，公司再次陷入了困境。产品获得热烈反响，但为何无人订购？什么才是他走出困境的秘诀？

路新民（欧必德热能科技有限公司创始人兼CEO）：我们认真地算过，我们账上的钱，可能也就是再能撑一个月到两个月之间的这个水平。如果这时候没有客户打款回来，就意味着我们的钱耗干了。该借的钱也借了，尤其是父母年龄也比较大了，也不在身边，有时候生病什么的，父母都瞒着自己，事后才知道。包括家里也是，之前家庭在青岛，老婆孩子在那里，小孩生病的时候也没人照顾，确实是挺揪心的，心里确实不是滋味。没办法，有时候只能是自己把辛酸往肚子里咽。

面对艰难和曲折，总有路可走。对于他来说，不妥协不服输的精神，已经在自己的内心打下了深深的烙印。

路新民（欧必德热能科技有限公司创始人兼CEO）：那怎么办？就从身边的朋友、认识的客户做起。因为他了解我们这个团队，了解我这个人。以前合作过，因为信任这个人，所以信任这个企业。自己的这种理想支撑了自己，再一个有一种不服输的性格。产品是最好的广告，一个企业能不能成功，产品是第一位。

给我最大动力的，还是用户对这个产品的认可。当时我们这个产品，给第一批用户装的时候，基本上我都亲自去看。我们的产品设有定时开机和定时关机的时间，还有时钟等等，这些都给客户留下了很好的印象。

人生有起有落，如今路新民和公司也早已走出低谷，步入新的台阶。在公司，路新民喜欢和员工们一起吃饭一起聊天。

"徒步走健康，行动促低碳"，欧必德徒步行活动。在企业文化建设上，从每天的早会到每月的集体活动都颇有新意

他善于营造公司的人文氛围，让员工有一个家的感觉。

路新民（欧必德热能科技有限公司创始人兼CEO）：作为一个小的公司来讲，大家在一起可能比较开心，和员工一起同甘共苦吧，也可以这么讲，因为创业时期毕竟也是比较艰苦的。实事求是地讲，这样的话，让员工至少吃得比较舒服吧。

创业的这几年，现在虽然取得了不俗的业绩，但是作为一家年轻的企业，要走的路还很长。不过在这个充满人情味的地方，还有着别样的快乐。

路新民（欧必德热能科技有限公司创始人兼CEO）：我们有一种想法，就是可能五年的时间吧，把集成热水器这个行业做大做强，能让我们这个品牌做到家喻户晓吧。

日月忽其不淹兮，春与秋其代序。历百折而不息兮，逐日追梦不止。

经历过，奋斗过，失败过，成功过，才明白实现梦想是多么艰难；人生本来就是一条不寻常的路，当你勇敢地为实现自己心中的一个梦而努力奋斗时，再回头看看自己走过的路，你就会发现原来梦想离自己很近很近。

心若在，梦就在，有梦就有希望。相信路新民和他的公司，未来的路会越来越宽广，路新民的事业也会越来越辉煌。

编导手记

我们有时候往往会自然而然地去接受规则，或者不愿意，甚至觉得不可能去改变既定的东西，但是这个世界上总会存在那种打破既定规则的人。把本来是圆形的热水器做成了方形的，这个是很难想象的，但是路新民和团队却偏偏做到了。

路新民是我2014年采访的所有企业老板中最年轻的一个，刚到他公司的时候，他正好在筹划搬新厂，原有的厂房产能有限，不能满足日益增长的需求，再加上那时候接近春节，整个公司上上下下都很繁忙。不过，路总对这次的采访非常重视，总是不吝时间，尽全力配合我们，这让我们很感动。

进入每个老板的办公室，我总有个习惯，喜欢打量老板办公室的书架，看书架里摆的是哪类书。很多老板摆放的书籍都是企业管理、金融类的书，但路新民的书架里摆的书，在我见过的办公室当中算类别比较多的，而且很多书都比较旧了，看得出是经常有翻看的。

因为还处于创业阶段，我们的话题围绕着创业展开，路总创业之前已经做到了海尔热水器公司的高层，生活优越，事业稳定，但却中途选择创业，含泪离家千里之外，来到陌生的顺德，实现自己的理想。创业者们要走的路不同，赋予的使命也不同，有的只是为了改变生活，有的是为了赚更多的钱，有的可能是为了理想，但是无论他们肩上承担的是什么，要走的路是什么，总会有一种精神在支持着他们，他们在大江南北奔波着，演绎着自己的故事。

印象企业

2007年8月，公司成功研发3D速热技术，标志着热水器进入速热时代。

2009年7月，公司对全国1010名用户和家装设计师调研，测试收集关于集成热水器的意见。

2010年3月，第一台集成热水器样机研制成功，申请专利5项。

2011年10月，公司参加中国顺德国际家电博览会，荣获中国家电研究院颁发的"点石奖"。

2012年8月，欧必德首家获得集成热水器强制性国家3C认证、1级能效认证；同月，欧必德集成热水器荣获2012中国小家电交易会最佳产品创新奖。10月，荣获中国顺德国际家电博览会最具现场人气奖和最佳产品创意奖。12月，荣获中国家电市场网2012年度中国家电产业最具创新价值品牌奖。

2013年4月，欧必德集成热水器登陆CCTV频道。7月，欧必德荣获2012—2013年度中国家电行业技术创新品牌。8月，欧必德成功入选2013中国创新100榜名单。11月，欧必德荣获中国家电行业营销创新奖。12月，总经理路新民入选中国家电网（CHEAA）2013年度盛典人物；同月，欧必德荣获中怡康2013中国市场最具消费者满意度奖。

2014年11月，欧必德荣获2014年度中国家电行业最具成长力制造商殊荣；同月，荣获中国创新创业大赛全国50强。12月，欧必德全国用户突破30000名，专卖体验店468家。

2016年3月，金牌设计师俱乐部活动在全国启动。4月，欧必德"3500万钜惠，干掉大水桶"以旧换新行动全面启动。

每年一次的员工拓展，是欧必德努力打造的企业文化的一部分

范建亮：超级空调，绿色呼吸

——艾尔斯派布局家居好空气

2010年，作为一个在中国制冷空调行业耕耘打拼了23年之多的老牌资深空调人，范建亮走上了创业的路途，在广东省家电生产重地佛山市创立佛山远立电器有限公司。在德国艾尔斯派总部强大的技术支持下，范建亮开始全权代理德国高端空调品牌艾尔斯派家居气候系统在中国区的研发、生产、推广、销售和服务工作。

二次创业的他，不变的是对空调行业一如既往的专注和热忱，只是这次，他多了一份对这种全球首创的恒温恒湿恒氧恒洁净"四恒"家居气候系统的信心和笃定。他甚至觉得，它蕴含的精尖技术和对传统空调功效的拔高升级，可以促使它成为家用空调市场的新一轮更新换代产品。人怎样过一天，就怎样过一生，让我们走近范建亮，看看他的梦想闪耀着怎样璀璨的光芒。

向空气污染"争一口气"

在公司现场检测空气，范建亮用专业规范的数据跟大家介绍。

艾尔斯派"心跨越 赢未来"年会　　　　　　　　北京专卖店

范建亮（广东艾尔斯派科技有限公司总经理）：我把它放在这上面，按国家标准，年平均浓度限值是35微克每立方，24小时平均浓度限值是75微克每立方。眼前仪器上显示出来的数字，虽不至于触目惊心，也着实让人寝食难安。

实际上我们测外面，浓度是141微克每立方，这屋里面测的是25微克每立方。因为我们有人进出，如果说是相对静止，没有人进出的话，我们可以做到10%，就是做到15微克每立方以下。15微克每立方以下的，这么一个PM2.5值。所以说在我们整个四恒系统里面，这个四恒空调空间里面，可以保持一个欧标的空气。欧洲标准一级控制是15微克每立方。

范建亮投身中国制冷空调行业二十多年，作为一个专业的空调制冷工程师，早前"PM2.5"还是一个偏门的专业名词，还没成为普通老百姓茶余饭后的热门话题之前，他就已经开始为人类的健康向空气污染"争一口气"。

范建亮（广东艾尔斯派科技有限公司总经理）：不管是80岁还是90岁还是100岁，空气是唯一一样、一分钟都离不开的东西。其他东西都是可以离开的，你在睡觉的时候，你可以关上灯就睡觉，你什么都不需要。你不需要喝，不需要吃，不需要娱乐，不需要思考，但是你那个时候还是需要空气，还在呼吸，如果说没有呼吸，你这个人生命就结束了。所以，空气是一个人时时刻刻都需要的。

春暖花开的20世纪80年代末，年轻的范建亮从当时的全国重点院校——华中科技大学（原华中工学院）毕业了。他满怀激情，希望来到顺德大展拳脚，亲眼看看这得风气之先的宝地。谁知却遭到了家人的强烈反对。面对家人的再三反对，他为何还毅然选择南下顺德？

范建亮（广东艾尔斯派科技有限公司总经理）：（这情况）在我们当初很多。特别是我们江西那个地方，改革开放比较迟一点，对这些乡镇企业，完全就是一个作坊式的概念。所以他认为，你好不容易跳出龙门，好不容易考上重点大学，怎么又要去这样的地

参加2015年第十九届北京ISH暖通展

参加2015第五届中国室内通风空气净化及洁净技术展览会

方,分分钟说得不好,就是破产的这种企业,一下子铁饭碗就没了。很多人,包括我爸爸,他们观念里面,还是有这个铁饭碗的概念。他说你去了这样的企业,可能分分钟就倒闭了,就没有工作了,又变回农民了。所以他这个观念里面,实在是没办法接受。他甚至说要断绝父子关系,以这样一个强硬的要求来威胁我,就是让我不要去这些乡镇企业。

最终,范建亮说服了父亲,顺利入职科龙集团,即当时的珠江冰箱厂。那时的他就像鱼儿入海,在制冷系统的产品设计、施工、安装等不同环节中尽情游弋。

范建亮(广东艾尔斯派科技有限公司总经理):我记得后来在研究所做冰箱研发的时候,我们当初搞那个190升的双门冰箱,我们就是一个人,把冰箱一块一块板拼起来,然后去粘冷凝器、蒸发器,包括焊压缩机,包括发泡,包括装门体,包括把这个东西装好以后,推到实验室去做实验。一个一个环节,哪怕是一个电片,对贮藏室、冷冻室温度的影响,我们都会去仔细地摸索、研究。

创业初期,遭遇风险

花了十年时间,范建亮从一名空有理论的大学生,成长为制冷界的"庖丁"。他知道自己需要更广阔的舞台。1997年,建亮再次力排众议,离开了如日中天的科龙,创立了自己的仁龙冷暖设备有限公司。

范建亮(广东艾尔斯派科技有限公司总经理):这个铺头,环塘路48号,就是我当年从科龙出来的时候,创业的地方,冷暖设备工程公司在这里办公。当初主要是我和我太太在这里做一些小型的加工,包括办公,包括我们的施工队,一些其他用途。在这里待到2003年,2003年之后我们就去了另外一个大概300平方米的地方。

万事开头难。扔开了科龙这只铁饭碗,创业初期的范建亮过上了"白天当老板,晚上睡地板"的艰苦生活。只要稍微有空,他就自己开着摩托车去到施工现场,和工人们同吃同住,

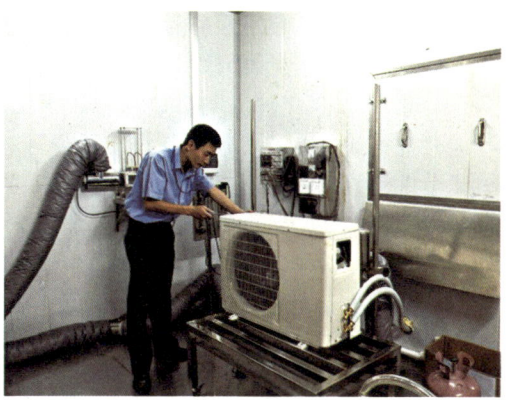

亲自了解、解决在施工过程中遇到的问题。虽然竭尽全力,但迎面一个风波却差点打得创业初期的范建亮翻不过身来。

范建亮(广东艾尔斯派科技有限公司总经理):因为供应商有个付款周期,打这个时间差,打不过去就开一些远期支票。比如年中的货,它开一个单到12月份,才能兑现这个承诺汇票。或者是现金支票,远期的,等你过了几天之后,你一去兑现,发现根本没钱,最后跑路。虽然这个人也逮捕起来了,有两三个都逮捕起来了,判了刑也坐了牢,但是供应商的钱,基本上很多都打水漂的,我们也损失了相当一部分钱。

夏天是空调病高发季节,一般的空调房封闭、干燥,让人感觉不适,偶尔温度偏低,更容易诱发感冒。如何打破这一局面,成为范建亮思考多年的问题。

范建亮(广东艾尔斯派科技有限公司总经理):这个就是我2011年7月份装的艾尔斯派恒温恒湿恒氧恒静的四恒空调系统。那边是新风机,这边是内机。这个是我们的控制面板,那么现在开着屋里的温度是22度,湿度69%,二氧化碳浓度1090,空气质量0级。这个也是一样可以实现远程控制的。另外我基本一年365天都是开着这个系统来睡觉,小孩子感觉都非常舒服,包括我们大人,感觉都很好。

金针菇带来的灵感

2009年,与一家金针菇厂家的合作,给了范建亮灵感。

范建亮(广东艾尔斯派科技有限公司总经理):2009年中投产的时候我就发现,工厂化的生产蘑菇很有意思,菌种是看不见的,一个肥料瓶经过高温消毒之后,把菌种放进去,从放进去开始到出菇大概是56天,这56天它分成四个不同的阶段,然后每个阶段温度、湿度、二氧化碳浓度要求都不一样。

按厂方要求,制冷工程需对室内温度、湿度、二氧化碳浓度分四个阶段进行控制,这样严格要求让他灵光一闪。

范建亮(广东艾尔斯派科技有限公司总经理):作为一种生物或植物,它在这种恒温恒湿恒压恒氧的环境下会长得很好。实际上,我们人才是地球的万物之灵,人更加需要这种好的温度、湿度、氧含量和洁净度。

这道灵光让范建亮心潮澎湃。他敏锐地意识到,这将是家用空调中从未有过的革命性产品。

范建亮(广东艾尔斯派科技有限公司总经理):我在这里可以直接用手机来开关,艾尔斯派的一个应用,那么点进去之后就是我们这个VIP房。这里还有一个我自己的卧室,登录进去我们就能看到目前我们这个VIP房的温度、湿度、二氧化碳浓度。

超级空调,调节家居气候

2010年,范建亮牵头成立了艾尔斯派公司,引进德国技术,通过高精尖的技术控制,实现恒温、恒湿、恒氧、恒洁净"四恒",使原先只会制冷制热的空调升级成为整合健康空气资源的"超级空调"。

范建亮(广东艾尔斯派科技有限公司总经理):就做人你可以差不多就行,但做事情真的是要精益求精去做,这样你才能不断地创新,不断地进步。

实际上顺德的空气质量也是蛮糟糕的,跟北京比起来是五十步笑百步。人家更差,这边就觉得还行,实际上都超过人的身体承受能力了,所以也一样需要我们这种东西,只不过迫切性没有那么强。那么从消费需求来讲,可以这么说,全国的消费者,甚至全球的消费者都需要我们这样的产品。

当范建亮信心满满地带着他的家居气候系统亮相时,市场却再次给他迎头一击,销售远不如预期。

范建亮(广东艾尔斯派科技有限公司总经理):我就始终不明白一个问题,这么好的东西,为什么(消费者)不买?很多时候会有这种困惑,这么好的东西,为什么他就不愿买,为什么就打不开市场?

来自生产的压力,来自股东的压力,重重地落在了范建亮的双肩。他低下头来重新审视产品的"两条腿"——研发和营销。工科出身的范建亮,对自己公司的研发能力相当自信,他默默调整着产品的定位、团队和资源配置,在惨淡的市场环境中咬牙坚持。终于,皇天不负有心人,北京一名经销商看到了他们。

范建亮（广东艾尔斯派科技有限公司总经理）：当时我们有个体验室，然后他拿着仪器检测我们产品效果，看看是不是真的。测完了以后说"还不错"，然后他就和我们谈代理的事情。

事在人为，只要我们自己去努力，一点一滴去不断地进步，那么始终能做出来。走出了企业发展的瓶颈，范建亮迎来了更为广阔的发展天空！

范建亮（广东艾尔斯派科技有限公司总经理）：我们除了恒温恒湿恒氧恒净的四恒空调系列之外，恒氧恒净系列的壁挂式新风净化机也广受消费者青睐。这款新风净化机相当于空气净化器的升级版，其工作原理是将室外的新鲜空气经过四重过滤之后再引入室内，同时将室内超标的甲醛、二氧化碳等气体排出室外，让消费者呼吸到真正健康的室内空气。我们在2015年也开始尝试用电商平台来进行销售，产品在各大电商平台均有销售，刚上线就取得了不错的成绩。除此之外，我们的第三个系列恒温恒湿系列的酒窖空调能够使酒窖达到12℃—22℃的低温环境，同时能够保证室内湿度恒定在50%—80%之间，为更多高端消费者提供收藏名酒美酒的适宜环境。

社会大众对空气质量的重视让广东艾尔斯派科技有限公司获得了再次腾飞的契机。虽然艾尔斯派不能改变大环境，但可以为消费者们调节家居小气候。至今，广东艾尔斯派科技有限公司已和华润、万通、绿地等集团建立起良好的合作关系。范建亮相信，无论经历多少风波和坎坷，他的"超级空调"都将会大有作为。

编导手记

那时候是3月初,刚刚过完年没多久,柴静的纪录片《穹顶之下》成了大街小巷的热门话题。所以我也在想,结合自己的节目特点,是否能拍摄一个关注空气领域的企业家的故事。机缘巧合的是,一次翻看办公桌上一份11月的报纸的时候,里面就有篇关于范总的报道。我一看这家企业又是在顺德,所以有些惊喜。因为没有范总的联系方式,我便在网上搜了范总企业的相关信息,没想到还真找到了范总的电话。拨通电话,自报家门,说明了来意,范总爽快地约定了采访时间,一切进展都很顺利。

没见面之前,局限于报纸和网上的粗浅了解,所以对范总和他的产品了解得并不深。拜访当天,范总看出了我们的疑惑,很详尽地给我们讲解了他的得意之作。为了能让我们有直观的感受,他在展厅试用了他的超级空调。在他看来,空调的意义并不仅仅局限于调节温度,空气湿度、纯净度、氧气都需要调节,特别是在空气质量受到严峻考验的今天,室内家居的气候就显得尤为重要。针对室内空气问题,他的产品应运而生。

他的第一份工作就结缘空调。俗话说,不熟不做,创业后他还是做起了自己的老本行,以至于现在把它当成终身的事业。如今,空气问题、环境问题也越来越引起人的重视,这也给他带来了新的机遇。我翻看微信朋友圈,总会发现范总奔波在各个地方的照片,市场在不断开拓,虽然前路艰辛,但是离他的商业目标是越来越近了。

印象企业

2010年,成功研制出恒温恒湿恒氧恒净空调,即智能家居气候系统。实现室内环境恒温、恒湿、新风、洁净四大功能,为用户提供人体最舒适的室内空气环境——最舒适的温度、湿度、氧含量、洁净度,是全球独创发明专利产品,也是以人为本的健康原生态空调。

2011年,AIRSPA结合新风机和净化机的特点,成功开发新风净化机,引领新风系统行业向新风净化方向发展。

2012年,AIRSPA成功开发出酒窖恒温恒湿恒氧空调,为酒窖空间提供真正合适的储存环境!同年,明装壁挂卧室专用新风净化机推出市面,避免了在已装修家庭安装传统新风系统时安装困难的问题。

2013年,AIRSPA成功开发出风管系列变频多联恒温恒湿恒氧恒净家居气候系统,并研发了多款新风净化机。

2014年,AIRSPA首次申请高新技术企业,并成功通过高新技术企业认定。

2015年,AIRSPA成功开发出适合房地产配套的阳台壁挂式新风净化机,并开发出每个室内都可单独控制的联控中央新风。同年,艾尔斯派荣获"新风十大品牌"称号,并受邀成为《新风净化机标准》参编单位。

刘卫林：开启全新烹饪模式
——金易厨电器研发自动炒菜机

"我不是一个企业家，我是个创客。国家在说大众创业，万众创新。我就是属于创客之中的一员，是一个年纪比较大的年轻的创客。"自动炒菜机研发者、自称"创客"的刘卫林说，"创客是非常孤独的，前期没有什么成果，没有效益出来的时候，这个时候很多人很难理解你。"是的，做创客是孤独、困难的，特别是对刘卫林而言。因为他要做的，并不是仅仅把产品研发出来、卖出去这么简单。他要做的，是构建一种全新的烹饪模式，一种涵盖了硬件、软件和服务的更现代、更立体的烹饪模式。

乍一听上去，创业者拼的是情怀，新生事物能否在顺德这个"烹饪之乡""世界美食之都"找到立足之地？刘卫林所构建的全新的烹饪模式能否为大众接受？今天，让我们一起回顾金易厨总经理刘卫林一波三折的"创客之路"。

"自动炒菜机"源自父爱

每天早上一睁开眼，刘卫林就为他的"自动炒菜机"四处奔波，马不停蹄地忙碌。刘卫林却不感到疲惫，反而非常兴奋。

创业团队

获中国创客大赛第二名

刘卫林（广东顺德金易厨电器有限公司总经理、华南家电研究院副院长）：第一个外观，我们做了不同颜色的延伸，便于适应不同的市场、用户群体的喜好和需求。设备怎样跟手机相联？它是相互推广平台。这是我们跟别人的产品完全不一样的地方。

黎明前的黑暗，并未磨灭他的百倍信心。经过多年的研发和改进，他的"自动炒菜机"终于要正式投入市场了。

刘卫林（广东顺德金易厨电器有限公司总经理、华南家电研究院副院长）：电饭煲一开始的时候也没有多少人接受。但是几年以后，尤其是现在，每家每户都离不开电饭煲。所以我对炒菜机的看法是，今后它也会像其他厨电一样，走进千家万户。

自动炒菜机，顾名思义就是一种可以用作炒、焖、煎、煮等多功能的厨用家电。设定程序后，自动进行炒菜，无需专人翻炒或照看。炒菜都能自动化，这个想法会不会太懒？

刘卫林（广东顺德金易厨电器有限公司总经理、华南家电研究院副院长）：我现在演示给大家看看怎样做西红柿炒蛋。这里是开关，现在电源已经开了，我按炒菜。这是我们第一代炒菜机，是在2011年研发，然后上市。炒鸡蛋需要三分钟就足够了。这一款是采用搅拌的方式，搅拌棒由这里带动，然后把西红柿倒进去。

刘卫林毕业后被分配到东风汽车公司工作，数控技术达到专家水平。1997年，刘卫林"孔雀东南飞"，举家来到顺德，进入美的集团。2007年，刘卫林被聘为华南家电研究院副院长。深厚的技术底子，丰富的管理经验，让刘卫林对工业产品需求极为敏感。儿子一次小小的偷懒，不经意间却在爸爸刘卫林心中播下了一颗种子。

刘卫林（广东顺德金易厨电器有限公司总经理、华南家电研究院副院长）：原来没想做炒菜机。一次我那个小孩，我们出差，他在家里不会做饭、做菜，整天就是吃快餐面，吃到后面都生病了。我就觉得年轻人都比较懒，他们应该有这种需求，往里面一丢进去就做得出来，比较简单的。

生活琐事激发设计灵感

用自动炒菜机做出来的番茄炒蛋，在外观、气味和口感上与厨师炒出来的并无两样，而且不用动脑，几乎没有油烟，完全实现了炒菜自动化的设计初衷。刘卫林把第一代自动炒菜机投入市场进行测试，反响不错。在香港参展，还拿了最受欢迎产品奖。当所有人都认为自动炒菜机将要在"家电之都"顺德开辟一片天地时，刘卫林却决定终止其走向市场的步伐。

刘卫林（广东顺德金易厨电器有限公司总经理、华南家电研究院副院长）：主要是搅拌问题。因为我们第一代都是搅拌式的炒菜机，它有个比较大的缺陷是搅拌不会很均匀。另外一个，比如说难以清洁，加热不是很均匀，有时比较容易刮底，这都是它比较难解决的缺陷。

很快，第二代炒菜机诞生了。它采取电磁加热的方式，加热更快，也更好清洁。然而由于沿用第一代搅拌的方式，刮底的老毛病始终未得到改善，这让刘卫林伤透了脑筋。

刘卫林（广东顺德金易厨电器有限公司总经理、华南家电研究院副院长）：这个时候我们是非常苦恼的。有时候好不容易联系了一个客户，后面又没有下文了。所以那一阵子动了不少脑筋，老是想着从搅拌的角度去考虑。

王超（同事）：在开发过程中，他对细节方面都要求很严，甚至要求到每个螺钉、每个位置、每个操作、每个按键，都给

炒菜机炒饭炒菜，省时省力

我们提出了严格的要求。我们在他的思路下开展工作。

郭梓皓（同事）：刘总是个对自己要求比较高的人。当我们团队中有问题出现的时候，他会勇于去面对，勇于去解决，不会轻易放弃这次的创作。

怎样才能让炒菜机加热更均匀？能有更好的搅拌方式吗？刘卫林日思夜想，终于，一件生活琐事激发了他的灵感。

刘卫林（广东顺德金易厨电器有限公司总经理、华南家电研究院副院长）：一次在洗衣服的时候，我把衣服丢进洗衣机，正好我家是用滚筒式的洗衣机。我把衣服丢进去之后，当时我就想，洗衣服可以用这种滚筒式的，那么炒菜是不是也可以用这种滚筒式的呢？所以后来我们围绕滚筒式的炒菜机进行研究，到现在大概两年时间，所有技术问题都已经解决了，样机也做出来了，效果很好。

市面上的厨用电器开口一般有两种，一是如电饭煲般直立向上，一是如微波炉般水平向前。如何独辟蹊径，让炒菜机倾斜起来，又让刘卫林的团队陷入了深思。

刘卫林（广东顺德金易厨电器有限公司总经理、华南家电研究院副院长）：先是想了蛮多种，从内部结构用齿轮，用齿条，这些都想过，效果都不是很好。后面专门去查资料，真的正儿八经去研究汽车手刹，专门研究它的结构，也是从那里面得到一些灵感。我们现在的方式，主要是用汽车手刹的方式，从那里借鉴。

酒店厨师的炒菜姿势，也给了刘卫林团队灵感。

刘卫林（广东顺德金易厨电器有限公司总经理、华南家电研究院副院长）：有时候我们在酒店里，看到厨师，他是这么抛炒，这也给了我们灵感。在我们研究炒菜机的时候，怎样实现这种翻炒？后来我们发现，通过这种滚筒式，它这么一转，它里面有机体带起来，有个重力的作用，实际上这里面本身就是有一种类似厨师的抛炒功能。我们现在做出来的菜跟厨师做出来的味道是差不多的了。

第三代炒菜机获肯定

通过手柄控制锅体形成不同的角度，结合内锅旋转，第三代的云控智能滚筒炒菜机从根本上解决了前两代自动炒菜机的弊端，而且功能更多，加热更均匀，做出来的菜式更为色香味美。

刘卫林（广东顺德金易厨电器有限公司总经理、华南家电研究院副院长）：这是我们金易厨研发的第三代炒菜机。这是去年底研发出来的样机，从这边可以看得出来，它跟之前两代是完全不一样的。它已经完全改变了原来的翻炒方式，可以根据不同的角度实现不同的功能。我现在直立的时候，可以做饭、煲汤，倾斜到45度，可以用来焖菜。当我倾斜到60度的时候，这时候可以用来炒菜。大概90度的时候，可以煎排，可以煎鸡蛋。这样，我可以把菜倒出来，所以，它可以通过不同角度和内锅旋转实现不同功能。

刘卫林团队的心血没有白费，第三代自动炒菜机受到多方关注和认可。2015年5月份在由国家工信部信息中心主办的"创客中国"大赛中，"云控智能滚筒炒菜机"荣获二等奖。中央电视台《我爱发明》栏目也远道而来，对此进行了专题报道。然而，外界的肯定却没有让刘卫林松懈下来。他如同惯性般，希望做得更完美。

刘卫林（广东顺德金易厨电器有限公司总经理、华南家电研究院副院长）：是一些细节方面，大的方面没有什么问题了。细节方面更优化一些，包括怎样扳手感更好。我总在想，能不能像我们的笔记本电脑一样，它打到哪个位置，就能很方便地固定在哪个位置。加热速度怎样更快，密封性怎样更好，电路板安装怎样更加合理，这些细节问题我们再去优化。

刘卫林要做的并不仅仅是把产品卖出去这么简单。他要做的，是构建一种全新的烹饪模式。一种涵盖了硬件、软件和服务的更现代、更立体的烹饪模式。

刘卫林（广东顺德金易厨电器有限公司总经理、华南家电研究院副院长）：硬件方面就是把炒菜机做好，软件方面包括手机App，包括菜谱，包括整个服务信息平台。我可以把用户信息、整个设备的状况，还有客户的需要，在信息平台上显示出来。相当于一种大数据的收集。另外，供应链的服务就是包括配套的食材，今后可以做成食材包，可以跟农场的健康食品配套起来。你打个电话，今后可以直接把配菜配送到你家里，然后丢到炒菜机中，马上就可以做出来。

千里之行，始于足下。刘卫林和他年轻的团队谈到自动烹饪设备时的激情洋溢，让人很容易就忘记他已过知天命之年。比起年轻创业者凭一腔热情，心口贴个"勇"字便去闯荡江湖，刘卫林则更像是一个隐士，他潜心磨剑，忍而不发，等待最佳时机，一举成名。

公司产品

编导手记

刘卫林先生的自我定位是"一个年纪比较大的年轻的创客"。说年纪比较大，是因为他经历丰富，数控技术达到专家水平。说他年轻，是因为一直在大企业任职的他于而立之年毅然从办公室、实验室中走出来，投身商海，成立金易厨电器有限公司。这种勇气和行动力，从头到脚都洋溢着青春气息。

刘总带领团队发明自动炒菜机，这是厨电领域的新事物，没有人知道应该是怎样的。他从大厨翻炒菜肴的动作中吸取灵感，借鉴洗衣机的转动方式，学习汽车手刹拉杆的设计，生活中的万事万物，随手拈来都是他的缪斯。

闯荡商海，靠的也不仅仅是一个"勇"字。关注家电行业多年，刘卫林对市场洞若观火，他知道好产品怎样做出来，怎样卖出去。所以他不焦急，在第一代炒菜机获得外界认可之后，他并没有急于上线生产，而是冷静地意识到产品的改进空间在哪里。硬件完善之后，他又把精力转向研发配套的App、智能系统上，他不愿意用一个不成熟的产品做坏消费者对"炒菜机"这一新概念电器的印象，他希望把最好的产品呈现在市场中，一步到位。

可以期待，金易厨的自动炒菜机未来将会像电饭煲、微波炉一样，成为厨房中不可或缺的一部分。

印象企业

2013年12月6日，广东顺德金易厨电器有限公司成立。

2014年12月，云控智能烹饪机器人项目获第五届"创业顺德"大赛优秀奖。

2015年4月23日，CCTV-10《我爱发明》专题报道公司滚筒炒菜机项目。5月27日，智能滚筒炒菜机项目获"创客中国"大赛第二名。

06

创造商机，集成精品

陈伟禧：尽其"锁"能
——必达智能锁，生活更安全便捷

有家就有门，有门就有锁。一把锁看似简单，但要经过110道工序才能完成，锁具行业既是传统行业，又与高新技术有密切联系。

陈伟禧从1992年成立必达以来，至今一直专注于智能门锁的研发和生产。以"坚持做世界级产品"为品质理念，必达成为业内率先达到欧美标准的智能锁品牌，产品的稳定性与可靠性更是能达到百万次无故障运行。这不能不说是顺德的骄傲。

做顺德人自己的品牌

广东必达保安系统有限公司上门为客户安装门锁。

必达厂房

广东必达保安系统有限公司员工：阿姨！你好！我们是必达智能门锁，过来装门锁的。

客户：好！请进请进！

五千年前，中国第一把木锁诞生。直到今天，锁依旧担当着为人们看家护院的功能。现在的门锁，已经和时代的发展同步，电子门锁的用户越来越多。陈伟禧的工作，就是做好一把智能锁，为人们带来安全便捷的生活。

必达营销中心

陈伟禧（广东必达保安系统有限公司董事长）：这是一个很无意的接触。当时也没有想过说我必须做家电，或者是做其他。只不过是接触了这个产品以后，觉得这个产品不错，（而且）可以提高一种便利性，就是这样无意间的决定，做了这种产品。

插件焊接车间

和同龄人的想法一样，当年陈伟禧创业时，也想要做一个属于顺德人自己品牌的产品。机缘巧合，他没有去做家电，而是做起了门锁。一把门锁，里面有多少学问？能够发展到什么样的程度？可能没有人像陈伟禧这样为之尽心竭力。

陈文楚（广东必达保安系统有限公司家庭锁销售总监）：我们董事长，他在1986年的时候已经考虑开设做电子锁这个项目，其实回想起来，在1986年到1990年的时候，有谁可以接受电子锁？（这是）很超前的一个思维。

带着创新的思维，陈伟禧开创了自己的品牌，和自己的品牌一起成长，不知不觉就过了二十几年。

国际市场门锁为他开放

公司现场，接待柬埔寨客户。

陈伟禧（广东必达保安系统有限公司董事长）：你好！
柬埔寨客户：你好！你好！这是我的卡片。
陈伟禧（广东必达保安系统有限公司董事长）：请坐！你能说中文？

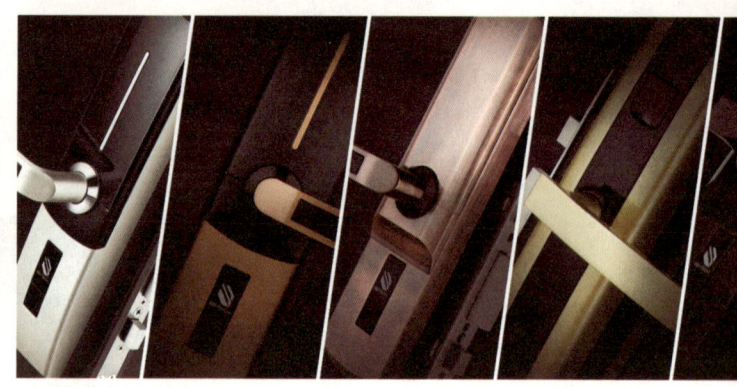

自动贴片机　　　　　　　　　品种繁多的门锁

柬埔寨客户：是的。
陈伟禧（广东必达保安系统有限公司董事长）：你们公司在金边？
柬埔寨客户：金边是我们的首都，那边酒店发展很多。

这一班来自世界各地的酒店商，他们来到顺德，目的就是为了购买陈伟禧经营的智能电子锁。别看他现在拥有的国际客户这么多，其实当年他准备进入国际酒店市场的时候，国际市场的门锁并没有为他开放。

陈伟禧（广东必达保安系统有限公司董事长）：在我们发展的过程中，对我们最大的冲击就是外国的品牌占领了国内酒店行业的高端（市场）。我们进去（这个行业）的时候，很多老板都说，我们要买进口的。那可能就是他们对国内的品牌不了解。另外就是崇洋（心态）。所以这个对于我们来说，就是最大的一个（障碍），也是一种激励，既是伤害又是激励。

有人曾经说，国家之间的较量，有时就是品牌的较量。陈伟禧不甘心自己的品牌不被认可，他知道自己必须主动出击，才能打开国际酒店市场的门锁，才能让自己的智能门锁成为这些国际酒店选择使用的产品。那到底如何主动出击才能制胜？陈伟禧的想法简单实用。

陈伟禧（广东必达保安系统有限公司董事长）：要么不做，要做就把它做好。基于这种氛围，既然做了这把锁，我们就把它做好。

吴劲勇（广东必达保安系统有限公司总经理）：像家电产品坏了，你可以先不用，但是我们的锁，如果坏了以后，你是进不了门的。那就倒逼着我们对产品的可靠性和稳定性的要求要非常高。所以从产品的设计和生产的角度来说，我们一直都是很严谨的。在这个行业里面，或许我们必达不是外观最好看的厂家，但是我们一定是从用户角度来说考虑得最充分的。还有整个产品，从生产和质量控制来说是最好的厂家。

陈文楚（广东必达保安系统有限公司家庭锁销售总监）：其实我们现在做的产品，不只是按照国家标准来做，我们的产品一个是按照欧洲标准，更高层次；一个是按照美国标准，它其中的一个性能测试要求，（标准）是我们中国A级锁标准的8倍。

不断提高自己的产品质量，别人做得好，陈伟禧就做得更加好。这让陈伟禧的品牌成功地进入了世界级酒店的市场。但是为了满足客户的需求，陈伟禧的团队仍旧要不断做出技术上的改变。创业的过程在他们看来其实就是创新的过程,更是不断打开客户心锁的过程。

陈伟禧(广东必达保安系统有限公司董事长):门锁实际上就是一个安全(保障),因为它要安全,所以需要门锁,门锁是一种安全(的象征)。那我们现在做的智能锁,就在门锁的基础上,通过一些科技的创新、一些手段,提高它的便利性,提高一个方便(水平)。

服务千千万万个家庭

企业的创新发展,会带来新的用户。企业带头人的敏感,会给企业带来新的商机。去年,陈伟禧的一个决定,又为自己的公司带来了一次新的挑战。以不变应万变,他有什么秘诀?

陈伟禧(广东必达保安系统有限公司董事长):一把锁就是一个用户,一把锁的质量问题,就有一个投诉。产品可以变,但是我们追求的精神层面是不会变的。

是继续享受原来的霸主地位,还是挑战自我寻找新突破?公司现场正进行售后会议。

员工1:我们怎么去给客户提高它?我们以前的客户报修方式是什么?
员工2:客户、报修、到总部这边。然后总部这边再提供我们的(信息)。
员工3:这一次的话有两个结果,一个是上门拜访,一个是电话处理。
陈伟禧(广东必达保安系统有限公司董事长):好了,这里我们有一个怎样的处理?

中国有 4.3 亿户家庭,在这些家庭当中,智能电子门锁的使用率还非常低,人们还是习惯使用机械锁,出门携带机械钥匙。陈伟禧在服务好了酒店业后,决定进入民用的市场,很多人都以为,这不过是他扩大版图的方式,赚老百姓的钱肯定更加容易。但是事实并非如此。

陈伟禧(广东必达保安系统有限公司董事长):进入家庭锁(市场),这个要求比酒店还要更加严格。服务的素质更加要高,因为酒店里面有工程部,是有人管理的,但是作为家庭,一把锁就是一个用户。一把锁的质量问题,就有一个投诉,所以家庭锁的品质要求比酒店锁还要高。

陈伟健(广东必达保安系统有限公司研发部部长):门锁的可靠性、稳定性严重地影响到我们财产人身的安全,轻的影响到我们的生活,假如一把锁出现了问题,我们进不了家,可能我们的生活就会打乱了,不可能说我第二天再回来。

以前服务好一家酒店,就等于服务好了无数的用户。但是现在服务一个家庭,才等于服务一个用户。民用市场的潜力的确很诱人,但是用户细分之后,挑战其实更大。陈伟禧的这一步棋下得如何?企业发展日趋成熟,他又该如何把握自己的企业文化?

陈伟禧(广东必达保安系统有限公司董事长):企业的产品可以变,但是我们追求的精神层面是不会变的。比如我们的企业追求，那种信赖是不会变的。这个信赖有两个层面，一个就是本身产品的层面，你的产品的层面，你的质量要给到别人一种信心，这个是信赖的表现。另外就是，人与人之间的关系。比如服务，这是精神的层面，就是人与人之间都需要信赖的，相当于我们的企业文化的一部分，叫诚信。因为人（需要）一种坦诚，（这样就）少了中间沟通的成本。

做好技术，讲好诚信

一把锁的生意，一颗坚持追求信赖的心，陈伟禧的生意经让我们有些意外。没有特别的章法，不讲手段技巧，原来做生意可以这样简单。做好技术，讲好诚信，一切就可以水到渠成了，而这份朴实，我们在普通的员工身上也能感受得到。（在员工生日会现场）

员工：叫"开始"就可以开始是吧？准备好了吗？我数三声开始——三、二、一！

员工：祝你生日快乐！祝你生日快乐！祝你生日快乐！

员工：吹蜡烛，许愿吧！

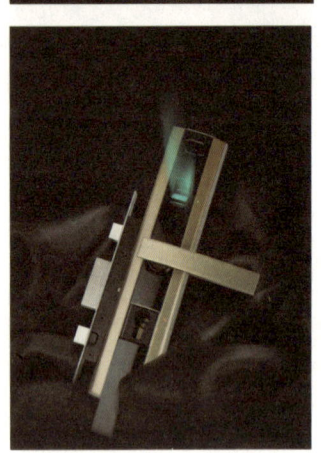

必达i系列家庭锁

员工生日会每个月都会举办，在这里我们看到了来自不同工作岗位的人。我们发现即使是流水线的工人也不会统一着装。原来陈伟禧除了对特殊岗位的工种有着装要求外，其他岗位工种没有刻意要求，怎么舒服开心就怎么穿。对于团队应该怎样培养，应该用什么方式去打开客户的心锁，这才是陈伟禧经常会思考的问题。

陈伟禧（广东必达保安系统有限公司董事长）：实际上作为一个企业，在发展过程里面，它的追求是有变化的，最早可能钱很重要，但是逐步就到了精神层面，作为一个企业主，就是一个老板，他能够将一个企业经营好，是他对社会最大的贡献。第二个，如果企业主能够通过企业这个平台提高员工的素质，提高员工的内涵，这也是对社会的一种贡献。

叶毅海（广东必达保安系统有限公司渠道销售总监）：我们给客户安装锁时，会带着兴奋的心情和认真的态度去安装。为什么是兴奋的心情？因为我们又多了一个用户认可我们的产品，而且可以享受到我们的产品带给他的便捷和安全。至于认真的态度，我们希望通过我们认真地去每一个用户（家里）安装，可以让他们百分之一百地感受到我们产品的功能。

陈伟禧（广东必达保安系统有限公司董事长）：这里我们说说（售后），目前整锁我们是保修1年的，指纹头和锁体这些核心部件，我们是保修3年的，而且我们公司提供24小时的服务。

一把钥匙打开一把锁，一把锁也可以赢得一个用户。锁虽然是人们作为防卫的工具，陈伟禧却尽其"锁"长，打开了人们的心，得到了人们的信赖。在他的人生里，锁已经不仅仅是锁，更是事业上的好伙伴。

陈伟禧（广东必达保安系统有限公司董事长）：现在整个创业的方式方法已经不同了，怎么做都好，不会是一帆风顺的，中间可能遇到好多挫折，所以一定要脚踏实地，还要有坚持的精神，还要有一种对事业的热爱和追求，你才会成功。

除了大量运用不锈钢等高品质原材料，必达智能锁更是掌握了多项核心技术，这是保证必达智能锁能够达到百万次无故障运行的重要原因。

成功来自坚持，卓越来自专业、专注。广东必达保安系统有限公司必将在董事长陈伟禧的带领下，继续以品牌为纽带，创新市场营销模式，加大技术、研发的投入和专利创新，提高产品科技含量，注重提升品牌意识、实施品牌战略，开创中国锁业的新篇章！

编导手记

顺德的企业众多，大家耳熟能详的多数是家具、家电的相关品牌，联系到陈伟禧（以下简称"禧哥"）之后，我们才知道，原来顺德的智能锁品牌在业内的名号可是响当当的呢。

禧哥是个实在人，属于"顺一代"的企业家，奋斗到今天，企业走过了20多年的历程。很多人会觉得，上了点年纪的企业家肯定会比较守旧，但是其实并不是这样的，像禧哥这一代人，他们为什么可以在几十年前就办企业，还让企业走到今天？首先就说明了他们有比别人更超前的想法。今天的发展，互联网成为风口浪尖的话题，似乎人人只要能利用好互联网就能够占得商机，赢得客户。在这些变化之下，禧哥就很能把持住自己企业的发展，不会盲目跟风膨胀。既然是做客户生意，东西卖出去了，售后更要跟上。在禧哥看来，产品卖出去，那是赚的快钱，售后服务做好了，做到了诚信服务，公司才能存活下去，才有前景。

很多人都说顺德的企业家厉害，有办法，但是在我看来，顺德的企业家多数都是像禧哥这样的人，所谓生意的秘诀，其实也就是为人的秘诀，诚信做人、诚信服务就可以了。

印象企业

1992年,必达电子锁厂(必达公司前身)成立,研发生产电子密码锁。

1996年,更名为顺德市必达实业有限公司,主要研发生产酒店门锁。

1997年,获得公安部技术防范产品行业资格证、广东省重点新产品证书。

1999年,美国达拉斯半导体公司正式指定必达为国内唯一IB锁合作生产商。

2001年,公司获得广东省高新技术企业称号。

2002年,通过ISO 9001质量体系认证;成立零部件生产基地——中山市中达电子有限公司。

2003年,获得自主出口资格,并在全球40多个国家和地区注册必达商标。

2004年,更名为广东必达保安系统有限公司,成为顺德信息化试点示范单位。

2005年,成为联合国注册供应商;获得佛山市守合同重信用企业、佛山市知识产权示范单位称号。

2006年,成为电子锁工程技术研究中心,获得佛山市A级纳税人称号。

2007年,主要产品通过ROHS环保认证。

2008年,主要产品通过欧洲CE电子锁认证,公司升级为国家级高新技术企业。

2009年,建于顺德高新区国家级科技产业园的生产基地正式投入运作。

2010年,主要产品通过美国ANSI/BHMA电子锁认证;公司被认定为"广东省著名商标"。被中国互联网新闻中心授予中国信用企业认证体系示范单位,被中央电视台官方网站CCTV.com评为智能锁企业联展第一品牌。

2011年,公司被评为亚太酒店协会推荐品牌及中国饭店业最佳智能门锁供应商;应邀出席在人民大会堂举行的"2011中小企业质量·品牌大会暨最具竞争力中小企业高峰论坛"。

2013年,与国际十大酒店管理集团达成战略合作;成为美国精品国际酒店集团唯一指定中国品牌酒店智能锁供应商。

张业彪：通达全球，唯有经典

——经典通达酒店家具的守业路

张业彪是广东经典通达酒店家具有限公司的董事长。他是一名成功的商人，也是一位好学的学生。1993年，他白手起家，历经挫折，成立了行业内率先提出酒店家具新概念的公司，由成立至今，一直以成为国内酒店家具业的航空母舰为目标而不断奋斗。

创业初始，张业彪步步都走得异常艰难，最窘迫时，连给客户寄一份快递、给阿姨买菜的钱都拿不出来。然而，凭着一股闯劲、一股不认输的精神，张业彪咬紧牙关撑了下来，最终建造了自己的商业王国。在跌落人生低谷时不言放弃，在攀上事业高地时不忘低头感恩脚下，除了毅力，张业彪爱阅读、爱学习的好习惯也是他事业成功的要素之一。

目前，企业已成为中国十大酒店家具品牌和中国饭店业金牌供应商，以不断创新的企业精神引领中国家具行业的发展潮流。今天，和你分享"儒商"张业彪的创业心路历程。

博鳌亚洲论坛家具供应商

2014年7月13日—23日，张业彪受中国APEC发展理事会邀请，作为企业家代表随同国家主席习近平参加"和谐合作——庆祝中国巴西建交四十周年"活动，赴巴西访问。

在巴西国会大厦，近距离聆听国家领导人的演说

中国企业家出访巴西合照

张业彪（广东经典通达酒店家具有限公司董事长）：那幅照片就是我2014年7月份去巴西时候的留影，出席中巴建交40周年文艺晚会。那个是习主席，那个是巴西总统，后面那个就是我。

这张从中央一套新闻联播中截取下来的画面被制成照片，挂在张业彪办公室最显眼的位置。照片中，张业彪就坐在习近平主席后两排的位置上。

张业彪（广东经典通达酒店家具有限公司董事长）：的确也是很激动，很开心！因为毕竟是自己人生的一件大事，能够跟随国家元首一起去出访。这次我们出去，就感觉我们国家的确很伟大，我们话语权越来越大，所以我们感觉很自豪。

值得张业彪自豪的事还有很多。他创办的广东经典通达酒店家具有限公司是"中国十大酒店家具品牌"之一，为威尼斯人、希尔顿、喜来登、香格里拉等1000多个国际品牌大酒店生产配套家具。

张业彪（广东经典通达酒店家具有限公司董事长）：2002年我们做博鳌亚洲论坛永久会址那个工程，当时我自己亲自去前期洽谈，去投标。原来去博鳌那边，没有高速公路，路也很窄，经过农村经过丛林才去到，也没有地方吃饭，住宿也很艰难，一个很偏的小镇，我们根本是不敢相信那里有工程做的。

去到以后发现，那里景色真的很美。博鳌那里是三江入口，有一条玉带沙滩风景很美，同时还有很美的椰林、红树林。所以我们国家就选中那个地方，作为亚洲论坛的永久会址。其中的索菲特大酒店，国家授权我们配套生产。可以这样说，为了博鳌亚洲论坛，我们都做了一些事，所以我们都感觉很自豪，所以我们现在一直打广告，我们是博鳌亚洲论坛的家具供应商。

立足酒店家具行业

创业早期，张业彪做的是沙发、茶几等民用家具。很快，他就敏锐地意识到，随着国家经济腾飞，人民丰衣足食之后，必然舍得花钱出行，酒店家具市场前景更为广阔。

张业彪（广东经典通达酒店家具有限公司董事长）：从1999年开始，我们就进入一个转折。因为西安那里有一个喜来登大酒店，尝试叫我们做固装家具，固装就是将酒店里面的门套、装饰线装在墙里面的，还有装在柜子里面的家具，叫我们一起去做。那时候是一种新尝试，我们是第一次做，所以都有些难度，但是很有挑战性。

那我们整个团队，大家很重视。当时我带着厂长、设计师亲自去现场落实。最后总算顺利交货。可以这样说，当时所做的家具，据我所知，到现在那家酒店还在使用，已经过了15年了，质量都非常好，甲方非常满意。

经过20年的打拼，经典通达在中国酒店家具行业立稳了脚跟。然而要继续前行，也并非易事。

张业彪（广东经典通达酒店家具有限公司董事长）：近三四年制造业，整个大气候、整个环境变化很快，一下子制造成本高了很多，高了百分之四五十。

五年前我们的工人工资有3000块已经很好了。但是现在请工人，可以说6000块都不见得很好。包括其他一些综合的管理费用都在同步提升。

和民用家具相比，酒店家具要符合不同酒店的风格内涵，对厂家的综合素质要求更高，从设计、原料采购、生产、安装到保养环环相扣。

张业彪（广东经典通达酒店家具有限公司董事长）：大家要注意，一套好的家具，除了公司生产以外，现场的安装是非常重要的。好像现场墙身那样，一个钉孔都不能够有，不能够碰花，不能够碰坏，保持原来的风格。

俗话说"力不到不为财"。张业彪事必躬亲，每个环节都不敢放松。

张业彪（广东经典通达酒店家具有限公司董事长）：你作为一个创业者，自己内功必须过硬，有比较诚信的为人，做事方法（好），还要本着搞好品牌企业长青这样的指导思想去（做）。所以我微信上面那个题词几句话也是："读万卷书行万里路，交高品位的朋友。"我自己都是这样要求自己。

博览群书是最大的爱好

把品牌推向全球，发掘多元化的客户资源，推行"通达全球，唯有经典"，是广东经典通达有限公司的企业理念。

张业彪（广东经典通达酒店家具有限公司董事长）：这个就是我的办公室。有没有哪个老板的办公室藏书比我多的？我很想认识跟他交流。

家具展厅

除了和习主席的合照外，张业彪的办公室整整一面墙都是书。他师范毕业，第一份工作是中学语文老师，他走下讲台、投入商海近30年，现在看书依然是他最大的爱好。

张业彪（广东经典通达酒店家具有限公司董事长）：我们经常坐飞机去谈业务，去签合同，有时候在机场一停留就是几个小时，三四个小时，很多人烦躁。但是我感觉是一个享受，因为没有那么多烦心事，没有那么多人找你，那你自己可以开开心心看看书。

不单自己看，还掏钱请员工一起看。张业彪身体力行，把"儒"和"商"这两个风马牛不相及的元素，和谐地糅合在企业文化当中。

张业彪（广东经典通达酒店家具有限公司董事长）：有一年过节，我就没有送礼，我买了一两万块钱的书籍，一本是《请给我结果》，一本是《超强执行力》。每个管理人员送两本书给他作为礼物，希望他们能够得到提升，希望他们喜欢学习。包括现在我们有一个短信平台，我们的管理人员全部都进入短信平台。我每天都会把很多关于管理、关于做人、关于做事、关于自身提升的一些学习资料放上去，让大家同步提升，希望那个团队更加有战斗力。

草根创业，白手兴家

伴随张业彪一生的习惯，除了阅读之外，还有书法。走出公司，拿起毛笔，心静下来的时候，他就总会想起波澜壮阔的创业岁月。

张业彪（广东经典通达酒店家具有限公司董事长）：记得创业初期，真的是很辛苦很辛苦，压力很大。我们也是普通人家出来创业，我父母都是工人，那就唯有通过搞销售（积累资金）。那几年赚了一点钱，起了一间房子，把房子押在银行，贷了一点款去做企业。我们当初做企业可以说是很盲目的，换成今时今日是不敢做的，因为是凭着一时冲动，凭着一种幻想或者信念这样去做。

工厂成立初期，资金缺口大，经营非常吃力。

张业彪（广东经典通达酒店家具有限公司董事长）：1993年的时候寄一封快递，我印象中是24块。有天早上起床之后，我就找好资料准备寄过去，但是两公婆，和太太在一起找遍所有袋子都不够，只有10多块，不够24块。怎么办？快递寄不了，到最后翻箱倒柜找到70块港币，不管这么多，开着一部摩托车去到北滘，卖烟卖水果的摊档，我就看看前面有没有熟人，我太太看看后面有没有熟人，一手把70块递过去，好像做贼那样子，很不好意思，换70块港币。换了以后，这样才够钱寄快递给客户。

和大多数白手兴家的草根企业家一样，张业彪的创业路步步艰辛。这些故事，时过境迁后听起来轻巧，细细咀嚼，字字句句，都有血有泪。

张业彪（广东经典通达酒店家具有限公司董事长）：很多情景都很狼狈很尴尬。比如说有一次，已经是上午11点，40多个工人，煮饭的阿姨问我们拿钱买菜。但是当初我摸摸袋子经常是没有钱的。怎么办？上午11点都还没有钱买菜。刚好派出所有两个朋友过来坐，我问他们"有没有钱？兄弟"，在两个做警察的朋友身上，每人借了50块交给阿姨，这样才可以买菜，可以做那顿饭。

再难堪，再狼狈，都只能咬紧牙关撑下去。

张业彪（广东经典通达酒店家具有限公司董事长）：怎么说，就是都已经没有回头路了，已经洗湿头，没有回头路，无论如何都要走下去。可以说是每走一步每行一步，都是充满艰难，充满曲折的，是很辛苦、很辛苦地走过来的。对于我们这些白手兴家的人来说，真的是那样经历过来的。

扎根顺德，心怀感恩

天道酬勤，今日的张业彪已经可以笑谈当年。回望企业成长之路，张业彪说，是顺德这片热土给予他阳光雨露。

张业彪（广东经典通达酒店家具有限公司董事长）：离开教育队伍的时候，一来到顺德，我就喜欢上顺德。前前后后都有很多地方，叫我们去外面设厂。比如说高明、鹤山，我自己都有去看过，好像还有清远那些，都有去看过，有些地方曾经买过地，但是到最后我还是打了退堂鼓，还是扎根顺德。

白手起家，历尽艰辛。下一个十年又将如何规划？如今，张业彪的子女都在加拿大求学，但他并未如一般人所想跟着子女出国享清福，反而希望子女学业有成之后，能回来顺德帮忙。

张业彪（广东经典通达酒店家具有限公司董事长）：虽然制造业赚钱并不多，但是毕

竟是我自己的老本行,家具公司是我自己起家的地方,你要我放弃当然没有可能,只要能够撑下去,一定要好好地经营下去,很诚信地经营下去。

人的生命,乃至企业、国家的生命都是有限度的。但是,宗教是生生不息的。假如把那种智慧拿到企业,那对我们应该是受益非常大的,我们正在探索那种智慧。

"奋力生长,亦不忘感恩脚下",张业彪事业成功后,感恩顺德这片土地给予他的所有,一直扎根顺德,服务顺德,尽自己的力量帮促顺德的发展。相信在张业彪的领导下,广东经典通达酒店家具有限公司一定会越办越好!

编导手记

张业彪先生的办公室有一面书墙,人物传记、历史故事、管理理论应有尽有,摆了满满的一面墙还不够,地板上、书桌上都错落堆叠着各类书籍。张先生爱书是有原因的,1978年,国家恢复高考的第二年,张业彪便考上了华南师范大学,他的第一份工作就是语文老师。虽然做了几年后下海开工厂,但爱阅读的习惯却一直延续到今天。企业的文化,在一定程度上就是老板文化。张先生把读书人的沉静带到了经典通达,在他的带领下,公司专注质量,打造经典。

经典通达是博鳌亚洲论坛的家具供应商,是中国十大酒店家具品牌。他们在1999年为西安一家五星级酒店制作安装的固装家具,16年后的今天还在使用。

创业难,守业更难。如何维护"经典通达"的金字招牌,是张先生近年来思考得最多的问题。纵使制造业目前的环境不佳,他也并没有想过要放弃,他说经典通达是他起家的地方,无论多艰难,他都会撑下去。

2015年6月的时候,就顺商周年活动事宜,我再次拜访了张先生。那天刚好碰上了学成归来的张公子,张公子在加拿大读书,毕业后选择回来公司帮忙。谈起公司的经营状况时诚恳严谨,谦和有礼,没有半点"富二代"骄纵的痕迹。相信在张家父子的勤勉经营下,经典通达定能再创经典。

员工开心一刻

印象企业

1993，公司于"中国家具之乡"——广东顺德成立。

1998年，在"98中国（北京）国际家具及木工机械展览会"上，公司展品被评为大会"优秀产品"，从此酒店家具被行业认识。

2001年4月，"通达牌"酒店家具系列产品荣获《质量信得过产品》证书。

2002年7月，为"博鳌亚洲论坛"设计、生产家具；荣获《质量优良、售后服务满意企业》证书。

2003年3月，公司取得URS注册证书，获得"ISO9001国际质量体系认证"证书及"ISO14001环保质量体系认证"证书；荣获由中国绿色产品认证推广中心颁发的无毒害（绿色）家具产品证书。

2004年，获得顺德区"诚信示范"单位称号。

2005年，荣获"2004年度顺德区家具行业诚信示范单位"称号。

2006年，公司设计部作品荣获"中国家具设计大赛（专业组）金斧头奖；成为联合国家具供应商；荣获佛山市顺德区消费委员会颁发的"2006年度诚信单位"称号。

2007年，公司成为全球第一品牌酒店广州丽斯卡尔顿、三亚丽斯卡尔顿大酒店的家具供应商；为北京奥运会官员接待酒店——北京饭店配套生产家具；荣获《连续五年守合同重信用企业》证书；成为国家家具产品质量检验中心定点检测合格单位。

2008年，公司更名为"广东经典通达酒店家具有限公司"。

2009年，荣获佛山市政府颁发"纳税超1000万元企业"称号；荣获"2008年中国十大酒店家具品牌""2008—2009中国供应商百强（饭店业）""2008年度守合同重信用企业""光彩之星""中国酒店家具创新金牌奖"称号；为广州亚运会总部饭店——广州花园酒店、指定接待饭店——广州新长隆大酒店、广州东方宾馆等服务。

2010年，获评"中国绿色饭店协会指定产品""2009中国十大酒店家具供应商""广东省家具协会2009年度优秀会员""广东省家具协会推荐优秀家具出口企业"。

2011年，荣获"广东省名牌产品企业""第三届中国饭店协会功勋会员""2011年度优秀会员""中国十佳酒店家具品牌"荣誉称号。

2012年，荣获"创广东著名商标先进单位""2011年度广东省家具协会优秀会员""（龙腾计划）重点扶持企业"称号。

2013年，为号称国内首个七星级酒店——三亚美丽之冠假日酒店设计、生产家具。

2014年，公司董事长张业彪以"中国企业家代表团成员"身份随同习近平主席出访巴西；荣获"中国环境标志产品认证证书"；为天津地标性酒店梅江皇冠假日酒店生产家具；再次为博鳌亚洲论坛二期设计、生产家具。

2015年，连续14年荣获"广东省守合同重信用企业"称号。

何维兴：人生赢在转折点

——兴益康塑造"关帝名门"

"我就想看我今生能做多大的事，就是超越自己挖掘自己。每个人都想不到自己能做多大的事，每个人在成功以前，他都没有想过他会有今天的成功。人生都是在不断地超越自我和挖掘自我。"佛山顺德区兴益康金属科技有限公司董事长何维兴如是说。

兴益康金属科技有限公司是一家建筑、建材企业，是经国家相关部门批准注册的企业，主营铝门窗。公司位于顺德区北滘碧江工业区，与多家企业建立了长期的合作关系。今年是何维兴转入门窗制造行业的第六个年头，之前他凭借"金属材料挤压成型"等技术获得了中国科学技术创新奖，并在人民大会堂领奖。喜讯一波接一波，企业又新获批成为国家高新技术企业。

今天，让我们一同走进兴益康金属科技有限公司，回顾董事长何维兴的"名门"之路。

关帝名门品牌运营中心

连亏三年，选择坚持

光鲜亮丽的背后总是有无限的沧桑。五年前的一个契机，何维兴的事业出现了变化。

何维兴（兴益康金属科技有限公司董事长）：我去参加经促局举办的一个会议，我旁边坐了一个华南理工大学的教授。我们聊到了做门的话题，虽然做门的人很多，但是让老百姓放心的品牌很少。现在家家都买房子，我自己前几年也盖了房子，当时我也在为买什么门、去哪里买门、买哪个品牌的门犯愁。

模具行业做的都是不知名的产品，一心想做番大事业的何维兴，就把目光转移到其他行业，通过自己买门和教授的启发，坚定了他要做一个家喻户晓品牌的信念。但是门窗行业竞争激烈，路又该如何走呢？

何维兴（兴益康金属科技有限公司董事长）：我们模具这个产业，过去十年就是为门窗行业研发产品，提供模具设计，提供这个前沿技术的。在技术这块我们已经有绝对的优势。这个行业信息我们已经有了。

掌握了信息和技术优势，初次尝试自主制门的何维兴显得很乐观。然而接下来的事情却大大超出了他的想象。

何维兴（兴益康金属科技有限公司董事长）：感觉到很多的意外，就是一些不理想的意外。确实没有自己想象的那么好，总以为自己在这个领域有技术优势，有产品信息优势就能干好。其实这一行我并不外行，因为我原来是设计这个东西的，但我会设计这个东西，并不等于我会运营这个东西。我并不懂得管理这个东西，并不懂得销售这个东西。原来想得很简单，我对这个东西懂，我会设计，我会研发，可那只是这个企业的一个环节罢了。

因为没有明确的市场定位和产品定位，问题突如其来，这让何维兴不得不重新做出调整。

何维兴（兴益康金属科技有限公司董事长）：前面的三年是交了学费的，是很坎坷的，也是很郁闷的，很煎熬的。注册个商标也不成功被驳回。由于自己过去是理论比较丰富，实践缺乏，开发的产品安装上的问题比较多，安装问题多，投诉也就多。前面三年，品牌之路、产品之路、管理之路都经历了很多的煎熬和修改。

无风不起浪。何维兴遇到的这些问题很快在亲友圈中传开。

何维兴（兴益康金属科技有限公司董事长）：当时都没看好啊！我们有好多朋友劝我，那么折腾干吗呀？你有的吃有的住有的花了，何必那么折腾？给我压力最大的，还是我老婆。每到年底一算账，今年又亏了两百万，明年不搞了吧？关掉了吧？这问你该死心

何维兴在第十届中国科学家论坛

了吧?我不言不语,沉默面对。

连续三年没有看到任何收益,面对这样的情况,有的人也许会选择放弃,但是何维兴仍旧不忘初心,始终如一地坚持,他有着不一样的想法。

何维兴(兴益康金属科技有限公司董事长):他们只看结果,没有看到方向。我看的是方向,我看的是未来。我没有把它当作是亏钱。我把它看作是一种投入,这些都是一些成长过程当中的曲折,我也把它看成一个必然的路径,所以我也淡然地面对面前的一些困苦。

员工流失,失之淡然

自己虽然有良好的心态,但是这毕竟不是解决问题的方法。接下来出现的事情,又让何维兴有些犯难。

何维兴(兴益康金属科技有限公司董事长):我们很多工人信心都不是很足,总感觉老板不挣钱,老板不赚钱。他们好像干得没有多少希望,或者这个企业老板说不定哪天就不干了,他们可能又要重新找工作了。大家都有这样的想法。

千言万语、豪情壮志,无法解决员工的顾虑和担忧。何维兴深知其中的道理,有些事情避免不了。

何维兴(兴益康金属科技有限公司董事长):员工是流了一批又来一批,流了一批又招一批。包括这些办公室的销售员,每一批都只能留下一个人。他们有自己的现实困难,他们做了一个短暂时期的离开,而且离开之前也说了,我现在某某原因某某原因,我需要离开一下。但是你董事长什么时候召唤一下,我是随时会回来的。我当时确实是有一种前所未有的孤独,确实!

铁打的企业，流水的员工。内外交困的境况下，"得之坦然，失之淡然"，何维兴选择倾听内心最真实的声音。

何维兴（兴益康金属科技有限公司董事长）：我是有过苦难的童年，我经常跟我老婆讲，跟我同事讲，苦难的童年是我今生最大的财富。我没有我困难的童年，我不会有这么大的动力，有这么大的梦想。面对曲折，我从不畏缩，哪有承受不了的？再苦都不可能苦过我童年时代去。

凤凰不经过涅槃何以成为神鸟？人生不经过灵魂苦旅的登攀，何以能够辉煌？

何维兴（兴益康金属科技有限公司董事长）：他们说我亏钱吗？亏。我来到广东是没有一分钱的，难道我还会回到原来没有一分钱（的境地）吗？我不可能回到从前了。现在的资产是我一分一分赚来的，如果这钱是你一分分赚来的，你有这个赚一千万的本事，亏得一塌糊涂了，你东山再起重新来过，你还能赚一千万不止。亏了是你一时的决策失误，谁不会失误？没问题的。

攻克难题，安装落地

成功的人不是赢在起点，而是赢在转折点。何维兴即将面临新的抉择。

员工：刘总，欢迎欢迎，辛苦了！这是我们董事长何总。
客户：您好！您好！

三年前何维兴注册了新的品牌，并做出公司整体的战略调整。现在"关帝名门"也早已声名在外，不断有外地客户主动来厂里寻求合作。然而当下的成功并不是偶然。

何维兴（兴益康金属科技有限公司董事长）：我们家庭装修装饰，有装饰效果的防火应用门，它就停留在一个形式上，它只能阻燃火焰多长时间。所谓的钢门，也是一层0.7毫米厚的钢板，也不怎么厚，经过火焰的烘烤一两个小时后它也发红了，也不安全。你的卧室着火还是厨房着火，突破了这个门，它就蔓延到第二个房间。你想想电视上经常播的，那个大火，整栋大楼就烧没了。它就是点着火，蔓延到第二个房间，蔓延到第三个房间，蔓延到过道，过道蔓延到所有的房间。还是这个房门的屏障没有做好。我前年申报了一项专利技术，叫铝硅复合板。硅板的沸点是两千多摄氏度，熔点是一千五百多摄氏度。它就可以达到一个真正的防火门的要求。

攻克了制门行业的难题，何维兴的产品在市场上有了很强的竞争优势。可是没多久，他却发现了这个行业还普遍存在的另一个大问题。

何维兴（兴益康金属科技有限公司董事长）：产品研发没有和这个安装去落地结合，

关帝门业书法题词

也是有缺陷的。虽然结构很有优势,外观也漂亮,功能也好,但是安装起来头疼啊!

人才往往在身边,只是暂时没有被发现。正当他为安装问题困扰的时候,何维兴这个伯乐找到了自己的千里马。

何维兴(兴益康金属科技有限公司董事长):碰巧我们之前就请他,他就是我们工厂的安装工。请他过来在我们厂从事了一年的安装。后来我发现他这个人还是高中毕业,他还有文化,而且他成绩还比较好,也就是说他的文化程度还比较高。你别看一般的大学生,还没他文采好。我发现他又是个才子,还会安装。我根据他的建议,设计出来的东西好安装得多。我要把安装从这个设计、这个电脑面前脱离出来,把这个事情交给谁?就交给他们。我们今年开展销会,经销商异口同声就是一句话——装我们的门三个门装好了,装别的品牌门一个没装好!

知人善用,打造团队

有过硬的产品,这只是何维兴的第一步,他的目标在另一层面。

何维兴(兴益康金属科技有限公司董事长):大部分技术都很容易突破的,就是在这个信息社会,正因为这个信息很灵通,所以品牌之路变得尤为重要。

很多人能认识到品牌的重要性,但是实现起来总是充满了艰难。何维兴又是怎么做到的呢?

何维兴(兴益康金属科技有限公司董事长):我们有个强大的团队来经营好这个产品,经营好这个企业。好的团队把这个产品经营好,把它推销出去,把这个企业推销出去。这个好的团队经营好这个产品,经营好这个企业,推销好这个产品,推销好这个企业,大家都看得到这个企业(有希望)。

因为自己有打工的经历,他很了解员工的心理,也知道如何让他们发挥自己的才能。

何维兴(兴益康金属科技有限公司董事长):我在1996年的时候,那个时候我刚刚才踏出学校的大门,走向社会,那时候我就看到一本杂志上讲了一句话——21世纪是人才的世纪。经过这十七八年我过来了，我深深地体会到，21世纪真是人才的世纪。其实我们这个社会，一个企业里面都不缺乏人才，一个团队的力量，这都是做企业主必须考虑的。要把他们拧成一股绳，你企业主可以为大家去规划方向，规划好这个企业的未来，让大家能成为这个企业的一员，让他能分享到这个企业的红利，最终形成这个企业的股份制改造。这个企业不是我一个人的企业，不是我一个人的事业，是大家的事业。

几年的耕耘，有心酸也有收获。何维兴的品牌之路如今创下了一番成果，产品的知名度也越来越高，但是他看重的不是这些。

何维兴（兴益康金属科技有限公司董事长）：他们相信我，这么卖力地干。我也相信他们能干好，大家就对这个品牌、对这个行业有信心。相信在这个品牌、这个行业里面能够闯出一条路来。我认为我的资产，最值钱的资产就是这个团队，这是一个能让我放心的团队，我可以出差半年不回来，他们运转得比我想象的还好。这是让我最庆幸的地方。这三个厂这三个团队，确实达到了我想要的效果。

在变局中安身立命，在逆境中找到力量。何维兴不断地锻造自己，和员工一起把企业做强做大。

何维兴（兴益康金属科技有限公司董事长）：一个成功的人，他肯定会有一个苦难的经历，他迟早会遇到。因为人生不可能一帆风顺，差别在于你这个苦难的经历是在什么时候到来。你能把你那番苦难的经历挺过去，那么后面的苦难经历也有基础。我想享受人生的一些波澜，我想享受这种经历，我想去享受一种苦难，苦难也是一种享受，也是一种经历。

是的，人生，总会遭受不同程度的苦难，世上没有绝对的幸运儿。苦难是各种磨难的集合体，也是一个人不断成熟的必经之路，享受苦难是一种感悟，一种境界。人生没有绝路，困境在前方，希望在拐角。成功的人不是赢在起点，而是赢在转折点。

编导手记

  很难想象,在工厂林立的顺德,一个公司的建筑建得就像古代城楼一样。这栋古香古色的房子很容易让人记住,它既符合了何维兴给企业的定位,又蕴含了很深的营销思维。

  做的是"关帝名门",玩的是书法,搞的是技术研究,乍一看,这个老板的爱好和其他老板相比并没有很明显的不同,但是思维的差别往往会在一些细节中显现出来。"一流企业做文化,二流企业做品牌,三流企业做产品",他想打造的是知名的文化型企业,所有的工作热情围绕文化而来。何维兴的思路并非偶然,追本溯源,有着家学渊源的何维兴祖父是大学中文系教授,他从小耳濡目染,身上自然多了几分书卷气。十几年的人生历练,让他认识到文化型的企业才能历久弥新,这坚定了他做企业的目标。

  一杯清茶,回首过往,当他还是一名普通大学生的时候,他做出了和其他人不一样的选择:退学。大学退学这种事情,在当下已称不上稀奇,但在90年代初,一个在重点大学有着无限前景的学子却选择南下打工掘金,这在当时来说是很不可思议的事情,这是需要很大勇气才能做出的决定。但他就这么执着地做出了选择。从一名普通工人,到现在作为国家级高新技术企业的老板,一路走来,有苦、有泪、有笑。他时常说自己有过苦难的童年,因为经历所以懂得,一切困难只是为了成就当下的自己。胜败是非转头空,如今他笑看过往与未来。

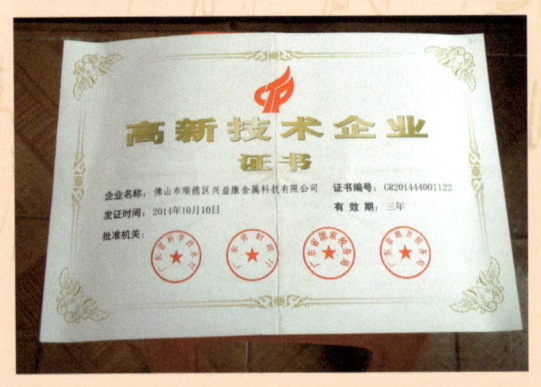

国家高新技术企业证书

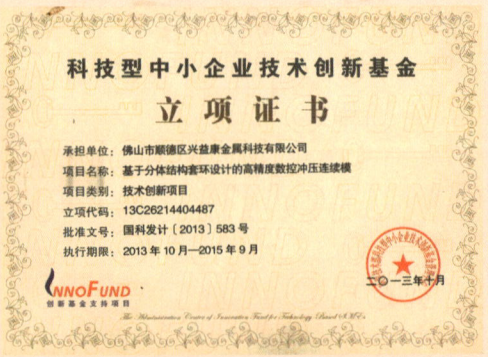

科技型中小企业技术创新基金立项证书

印象企业

2003年，顺德北滘益康五金机械厂成立并运营，主营业务为模具制造及机械配件加工，业务范围遍及全国20个省份。

2006年，扩大业务范围，升级为佛山市顺德区兴益康金属科技有限公司，主营业务为模具研发、门窗设计、模具制造及机械配件加工。

2011年，成功注册关帝名门商标，开始了关帝家居用门的品牌的策划。经过一年的品牌设计策划，产品研发试生产，于2012年7月的第14届广州国际建筑装饰博览会火爆招商。

2012年，公司被审定通过顺德星光工程重点扶持企业。

2013年，公司研发的数控连续挤压模具获得国家科技部、广东省科技厅立项；在人民大会堂召开的第10届中国科学家论坛上，公司董事长何维兴著的科学论文《21世纪挤压模具技术在中国》获得三等奖，并获得中国科学家协会荣誉会员证书。

2014年，公司获得顺德区、北滘镇两级政府科技型中小企业技术改造及两化融合项目财政补贴的审定通过；公司研发的铝硅复合板防火门、免渗氮稀土合金模具成为广东省科技厅认定的高新技术产品；10月，公司获得国家高新技术企业认定；11月，广东关帝名门湖北生产基地奠基，破土开工建设。

2015年，公司在科技型企业的道路上顺利前进的同时，开始打造文化型品牌，成立了广东省第一家在民政局登记的关公文化协会、礼孝文化讲堂，致力于打造文化交流、职工素养培训、企业文化策划、品牌营销培训的非营利性综合服务社团组织。

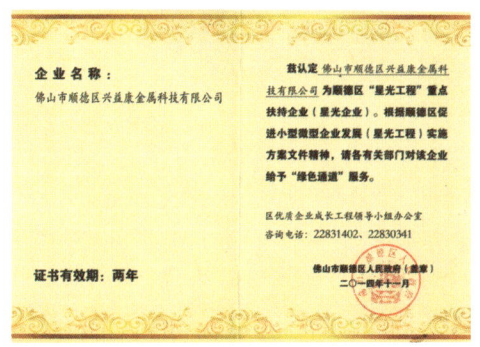

顺德区"星光工程"重点扶持企业证书

广东省高新技术产品证书

胡景钊：涂料界的守望者

——顺德涂料商会会长的妙舞人生

"中国涂料看广东，广东涂料看顺德。"在顺德这个中国涂料之乡，顺德涂料商会自1999年12月21日成立以来，已经走过十七个春秋。十七年来，顺德涂料商会以"为行业、企业树形象"为宗旨，为顺德涂料企业排忧解难，促进顺德涂料产业的快速发展，为顺德成为全国涂料行业首个品牌做出了极大贡献。

在顺德，作为唯一没有自己企业的商会会长胡景钊，为何如此受人爱戴？顺德涂料又是从怎样一种状态下发展壮大，享誉全国的？涂料企业为寻求新的发展空间，经历了哪些曲折？身在中国涂料之乡，胡景钊又在担忧着什么？

让我们一同走进顺德涂料商会，感受顺德涂料商会会长胡景钊的美丽人生。

为涂料消费税而焦虑

胡景钊性格开朗，很善谈，他说自己平时很随和。

胡景钊（顺德涂料商会会长）：所有人都叫我钊哥，很少人叫我会长。

顺德这个小小的地方，却吸引了众多涂料企业来此发展壮大。

胡景钊（顺德涂料商会会长）：我们顺德涂料最兴旺的时候，总销量占到全国的十分之一，一个这么小的地方，占全国的十分之一。直到现在涂料界一直有这样的说法："中国涂料就看广东，广东涂料就看顺德。"

但是，自2015年2月1日起，正式征收的涂料消费税给涂料生产企业带来了不小的压力。作为顺德涂料商会的会长，胡景钊显得有些焦虑。

胡景钊（顺德涂料商会会长）：对于消费税，税务部门确实也不知道，涂料分得那么清的吗？如果你的产品，VOC（挥发性有机化合物）的排放不合格，超标的话，就要交税的嘛，所以最近我也拜访了几十家企业。当然现在国家的政策出来，还没有实施细则，要在短期内实现，难度很大，要触及的东西很多，现在大家都很头痛。

这十几天，我拜访了三十几家企业。那我现在呢，就收集了大家的意见。政府收税，我们不是反对，但是这个税收很高，4%！现在企业的利润只有4%，所以希望政府制定一个实施细则，希望科学点。

由于没有具体的实施细则，企业缺乏相应的执行依据。如果实行 4% 的消费税，会让企业难以承受。部分厂家会采取产品提价的方式应对，但这从某种程度上会给非正规企业机会。

胡景钊（顺德涂料商会会长）：所以现在大家都好担忧！这个如果搞得不好，很多企业真的要垮台！

涂料行业响应环保号召

涂料与国民经济、人们的生活息息相关，因此这个行业未来的走向对当下来说显得尤为重要。

胡景钊（顺德涂料商会会长）：如果你了解的话，涂料这个行业不能够少。比如顺德所谓的工业八大支柱产业，我们是上游，而且是重要的上游。冰箱漆、空调漆、汽车漆、防锈涂料、建筑涂料、家具漆、手机漆等等，现在所有建筑涂料，每个家庭、每个社会谁不用啊！随着经济的发展，涂料还将是一个前途无限的产业。

近年来，涂料行业讨论最激烈的问题就是水性漆将代替油性漆。传统地位的油性漆要退出涂料的舞台，这似乎让油性漆企业不甘。科技在进步，消费者对事物的要求也在改变，加上油性漆自身存在的种种问题，更加加剧了水性漆时代来临的脚步。

胡景钊（顺德涂料商会会长）：原来所谓危险品，就是买的那些溶剂型。溶剂有些危险性，环保有要求，就必定采用水性环保涂料，这个势头是这样的。但是目前的溶剂型，就是水性只有百分之五，怎么样变成百分之五十，确实有难度。而且怎样用水性和溶剂的，它有很大的区别。很多油漆工地用水性，还要培训的。很多人不知道油的它难干，假如我用水性的话，我一天都染不到三张。我如果用溶剂型，我可以染三张，那样用水性工资就不高的嘛。

因为市场的需求，溶解性涂料依然是涂料企业的主要收入来源。由于各种条件的不成熟，水性涂料的路显得有些艰难，但为适应环保要求，不管难度多大，涂料水性化是企业未来的努力方向。现在市场上，水性占的比例可能是超过三成。

胡景钊（顺德涂料商会会长）：当然现在政府、整个社会要求对安全、环保非常重视，所以我们商会都很响应政府的号召，做好桥梁纽带和发挥桥梁纽带的作用。那现在呢，特别是这几年，通过安全生产的政策实施，我们的企业基本上能够在商会的引导之下，都能够比较重视。由于社会上对涂料有很多不理解，就过分夸大了涂料的安全性和环保性。但是总体来说，20多年来，顺德的涂料行业最兴旺的时候260多家，基本上没发生什么爆炸、污染的事件，给人投诉也没有，火烧都可以说比其他行业少。现在说职业病，其实涂料的职业病不是很严重。

涂料企业遭遇发展尴尬

未雨绸缪,做好安全生产,才能防患于未然。"天时、地利、人和",使得顺德涂料企业迅速崛起,创造了骄人的业绩。

胡景钊(顺德涂料商会会长):我们顺德涂料最兴旺的时候,总销量占到全国的十分之一。一个这么小的地方占全国的十分之一。我们作为商会,一直都很注重这个品牌。政府又很支持这些事,虽然碰到一定困难,但是由于我们密切和政府联系,反映我们合理的意见,所以使得很多困难都基本上能够解决。所以在全国二十几个涂料行业的商会,我们的威信和影响力很大。如果不是消费税的问题,我们真的信心十足。

涂料行业前景虽好,但顺德稀缺的土地资源使得涂料企业遭遇了发展的尴尬。这些公司的科技创新、产能扩大,某种程度上受到了较大限制。

胡景钊(顺德涂料商会会长):现在整个广东已经经过七年了,那时叫产业转移。那些化工,因为这些一直所谓的产业,我都付出了很大的心力。全国知道的。但是目前来讲,还没有哪个化工园比较完善。很多变得投了钱下去,特别是那个物流,现在有几个化工园,物流还比顺德的成本起码高百分之十几,所以有的企业去了感觉吃亏。

去外地寻求发展空间的企业,由于当地产业链不够完善,政策不稳定,信心显得有些不足。

胡景钊(顺德涂料商会会长):有些所谓去了外面建厂,你叫他去,包括华润这些高层,当时华润总部搬去天津了嘛,他们耐心跟我讲:"胡会长,我们谁想走啊?我们真的不想走!"

顺德政府的服务就全国来讲,我们认为是排第一的,而且我们整个顺德的产业链的配套又是全国第一的,所以顺德的涂料企业根本就不想去其他地方。"

十七年如一日奉献

胡景钊毕业于中山大学化学专业,他亲自筹建了顺德涂料商会。今年已经是他在这里工作的第十七个年头。

胡景钊(顺德涂料商会会长):那我老实讲,我在这里做了几十年,我工作都比较勤奋的,就是一直都在用心工作。我退休虽然已经八年了,但我还天天都是正常上班。我可以讲,我把涂料商会作为我一个亲生子那样,所以在大家的推举之下,那我就继续做咯。

本来可以安安心心享受退休生活,但他却依旧在商会发挥着自己的余热,工作了几十年,胡景钊没有给自己买过汽车,大部分时间他都是坐公交车上班的。

胡景钊（顺德涂料商会会长）：大家都很相信我们的。确实来说，我在商会里面都很节省的，从来都不会乱花一分钱。大家都知道的，就是交会费，但是我们总体来说，银行还有点钱存。所以呢，这个正因为这样，得到会员的拥护，我个人退休前当会长，一分钱都没领过，退休当然有一点点工资，但是呢，其实大家都知道的了，曾经我是领三千多块。有些会员说，会长你拿七八千我们都没意见，你做了这么多事。但我几十岁了，我从年轻开始就没把钱放第一位，最关键就是大家都把我当大哥，当兄弟一样，所以各个都说钊哥你幸福指数好高，各个都把我叫钊哥，很少人叫我会长。

日复一日，年复一年，胡景钊在这间简陋的办公室默默奉献。

胡景钊（顺德涂料商会会长）：我一直深受爸爸妈妈的影响。我爸爸妈妈的为人都很出色，都很好。老爸老妈对子女好，这个很多人都做得到。但是我妈妈最好的就是帮人像帮自家人一样。

胡景钊热心涂料事业

有时候我们做梦梦到我妈妈，我们说："谁谁谁，那个衰人，我们帮了他那么多，但他们很多天都不理你。"我妈妈就说："讲这些做什么？人家大了，结了婚了有儿有女，谁有空理？"

我妈妈有句名言，就是说帮人不要想着回报，如果想着回报就不要帮人。我妈妈为人就是一直这样，所以我们真的也做了很多帮人的事。

以舞会友，妙舞人生

在顺德，认识胡景钊的人很多，得到他帮助的人更是数不胜数。或许是对内心善良的坚守，他收获了很多快乐。他的朋友、客户不胜枚举，他都清清楚楚地仔细记着在本子上。他的办公桌上放着一叠叠电话号码本子。

胡景钊（顺德涂料商会会长）：将这些联系人都记在一个小本子上，那个本子是1991年、1992年、1993年的……你看我们区长，我都告诉他，你的电话在这个本子的最角落。你看他们的主任还在这里，你看这本电话簿都是破破烂烂的，但是我记得很清楚。

69岁依旧坚守在工作岗位上，胡景钊追求的又是什么？

胡景钊（顺德涂料商会会长）：排难解忧，不断提高企业家的素质，整个企业中高层

的素质,甚至车间人员的素质。现在我虽然在商会做,但是我不单纯为顺德涂料,我为很多商会,经常引导他们做事,我原来退休前是很多商会的名誉会长。那些(外国)都很重视发挥商会作用,我觉得中国一定要这样走。

胡景钊性格开朗,在公司培训晚会、新年晚会,胡景钊经常伴随着悠扬的乐曲声,翩翩起舞。谈起舞蹈,他如数家珍。改革开放后,人们业余生活活跃起来,交谊舞开始流行,但很多人不会跳,也不好意思学。胡景钊想尽千方百计,组织领导学跳舞。经人推荐,他又参加了省、市各类大型活动,他的舞姿总能给人留下深刻印象,并被评为省、市优秀舞蹈节目。

胡景钊(顺德涂料商会会长):现在老人中心经常邀请我去。我如果去呢,可以编舞可以表演,这个不是我吹,舞蹈表演是我的一个敲门砖,如果你20年前见过我,你一定会对我留下深刻印象。这个小老头又不是很靓仔,也不是很高大,但是靠这点(与很多人成为朋友),我们几兄弟都是能歌善舞的,所以我觉得我的生活很充实。

胡景钊曾经是学校舞蹈队员。没想到舞蹈帮了他大忙,也给他的人生增添很多色彩。对于未来,胡景钊会长表示,商会将进一步开展行业、企业科技创新、节能减排、新产品的开发,广泛征询企业意见开展有关的联合活动,促进行业、企业的转型升级,密切配合政府有关部门的工作,广泛开展会员企业各方面的培训。商会将一如既往以企业的发展为出发点,不断拓展会务工作,为顺德涂料企业排忧解难,为顺德涂料行业的健康有序发展而努力。

编导手记

这是我目前拍过的顺商节目当中年龄最大的一位了,相比其他企业家来说,这个可爱的老人有些特殊,因为他没有自己的企业。提起胡景钊的名字,可能在顺德做企业的人,认识他的不在少数,因为喜欢帮人,他在工商界的威望很高,人人都叫他钊哥。没有自己的企业,却能担任商会会长,这在其他行业商会并不多见,这也足以表明胡会长在大家心目中的地位。

相比其他行业商会的办公室,涂料商会的办公室显得非常简陋,虽然简陋,但一进办公室就能感觉到工作的忙碌气氛。我们见到胡会长的时候,他正在伏案工作,办公桌上堆满了各种关于涂料的文字材料。顺德是"中国涂料之乡",在国内涂料行业有着举足轻重的地位,种种荣誉,意味着涂料人身上肩负的使命不能松懈,更何况是作为涂料商会的会长。

在拜访胡会长之前,我对涂料的认识并不多,与胡会长的一番谈话,就好像打开了另外一个世界的大门,原来涂料的世界也是如此千姿百态。短暂的接触,从胡会长身上，我感受最深的是什么叫"老骥伏枥，志在千里"。胡会长几十年的人生，有太多可圈可点的事迹，面对太多的故事，我有时候会不知如何去抉择，因为他身上的正能量太多了，短短十分钟的片子，不能全部表现到。片子之外，对胡会长的人格，我是抱着一种"高山仰止，景行行止"的心态去景仰的。

印象商会

1999年，12月21日，顺德涂料商会成立，这是全国最早成立的涂料商会，也是全国第一个区县级的涂料行业商会。

2000年，3月，商会争取到中国涂料工业协会和涂料行业会议在顺德召开；6月，中央电视台制作全国首部《顺德非公有制知名企业风采》，商会发动会员企业参与，打响了顺德涂料的品牌。

2001年，商会与工商联(总商会)策划"中国首届民营企业总裁(顺德)特训营"活动，引起社会极大关注和好评。

2005年，商会主动提出密切配合区工商联和技监局，以区政府的名义在我区举办"广东省佛山市顺德区涂料和建材行业实施名牌战略高级研讨会"。

2006年6月6日，顺德"中国涂料之乡"区域品牌获得批准，由中国石油和化学工业协会和中国涂料工业协会共同签署。到目前为止，全国由这两个协会联名签署的还是唯一一个，也是顺德"八大工业支柱行业"中获得全国区域品牌最早的行业之一。

2008年，9月，商会参与佛山市精细化工和涂料工业的座谈会。

2010年，商会在佛山市相关行业协会代表的座谈会做发言，反映涂料行业作为顺德八大工业支柱行业的重要作用。同年，中央一号文件推出"建材下乡"的政策，商会积极奔走，最后涂料行业纳入了"建材下乡"的目录，全国入选首批建材下乡试点单位，全国涂料企业共17家，商会企业占7家。

2011年，中国涂料工业协会年会召开，商会积极提出行业建议，得到大家的认可。

2011—2013年，连续三年发动商会及省涂料知名企业参与"中国建筑材料流通协会的科学技术奖"，会员企业获奖最多。尤其2012年商会争取到领奖大会在顺德举行。

刘海丰：做最好的艺术涂料
——格式文化，装饰你的梦

当年，刘海丰孤身一人，揣着三百块来顺德寻梦；如今，他刷新了大众对涂料的认知。作为一家综合运营国际高端奢侈品进口装饰建材的企业老总，刘海丰经历了从销售员到行家再到专家的蜕变，格式装饰文化在他的带领下，突破了传统的行业经营模式和产业定位，用前沿的设计思想、臻美的施工工艺和革新的材料改写了传统建材行业的格局。

目前，公司旗下已成功签约的欧洲品牌包括意大利顶级艺术涂料瓦帕茵特（VALPAINTS.p.A）、全球第一知名品牌法国纽玛特软膜天花（NEWMAT SAS），汇聚了欧洲建筑装饰与文化的精华，全球顶级建材与设计大师的智慧。刘海丰不是专家学者，却出版了一本畅销书；他不是外交使者，却征服了国外品牌；他要做到中国的百里挑一，这是雄心还是痴心？让我们一起走进广东格式装饰文化投资发展有限公司，回顾总经理刘海丰的传奇经历。

缘定顺德,三百元起家

流光溢彩的地板,纹理细腻的墙壁,这些不是大理石,不是皮革,而是刘海丰为之奋斗了半生的艺术涂料。他创办了这间公司,专营艺术涂料工具和高端进口涂料,销售版图遍及全球56个国家和地区。

2013年12月8日,意大利VALPAINT全球主席莎蒂授予格式装饰文化投资发展有限公司中华区总代理牌匾

刘海丰(广东格式装饰文化投资发展有限公司总经理):很多朋友来到我们格式文化,第一个感觉就是非常吃惊。为什么这个地方这么漂亮?这是干什么的?卖什么的?我很高兴告诉大家,这是卖涂料的。这里是中国第一家全方位的艺术涂料体验馆。今天大家看到的馆里面的所有东西都是我们的材料。天花、地板、墙面,我们通过这种体验馆的模式来告诉客户、告诉业主,涂料可以表现出什么效果。这给了很多设计师全新的设计灵感,包括材料的应用灵感,他们在这里受到很多启发。

2013年12月8日格式文化开业答谢宴会,刘海丰感恩致词

这一切的起源,是一个"顺德梦"。

刘海丰(广东格式装饰文化投资发展有限公司总经理):应该是1998年的时候,我看了一本书,叫《可怕的顺德人》。因为这本书的启发,这本书里的主人公,让我看到顺德的可怕,顺德发展的奇迹,所以我跃跃欲试。我想来顺德看看,来顺德了解一下。所以那时孤身一人来到顺德,带着梦想,揣着三百块钱。

刘海丰来到顺德的第一份工作,是在涂料厂做色卡业务员。这位来自农村的穷小子不怕苦不怕累,不管是烈日当空还是大雨滂沱,他一样步行几公里跑业务。

刘海丰(广东格式装饰文化投资发展有限公司总经理):作为业务员出身,本身资金就很有限。坦白来说,那时候认识我的人都很倒霉,一百块也好,五十块也好,借钱借钱。只要你认识我,你就很倒霉,我不断地借钱,有一年多的时间都是在靠借钱过日子。

跑了几年,摸熟了门,2002年底,刘海丰在大良环市路创办了自己的公司。说是公司,其实更像一个落脚点。

刘海丰(广东格式装饰文化投资发展有限公司总经理):2002年来顺德准备创业,我租的第一个办公的地方就是这里。办公、吃、住、仓库,全部人员都在这里面,开始我

的梦想。当时最艰苦的岁月也在这里走过。我记得很清楚，2002年刚开始的时候，有一天我们所有人身上加起来就只有两块钱。六个人只有两块钱，吃一餐，买两筒挂面，放很多盐巴，炒得很咸，这是我们最苦最难熬的日子。这样一路艰辛一路坎坷地走过来，走到了今天。这个地方我印象非常深，非常有感情。当时这旁边有个保安亭，每天晚上，我们没有任何的娱乐和夜生活，吃完晚饭就在这个保安亭陪着保安聊天，看着过往的行人来来往往。

出版著作，赚出第一桶金

当时的顺德还未被授予"中国涂料之乡"的称号，但改革开放的春风，已经吹旺了顺德的涂料工业。截至2004年底，顺德共有涂料企业260多家，年产量约占全国总产量的十分之一。面对一片大好的市场形势，刘海丰并不贪婪，他谨慎地选择了在涂料行业中被大多数同行视为"鸡肋"的艺术油漆工具，作为经营主体进行深耕。因为对他来说，有些东西比赚钱更重要。

刘海丰（广东格式装饰文化投资发展有限公司总经理）：行业的高度要做上来，不要让人家觉得你是卖涂料的，就是搬运工，就是油漆工。涂料也有艺术，涂料也可以表现出艺术氛围。所以在这个展厅里，我没有用一点大理石、瓷砖等其他的材料。地板是涂料，墙面是涂料，我就是想把涂料完全地、艺术化地展现出来。在这个空间里我实现了，我做到了。

李孝基（广东格式文化涂装俱乐部负责人）：今天我们来做的是一个科隆迪克的效果，一种复古的颜色和效果，它里面的效果有原色。这是加金的，这是加银的。科隆迪克的料相对会比较稠，所以我们可以用劈刀，还有可以用刷子两种方法施工。我们在施工的过程中，第一步先满板劈，越薄越好。

大家都知道，做艺术涂料是"三分料、七分工"，行业中有句话这么说。要把半成品的东西涂在墙上，通过人的因素把它表现成成品，这个服务难度非常大，对人的掌控，对技术的应用的掌控，对现场的把控，很多的问题。所以这个行业绝不是想象中这么美妙的行业，是需要付出很多、投入很多心思在里面的。但是因为自己喜欢，所以我义无反顾地在这个行业里面做。

创业难，独辟蹊径的创业更难。为了打开销路，刘海丰想编写一本小册子，向客户普及艺术涂料工具的用法。谁知道小册子越编越厚，2003年，400多页的《涂料与装饰技巧》出版了。

刘海丰（广东格式装饰文化投资发展有限公司总经理）：这本书里面主要是教了你很多工艺、很多方法。比如说我们做一个仿瓷砖的、仿石头纹的需要什么工具、什么材料，包括仿大理石等等。

刘海丰与瓦帕茵特英国代理商在英国会面　　刘海丰带领工具外贸销售团队参加德国科隆五金工具展，与澳洲客户合影　　刘海丰带领工具外贸销售团队参加沙特阿拉伯中国商品展，与驻沙特大使及当地客户合影

无心插柳柳成荫。这本书奠定了刘海丰在艺术涂料界的地位，为他赚来了第一桶金，更启发了他发明艺术涂料工具的思路。

刘海丰（广东格式装饰文化投资发展有限公司总经理）：这个产品叫"海绵印章"，2007年获得了专利产品，这是通过海绵发泡成型以后做成的图案。通过自己动手的方式，蘸一些涂料，像盖印子一样往墙上印，就形成一幅漂亮的墙纸的效果。可以有不同的方向。

看到没？是不是很简单？这个原理就像我们盖印子一样，盖戳一样，一个个往上盖。所以它要有饱满的吸漆功能。把油漆吸到海绵里面去，吸进去还要吐得出来。这个功能是我们的技术瓶颈，一直解决不了。我们用传统海绵，它的密度太低，吸进去了可以吸很多，但是印出来的时候，一下子全部吐出来，它就糊了，图案不清晰了。后来我们一班技术人员在一起交流讨论的时候，我们得到了一个启发，就是用高密度海绵发泡，用海绵发泡这个工艺来解决这个问题。在这个过程中，我们也经历很多配方测试、密度调节，达到什么密度最适合这个工艺、最适合我们的油漆。测试过程中花费了大量的人力物力，2006年开发成功，2007年得到国家新型技术专利。2008、2009年这个产品全世界风靡，那一年我们卖出了100多个货柜。

情定意大利高端艺术涂料

近年来，遭遇土地空间"瓶颈"和危化品生产政策的调控，顺德涂料的生产环节不断外移，涂料行业面临洗牌整合。2012年，刘海丰到欧洲寻找发展的新方向。在意大利，他遇到了心仪的合作品牌，但初次接触时对方似乎并不待见中国的企业。

刘海丰（广东格式装饰文化投资发展有限公司总经理）：我说我不是来复制产品的。我是来找品牌的，我是来跟你合作的。如果我想复制你的产品，我可以在市场上，买你一点货去山寨就行了，不用费十多个小时飞过来。他一听，觉得这个小伙子是他想要的人。

刘海丰对艺术涂料的热爱和专业，打动了意大利的同行。格式文化成为高端艺术涂料品牌的大中华区代理商，用产品更用服务开拓国内市场。

刘海丰（广东格式装饰文化投资发展有限公司总经理）：很多朋友听到我是做涂料的，就说无非是ICI立邦嘛，几十块钱一平方米而已。但我说我的涂料要800块、1000块，最贵的要4000多块一平方米的时候，他会很吃惊——"你抢啊、你土匪啊！"很吃惊。我会告诉他，我们现在做的事情不是单纯的涂料，而是一个服务体系。首先我的材料是意大利原装进口的。我是艺术涂料，这是一个。第二个我提供的服务是意大利的设计师给你配色，有意大利的人做施工团队的管控，我没有单纯地卖你一桶漆，卖你一点涂料这个概念。我是提供服务给你，这是中国目前最需要的服务概念。

当年的另辟蹊径，令穷小子成为涂料达人。面向未来，刘海丰依然坚定选择不随大流。

刘海丰（广东格式装饰文化投资发展有限公司总经理）：我们公司现在的定位就是做中国百分之一的人口的生意，这百分之一人口中的百分之一的市场，用非常高端的定位。因为艺术涂料需要有人去培育它，这个行业需要有人去培育。我也没有想过我的企业要做多大的规模。以后我想要一直在这个最细分的市场形成我最专业的东西，这就是我要做的事情。

我们给客户的承诺是"百分百的满意"。没有服务标准，只有一句话。一个企业要用我们这种胸怀坦诚去做事情，意味着我们要随时准备着承担所有的责任。我说业主也好、设计师也好，你不满意的情况下，我们推翻重来，做到你百分之百的满意。

"做到百分之百的满意！"多年来，格式的准则始终是坚持尊重环境，以技术和创新的力量，为社会提供具备革命性和功能性的环保产品，为客户提供一个成功而完美的解决方案。刘海丰说，格式文化要在统一的高水平服务系统上，整合国内外建材产品、工艺、技术、设计、人才、企业等优质资源，发掘产业价值空间，向更环保、规范和国际化的方向发展。这些，无不体现了刘海丰作为一个企业家满满的自信、有担当的社会责任感以及人文的情怀！

刘海丰与《新华月报》的编辑商讨关于格式开业的策划

2014年12月8日，格式文化旗下瓦帕茵特艺术涂料首次参加广州设计周展会

编导手记

走进格式文化的办公楼,你会想成为那里的一分子,钢琴、旋转楼梯、图书阁、陶瓷摆设、实木家具,装修并不奢华,但是有格调,有质感,有人情味。这正是他们的产品——艺术涂料想要带给客户的感觉。

格式文化的涂料定位于高端市场,销售足迹遍及全球50多个国家,然而它的领军者刘海丰先生并不是一名富二代。像很多商界传奇人物一样,刘海丰来自贫困的家庭,为了帮补家计,小小年纪便在寒冬里伐木卖钱。初到顺德打工时,全副家当也只有300元。这段白手起家的经历,让已然功成名就的刘海丰充满危机感。他一直"不安分",从卖涂料到出涂料专著,再到和国际知名品牌合作,他积极寻求资本运营合作的方法。刘海丰审视市场的眼光始终保持着敏捷和机警。

刘海丰的思维转速很快,和他对话时稍一走神就容易跟不上;刘海丰做事步调很快,时不时就能看到格式文化又有新举措;然而刘海丰的内心却很平静,说起父母,说起朋友,说起如何管理对待员工,他是如此真诚温厚。由于篇幅的限制,在剪辑《顺商传奇》的节目时,我舍弃了一个采访,那是刘海丰的员工讲述的,当年自己母亲突发重病,董事长如何真切关怀,慷慨解囊。

余秋雨说,成熟是一种明亮而不刺眼的光辉,一种圆润而不腻耳的音响,一种无须声张的厚实,一种并不陡峭的高度。40岁的刘海丰,担得起"成熟"二字。

印象企业

2003年7月,格式文化的前身——基士博涂刷设备公司在顺德大良环市北路荣兴楼二楼成立。

2005年12月,公司正式开始研发生产特效油漆工具。

2008年4月,珀特彩贸易有限公司在顺德大良正式成立。8月,基士博公司正式提出"最专业特效油漆工具OEM供应商"口号。

2009年4月,基士博公司乔迁至顺德容桂容里天富来工业城一期七座二楼。

2010年4月,基士博公司添置位于天富来工业城三期五座二楼的新厂房。

2012年1月,开始着手"格式文化"的VI设计、商标注册等事宜。

2012年5月,对容里居委会办公楼进行投标,并成功中标,开始为时一年半的装修。

2013年12月8日,总占地面积达到5000平方米,同时耗资700多万打造的格式文化高端建材运营体验中心落成庆典盛大举行。同时,格式文化成为意大利瓦帕茵特"VALPAINT"大中华区的唯一代理商,双方签订代理协议。

2014年,格式装饰文化投资发展有限公司旗下艺术品牌"VALPAINT"荣获2013年中国艺术涂料品牌奖;荣幸被中国涂料工业协会评为并颁发"中国艺术涂料奖";同时被顺德涂料商会评为"顺德涂料商会最具创新能力奖"。

07

创造财富，守护绿色

陈炳佳：回家乡种出好稻米

——稻香园米业香飘四海

20世纪八九十年代，以健力宝、太阳神为代表的"珠江水"，以克力架、苏打饼干、曲奇等洋名为特色的"广东粮"，都曾在中国食品市场独领风骚。而后随着珠三角制造业的兴起，"广东粮""珠江水"的江湖地位日渐受挫。近年来，广东省大力发展"米袋子""菜篮子"基地、农业龙头企业等，广东农产品再度崛起。

2004年，稻香园米业有限公司应运成立，这是一家从事优质水稻种植、生产、加工及销售优质大米的民营企业。"中国国际有机食品博览会金奖""第八届中国国际农产品交易会金奖""广东省著名商标"等荣誉记载了该公司走过的历程和创造的辉煌。

在崇尚绿色有机食材的今天，稻香园米业有限公司总经理陈炳佳打造出了一个堪称国家级的农业品牌，全情演绎了"草根米痴"到"创业明星"的传奇故事，让我们走近聆听这位"全国农村青年致富带头人"陈炳佳的"有米"事业。

随时随地想着"米"

陈炳佳说自己"耕"了几年田，脑袋中随时随地都想着"米"。这已经成了他的职业病，而做农业再也不是仅为谋生赚钱了。

陈炳佳（稻香园农业发展有限公司总经理）：随便拿一把米给我看，我都能讲出它的优点缺点。基本上去到超市，第一反应是看别人的米，去到农村第一时间是看水稻。

陈炳佳近来比较忙。他的稻香园农业发展有限公司在罗定租了7万多亩稻田，如今正是晚稻收成的季节。田间如火如荼，他每天兴奋又焦急地赶往不同的种植基地巡视。

广东省原副省长李容根（左一）、广东省农业厅厅长谢悦新（左三）、云浮市委书记黄强（左二）、云浮市委常委陈敏（右二）到稻香园农业发展有限公司视察

陈炳佳（稻香园农业发展有限公司总经理）：一下车，一呼吸空气，闻到稻香味，那种感觉是——你给多少钱，都是其次的。收割的时候，看到收割机突突地进行收割，然后一包一包的稻谷搬出来，那种感觉比数钱还兴奋！

就像守在手术室门外等待新生命降临的准爸爸，人人都沉浸在丰收的喜悦中，只有陈炳佳知道这一切来得多么不容易。

陈炳佳（稻香园农业发展有限公司总经理）：当初以为做米是很容易做的行业。后来等我跌倒了，才知做米不是那么简单。2009年，我几乎亏到倾家荡产。当初在农民手上收购稻谷，然后加工出售，以为就这样简单。其实不是，因为有些消费者这次买一袋米，跟下次买一袋米，如果（口感）不一样的时候，他会说你质量不行。其实不是质量不行，只是品种不同，品种混杂，所以觉得不一致，消费者很多时候会退货。

土地最为公道，奖勤罚懒，容不得取巧。陈炳佳试够了粗放式种植的失败，他拍拍身上的泥土，站起来，从头开始。

陈炳佳（稻香园农业发展有限公司总经理）：后来我想了个最笨的办法，就是自己花了几百万请推土机、钩机、铲车，把租来的田全部铲平，砌得一块块四四方方的，把排水渠、机耕路全部弄好，搞了自己公司第一块种植基地。

做中高端的生态稻米

土地平整了，农用机械代替了手工劳作。种植、加工、储存，整个流程实行标准化管理。统一种子、化肥，并实时进行气候检测、病虫害预警防控，用最先进的方式从事最古老的行业，陈炳佳的"笨方法"起了奇效，所生产的优质生态稻米面向中高端消费市场，每市斤售价8元至68元。公司年产值达1.6亿元。

广东省政协副主席梁伟发到罗定稻香园调研

陈炳佳（稻香园农业发展有限公司总经理）：这些稻谷干得差不多了，平时收割回来的湿谷从这里下去，经提升机上来，在里面运行大概6小时，基本上就符合标准水分了，就是干了，干了之后通过输送，带过去那边打包装，然后入仓。

和别人谈论起米的时候，陈炳佳不只是农民，还是企业家，更是专家。

陈炳佳（稻香园农业发展有限公司总经理）：我当初对种植稻米不了解，我会走遍全省各地，有优质米的地方，我会去搜罗别人的品种、种植方法。我买了很多电饭煲回来试，去到每一个地方，我车上都会装很多仪器，测试别人的水源、土壤、空气、肥料、品种。

周道金（叶面肥农技员）：效果怎么样啊？

陈炳佳（稻香园农业发展有限公司总经理）：今天我把测出来的数据做了汇总。这边有两块田，这块田测了7平方米，那块田也测了7平方米，这块田是用了化肥的。测了之后你看看这个色泽，这个好像是效果好一点点，它的金黄率高一点，也就是饱满度会高一点。这个青籽比较多，也就是饱满率不是很高，明天再测一下。千粒重是多少？对比一下千粒重，有对比的话，就证明它的结实率有多高，最好还再测一下株粒数，每一株有多少粒。

周道金（叶面肥农技员）：他让我们明天做一个千粒重测试。作为一个技术员，我都没有想到这么细，我觉得陈总这个人，在他种植的水稻这块了解得非常清楚，在专业这块，对水稻了解非常深透，应该是专业的人。

顺德人说"行不行？不行回顺德"，罗定也有句类似的俗语："干不好，回乡下耕田。"

陈炳佳（稻香园农业发展有限公司总经理）：其实做农业最辛苦的是要埋心下去，要实实在在去做，没虚假。因为做农业要看天吃饭，不能逆天意，要顺天意，才能赚到一口吃的。可能由于我慢慢爱上做农业，喜欢做农业，上瘾了，做得好不好这个变成第一。赚多少钱，反而变成了第二。

卑微生存，努力活着

除了三洪奇桥桥底，伦教的公园、大良的华盖路，还有龙江里海、勒流黄连，都曾经是陈炳佳流浪时的"家"。

陈炳佳（稻香园农业发展有限公司总经理）：现在三洪奇大桥桥底漂亮了好多，搞好了绿化，卫生也搞得好。我以前就是睡在这个桥墩，晚上脱了唯一的一套衣服，晚上晾干，第二天又穿。我在这个桥墩睡了有两三个月。

他清楚地记得，从罗定离家出走来到顺德那天是1984年的正月廿二，那时，他刚刚满12岁。

陈炳佳（稻香园农业发展有限公司总经理）：我读三年级的时候老爸死了，我妈一个寡妇带着七个小孩，是非常艰难的生活。家里交得起学费交不起伙食费，所以觉得读书没意义，活命最重要，我才决定离家出走，自己去创一番天地。

流浪了9个月之后，龙江一间家庭作坊家具厂收留了陈炳佳。凭着聪颖的天资和拼搏的精神，他从油漆学徒做到管理，再转做销售。1990年，18岁的陈炳佳已经月薪5000元，并且拥有自己的本田摩托车和大哥大。

陈炳佳（稻香园农业发展有限公司总经理）：其实对于我刚刚来顺德的流浪经历，我认为是我人生最大的财富。如果我没有这段经历，也没有今时今日。因为我现在遇到什么困难、挫折，我都觉得是小菜一碟，怎样都比不上我刚来顺德时流浪艰难。

做着"打工皇帝"的同时，陈炳佳还废寝忘食地经营着自己的清洁公司。车上放一条被子、一箱水、一袋面包，业务繁忙的时候，去到哪就吃到哪睡到哪。到了2005年，陈炳佳的美而居清洁公司在珠三角地区拥有12间分公司、几千名员工。就在这时候，他决定回收资金，急流勇退。

陈炳佳（稻香园农业发展有限公司总经理）：权哥，我们来看你了！

权哥（陈炳佳朋友）：你好，你好！

陈炳佳（稻香园农业发展有限公司总经理）：我原本做清洁行业，现在转做农业都是因为权哥提点。说起来是时候转型，因为清洁行业是劳动密集型，而且没什么技术可言，甚至称不上"行业"，人人都能做到的。权哥提点我说现在不同往前，实业始终比服务业好一点。

权哥（陈炳佳朋友）：我觉得他是一个很有抱负的年轻人，所以在这样的时代，这样的人在这个社会，他很努力，很有事业心，也很有社会责任心，所以我相信他能做得好。

2012年12月，稻香园农业发展有限公司作为全国唯一一家高端大米企业代表，赴世界高端大米生产国泰国进行交流。稻香园农业发展有限公司总经理陈炳佳获得时任总理英拉的接见和肯定

好米6稻

红色澳丝米

绿色澳丝米

情定稻米，反哺故土

前辈的金玉良言惊醒了陈炳佳。他意识到世易时移，做生意不再是心口贴个"勇"字往前冲这么简单。经过慎重的思考，拿着精简清洁公司回收的资金，陈炳佳回到家乡罗定，开始种植稻米，而这次和农业的"偶遇"，令他"情定终身"。

陈炳佳（稻香园农业发展有限公司总经理）：其实做农业，我感觉会上瘾，和做其他行业有很大区别。例如服务行业我做过了，制造业我又做过，现在回复到做农业。农业是第一产业，我觉得做其他的第二、第三产业会觉得很枯燥，做农业会上瘾的原因是，我每天都会产生变化，而且到收获的时候，成就感比赚多少钱更大，而且会很兴奋。例如我种水稻从育种开始，过几天去看看会长高些，再过几天去看看又好些，再过一段时间开花了，接着又灌浆了。现在是收获的季节，是很兴奋的，尤其是收割的时候，那种兴奋，那种成就感，很难用语言去表达。

稻香园专门从事稻米种植生产、加工销售，目前已有核心区面积5000亩，包括1000亩有机食品基地，每年生产的700吨有机米主要销往珠三角。稻香园还辐射带动罗定10个镇街发展绿色食品原料（水稻）标准化生产优质稻基地20.13万亩。

陈炳佳（稻香园农业发展有限公司总经理）：没可能做事业会一帆风顺的，一定会有困难的时候，一定会有低谷的时候，只能去解决问题。每一次转型肯定有困难，等做到顺景的时候，公司可能就这样了，不能再发展了。只有每天产生很多问题，很多困难，我认为你的公司才在发展。没有困难，没有问题的时候，就是公司在走下坡路的时候。

经过多年的发展，公司生产的"聚龙牌"优质大米经国家绿色食品发展中心认证，认定为"绿色食品"。"我从小独自在异乡闯荡，19岁开始创业，30岁赚取人生第一桶金。回到家乡的时候，我发现我的家乡依旧很艰苦。浓厚的家乡情结激发了我第二次创业的冲动，我的二次创业目标就是：要带领家乡农民发家致富！"这是陈炳佳在参加由南方报业集团和中国邮政储蓄银行主办的"2011创富大赛"演讲中的开场白。

企业荣誉

热爱,是陈炳佳取得成功的全部秘密!热爱家乡,热爱生命,热爱自己的事业,坚持不懈,永不言败!祝福陈炳佳和他的稻香园米业香飘四海!飞得更高更远!

编导手记

陈炳佳先生是真正能担当起"传奇"这个宏大形容的人物。今年43岁正值壮年的他,前半生经历的曲折,比一般人一辈子经历的还多。睡过桥底,做过油漆学徒,当过"打工皇帝",企业做得风生水起,突然又"回乡下耕田"。转行快,不单是因为年少气盛,更因为陈先生脑筋转得快。他记忆力相当好,对细节的表述非常清晰,属于谋划和执行同样出色的牛人。谁要和他聊上几句,应该都可以立刻感受到他有多么聪明。

聪明人不可怕,可怕的是聪明人肯下笨功夫。为了种出最好吃的大米,陈炳佳带着电饭煲走遍全省,"哪儿有米去哪儿",研究水土、气候、种类、肥料、煮饭的水量、温度、时间,直至成为农技员都竖起大拇指夸奖的"稻米专家"。

陈先生的厉害之处,还不单是肯低头做个农民,潜心研究稻米种植。更在于他懂得抬头,以商人的眼光考量经营。他不惜重本为租来的土地做好基建,把普通农田建成种植基地,用农用机械代替手工劳作,实行标准化管理,用最先进的方式从事最古老的行业。

陈炳佳走在稻田中,头戴草帽,皮肤被晒得黝黑发亮,表情那么悠然、那么满足,仿佛一直生长在农地田间,从未经历过城市的喧嚣、人世的艰辛。

身边常常有人抱怨生活的各种不易,人生多么艰辛。其实想想,或许是我们对自己太好了,不舍得委屈自己。我们看到了别人身上的灼灼星光,却看不到背光的地方、来时的路上有多少辛酸血泪,有多少沉重脚印。

印象企业

2007年，9月，罗定稻香园获得广东省级农业标准化示范区称号。

2008年，罗定稻香园获得广东省健康农业科技示范基地称号；8月，原广东省副省长李容根、广东省农业厅厅长谢悦新、云浮市委书记黄强、云浮市委常委陈敏到公司视察；12月，罗定稻香园获得省级现代化农业园区称号。

2009年，8月，罗定稻香园获得云浮市科学技术奖励证书。

2010年，1月，罗定稻香园"聚龙"澳丝米获得广东省名牌产品称号；6月，罗定稻香园获得第二届广东优秀民营科技企业称号；10月，罗定稻香园"聚龙"澳丝米荣获第八届中国国际农产品交易会金奖；12月，陈炳佳获得第七届"全国农村青年致富带头人"荣誉称号。

2011年，5月，罗定稻香园"聚龙"澳丝米获得绿色食品认证证书，"聚龙"米获第五届中国国际有机食品博览会金奖；12月，罗定稻香园荣获中国邮政储蓄银行创富先锋奖。

2012年，9月，罗定稻香园"聚龙"澳丝米获得广东省名牌产品证书；10月，由公司倡议主导的"罗定稻米节"成功举办；11月，副省长刘昆察看罗定市稻香园聚龙米生产情况；罗定稻香园获得广东省农业龙头企业称号。12月，公司作为全国唯一一家高端大米企业代表，赴世界高端大米生产国泰国进行交流，公司总经理陈炳佳获得时任总理英拉的接见和肯定。

2013年，1月，罗定稻香园"聚龙"有机米获得广东省著名商标证书；7月，广东省委常委、省纪委书记黄先耀到罗定稻香园调研；9月，广东省政协副主席梁伟发到罗定稻香园调研；11月，广东省副省长邓海光到罗定稻香园公司视察指导工作；12月，罗定稻香园获得罗定市科学技术进步奖励证书。

2014年，1月，政治局委员、广东省委书记胡春华到罗定稻香园视察；5月，罗定稻香园"聚龙"澳丝米、澳丝粘、桂香粘、替香粘获得绿色食品认证证书；7月，罗定稻香园"聚龙"有机米、水稻获得有机转换产品认证证书。

2015年3月，广东省委副书记马兴瑞在云浮市委书记庞国梅陪同下，考察罗定稻香园现代农业生产情况。

陈仲信：做龟苗是良心事业
——仲信养龟力到自为财

每个行业有每个行业所面临的难处，对于养殖户来说，养龟可能比种植蔬菜、水果类更难，因为养龟更讲究的是个生命体，养殖的时间又长，需要养殖户胆大而心细。

来自台湾的陈仲信是一位养龟达人，同时也是一家台资企业的老板，还是乐善好施的大慈善家。20世纪90年代，陈仲信看到甲鱼消费市场的前景，就来到福建，开始从事甲鱼苗的生意，而后转战顺德容桂开办养殖场，亲力亲为。十几年前，陈仲信将甲鱼养殖场移到珠海斗门，专心龟苗的繁殖技术。目前，陈仲信的种龟场是中国大陆名列前茅的最具规模龟苗场，整个养殖场约有400亩，育有种龟15万只，每年可繁殖120万只中华花龟（俗名草龟）苗。此外，养殖场每年还孵化50万只巴西龟苗。他的龟苗安心可靠，让广大农民朋友受益，帮助了许多农民走上致富的道路。

除了养殖场老板的身份外，陈仲信还是广东顺德台商会、广东省龟鳖协会、中山市龟鳖协会、顺德龟鳖协会的副会长，参与了数十个民间团体、行业协会、农业组织等，积极交流与探讨行业难题，在龟养殖行业中给予养殖户们许多有用的信息和技术支持。

一个台湾老板缘何钟情龟苗？且听陈仲信的创业故事。

顺德台商协会第七届理监事就职典礼会员合影

从药材生意转做龟鳖养殖

陈仲信属于那种你接触过一次，便很久都不会忘记的人。他身材魁梧，却操着一口软绵绵的夹杂着广东话的台湾腔国语，这一富有特色的口音，源于陈仲信的经历。

在来大陆之前，陈仲信在台湾从事中药材生意，后来到东南亚等地做龟板和龟壳的生意。20世纪90年代，大陆对甲鱼的消费开始慢慢地热络起来，陈仲信看到这个市场前景，觉得应该会比中药材更有发展潜力。于是，1991年，他来到福建，开始从事甲鱼苗的生意。由于当时大陆农民争相养殖甲鱼，但甲鱼苗数量很少，他就从台湾引进甲鱼苗来大陆。1995年，陈仲信在顺德容桂建起了养殖场。2003年，他将甲鱼养殖场移到广东珠海市斗门区白蕉镇，专心龟苗的繁殖技术。

陈仲信（珠海仲信龟养殖专业合作社社长）：当时来到这边的时候，路是一来一去。现在已经有八个车道，当时周遭都是农田鱼塘，一天可能只有几部车经过这条路，现在的话车水马龙。

养水鱼的日子很辛苦。水鱼一旦发病，死亡数会呈几何倍增长，需要花费大量心思和时间天天仔细观察。好不容易养大了，更要不分昼夜地看护好。

陈仲信（珠海仲信龟养殖专业合作社社长）：以鱼塘为家，最辛苦的就是养到大。养到大概一斤八九两七八两时，晚上都睡不着觉。你不卖别人帮你卖，就是小偷。所以累积到卖龟的时候，没有看好的话，人家来偷就偷了一大堆，所以说农民真的是辛苦。

寻找最佳孵化方式

辛苦倒在其次。更煎熬的是当时在国内，孵化龟鳖苗行业刚刚起步，要做好这个行业的先行者，注定荆棘满路。

陈仲信（珠海仲信龟养殖专业合作社社长）：说起来很好笑，当时国内龟的孵化少之又少。1995年到1996年这段时间，一年产了十几万的蛋，出了四只苗，不懂得孵化。以前孵化都是土方法，孵在地上占地又大，用沙用土孵化，温度太高，会全部闷死。

这一年的惨痛教训并没有让陈仲信放弃。他甚至认为，这不是失败，而是成功必经的路。他开始四处寻找更先进的孵化方式，一边实践，一边改进。

陈仲信（珠海仲信龟养殖专业合作社社长）：偶然的机会，碰到陈村那边搞园艺的朋友，我就问他，有什么东西比较保湿保水的？他就跟我介绍那个蛭石，就这样慢慢去琢磨，琢磨了一两年，孵化率一下子变很高，在受精的前提之下，至少都会孵化八成多九成。

找对了材料还远远未够，经过无数次的实践，陈仲信发现，蛭石在使用之前需要提前一到两天淋水，淋完水后还要时不时搅动，把湿度调整到最佳状态。而这些不知道用多少汗水才换回来的点滴经验并没有成为陈仲信的商业机密，相反地，同行向他请教孵苗的问题时，他知不无言。

陈仲信（珠海仲信龟养殖专业合作社社长）：我是农民来着，不会想那么多的。一传十十传百，张扬出去的话也有好处。我们技术也不用怎么保留，大家同行互相沟通交流，要教你怎么做怎么做，几乎都可以孵得出来，有竞争才会有进步。

2008年加入珠海市流通商品协会担任副会长

在顺德接近十年，他奠定了自己在龟鳖行业的地位，也和一班农民从客户做成了朋友。

陈仲信（珠海仲信龟养殖专业合作社社长）：广东这边的养殖技术，尤其是我们顺德这边的农民，脑袋瓜很管用。突破它的传统性，把质量养得更好，这是一个非常不争的事实。同行业当中，广东的顺德在养殖方面真的是大家都俯首称臣。

这个是六线草中华花龟，大概1万只母龟，公龟的话有7000亩，养了十几年了。早晚就开着车，这样走来走去。

养殖事务，亲力亲为

2003年，陈仲信把养殖场搬到了珠海。陈仲信的红色楼房，是珠海斗门区白蕉镇六乡的地标建筑。说是地标，不单是因为它颜色鲜艳，更因为这栋楼后面有占地整整300亩、相当于28个足球场那么大的养殖场。阳春三月草长莺飞，歇息了整整一个冬季的乌龟们精力充沛，纷纷爬上岸边产卵。相应地，每天早上5点多，龟场老板陈仲信就起身干活，巡场一周后，陈仲信拿起锄头，挽起衣袖，和工人们一起挖蛋捡蛋。

陈仲信（珠海仲信龟养殖专业合作社社长）：一般有蛋的话，都是一大块土。这个土都是一大块，挖上来就不会破坏它的蛋。如果在野外的话，这个湿度可以保护到它，60天以后出壳，就刚才的湿度。

作为一家企业的老板，通常需要雇用员工组建管理层，使企业事务的处理更有效率，从而让企业正常有序地进行运转。对于大多数台商来说，凡是有企业的，都必有自己的管理层以及职能部门。然而，在陈仲信的养殖场只有员工和老板。陈仲信既是老板又是员工，凡是涉及养殖场的事务他都亲自参与。

陈仲信出席赣台经贸合作研讨会开幕式

陈仲信（珠海仲信龟养殖专业合作社社长）：（别人）当老板是在办公室吹空调看报表。我做老板的话是到养殖场里面看看哪个细节有问题，去发现问题，去处理问题，减少损失。就是赚钱，也是终究一句话——力不到不为财。

龟场里每天能产出数万颗蛋，这些蛋会在第一时间被送进孵化室，这个又闷又热的孵化室正是龟蛋能否出苗的关键，也是陈仲信的用心所在。

陈仲信（珠海仲信龟养殖专业合作社社长）：这个温度的话，一般都保持在大概32摄氏度。中华花龟有一个特性，就是母龟大得快。母龟在温室里面养殖一年，可以达到一斤半到一斤九。公龟一年只出来三两，这个温度调整到32摄氏度的话，一般出来的比例大概是八成母的、两成公的。然后工人现在操作的话，原则上空调也没有关，还是在32摄氏度的环境里面去挑选这个蛋。

为了保障农民的最大利益，陈仲信不惜成本，严格控制孵化室的温度，这使得他的苗非常受农民欢迎。"心存善念，养殖才能成功。"这是陈仲信经常说的一句话，在他看来，心存善念，自己的生意才会更加兴隆。

陈仲信（珠海仲信龟养殖专业合作社社长）：做苗种也是良心事业。农民是非常可爱的，只要农民赚到钱，别人再怎么吹再怎么讲他的苗，都抢不走你这个客户。农民挣到钱你永远是大哥。有一次一个农民卖水鱼赚了钱，他再怎么讲都叫我一定要过去，泥巴地，坐下来，席地而坐，炒个小菜，喝米酒喝得高高兴兴的。我是感觉到农民赚了钱，不管请你吃什么，你心里面的那种高兴都不知道怎么去讲。

心存善念，多行善举

陈仲信乐善好施，行事非常低调，他先后在广东、福建等地捐资数百万元用于兴学修路办公益事业。几年前的一次偶然机会，在福建莆田朋友的推荐下，他到新县夹祭草堂观光，当听说当地小学办学条件非常简陋时，他主动捐资帮助新建教学楼，并添置了电脑。他现在珠海当地还资助着十几位学生。

陈仲信（珠海仲信龟养殖专业合作社社长）：我不是很有钱，只是我有这个心，只是我有心对这个慈善事业，我都有想去做，自己有生之年去贡献，回馈社会。取之于社会，用之于社会。

在陈仲信的办公室里，除了各式各样龟的雕塑，还挂了满满一墙的助学、扶老等的锦旗。这些年来，陈仲信在海峡两岸频行善举，自己也记不清楚究竟投入了多少金钱在慈善事业中。

陈仲信平时爱好打高尔夫

陈仲信（珠海仲信龟养殖专业合作社社长）：自己的财富再多，生不带来死不带去。只是说我们的财富留下来的是钱财，还是把这些技术、把你懂的传承给下一代。你传承给下一代，这才是真正的财富。

走出养殖场之外，陈仲信还有很多协会——龟鳖协会、台商协会等，他希望能通过这些平台，更大限度地促进行业交流。如今，他名成利就，内心却一直有个遗憾，遗憾的是台湾还在坚持30年前养水鱼的模式。

陈仲信（珠海仲信龟养殖专业合作社社长）：在大陆养水鱼、养龟的技术一直在突破。遗憾的是在台湾，30年前的养甲鱼、养水鱼的这种模式，现在更惨，往后退。总之应该做的我尽量去做，但是一个人的能耐有限。

有空的时候，陈仲信会静静地坐在龟场，看着这些陪伴了他半辈子的小伙伴。古人云：五十知天命。如今的陈仲信依然勤奋，心态却更轻松坦然。

编导手记

陈仲信先生颠覆了我对台湾人的固有印象。他身材高大魁梧,行事做派也非常男子气概。在慈善晚会上,他会反复举牌,不惜以最高价拍得心头好。高价拍得的心头好是一幅用来送给父亲的祝寿图。同时,他又很传统,说话温文尔雅,有耐性,爱逗小朋友玩。

采访陈先生的过程中,他有两句话给我留下了深刻印象,一是"我是干工的"。这是他的口头禅,虽然是很多人口中的"陈老板",但他的自我定位特别实在,每天巡场,亲自捡蛋、送货、铲料,和龟农交流,耐劳肯干。第二句话是"做龟苗是良心事业"。龟的性别可以通过调节龟蛋孵化时的温度来控制。为了让龟农得到更多的利益,陈先生严格控制孵化室的温度,让龟苗的公母比例达到2:8。因此,他的苗也特别受龟农的欢迎。

陈先生办公室的墙上挂了一圈扶老助残的锦旗,书架上也有不少与慈善有关的牌匾。而他最喜欢的是一个毫不起眼甚至可说是简陋的木笔筒。笔筒上用稚嫩的笔触刻着这样几个字:"文笔学子心藏仲信先生"。陈先生告诉我,他做慈善有自己的方式。他喜欢自己去看、去找、去判断哪些是真正需要帮助的人,然后一对一地帮助,而不是通过第三方机构泛泛地捐赠。他希望他的帮助能落到实处,希望不单从金钱上,更从心灵、信念上帮到他人。

最能显示我们真性情的,往往不是能力,而是抉择,陈仲信先生正是用他的行动诠释了何谓"善"。

印象企业

1991年,陈仲信从台湾引进甲鱼苗,在福建开始从事甲鱼苗的生意。

1995年,陈仲信在顺德容桂建起了养殖场。

2003年,陈仲信将甲鱼养殖场移到广东珠海市斗门区白蕉镇。发展至今,整个养殖场约有400亩,育有种龟15万只,每年可孵化50万只巴西龟苗,繁殖120万只中华花龟(俗名草龟)苗。

林锦根：市场决定产品
——宏信农业抢占龟养殖先机

问起养龟行家林锦根的生意经，他总是很淡定地说："我们生产单位，要不断贴近市场，捕捉市场信息，掌握市场先机，只有这样才能立于不败之地。"一句简单的话，做市场，最终还是做市场，这是他从事龟鳖养殖行业20年得来的宝贵经验。

20年前，林锦根创办了伦教宏信农场，专门从事龟鳖业的养殖。这所农场地处经济发达的珠江三角洲腹地顺德。顺德地理位置优越，养殖业发展逢勃，是全国著名的养殖基地。在林锦根的苦心经营下，宏信农场已是目前珠江三角洲规模较大的龟鳖孵育场，年产巴西彩龟苗约30万只，鳄龟苗2万多只，年经营甲鱼苗、甲鱼蛋2000万只，另外还与国外多家水产企业保持长期的合作伙伴关系，向客户提供美国原产巴西龟苗及种龟、美国鳄龟苗及种龟和其他国家或地区的龟苗，产品深受珠江三角洲、江浙一带养殖户的欢迎，并畅销国内各大观赏市场，在行业中享有较高的信誉。

林锦根原本可以端起"铁饭碗"安稳度日的，他缘何选择当起了农民？今天，让我们走进伦教宏信农场，看一看他费心经营的神奇的龟鳖世界。

打破"铁饭碗"下海搏杀

和很多养殖户不同，林锦根本来是"读书人"。大学毕业之后他被分配到市农业部门做公务员，20世纪90年代初期，中国兴起了甲鱼热，价格最高的时候，一斤甲鱼可以卖到几百元。年轻的林锦根放弃了安稳的工作，带着不多的积蓄，下海搏杀。

林锦根（宏信农业开发有限公司总经理）：这是我们在2003年开始转型的鳄鱼龟品种，它原产美国。为什么叫鳄鱼龟呢？可能是刚引进的时候觉得它跟鳄鱼比较相似。你看它的尾巴是不是像鳄鱼？还有它的头、背，而且它的特点是比较凶猛的。在龟类中出肉率比较高，有80%都是肉。

然而没有想到的是，甜头没尝到，却买了个大教训。

林锦根（宏信农业开发有限公司总经理）：1994年左右，肇庆那边有个商家，

公司和印度尼西亚棉兰市（Medan）林氏水产公司进行技术合作与"中南半岛大鳖"人工繁殖研究

他通过《羊城晚报》发广告，提供甲鱼苗，要签合同，给订金，半个月后供货。报纸上说的是1到2两的甲鱼苗，多少钱一斤。但写合同的时候，却是1至6两还是1至8两。我们当时说不行，这么大只。他说合同归合同，实际我会按照1到2两来给你。

说了一段时间，我们没经验，不知道怎样就相信了他，到最后供货的时候，果然都是给我们七八两的，一来一回这件事情，我们每人亏了五六万元，五六万元放在现在不觉得是什么钱，很容易就挣回来的。但在当时，大概1994、1995年，五六万元真的是很大的一笔钱，而且我们又是刚刚起步的，对我们来说是当头一棒。

碰到这个挫折之后，自己整个人像崩溃了一样，之后在家里睡了一个星期，一个星期没出门，没斗志，整个人像打了败仗。但最后想来想去，继续这样下去也不是办法，慢慢又振作起来，继续走下去。

打击虽大，但最重要的是，眼泪没有白流，从此"诚信"成为林锦根时刻谨记的原则。也是凭借"诚信"二字，并没有多少本金的林锦根通过赊货出售后再还钱的形式，慢慢在行业里立稳了脚跟。21世纪初，江浙一带温室甲鱼养殖量大幅增加，甲鱼价格从原来的几百元一斤跌到十几元一斤，林锦根敏锐地察觉到市场的变化，他开始通过当时还未普及的互联网向外寻找商机。

林锦根（宏信农业开发有限公司总经理）：我记得我是顺德第一批互联网用户。当时我还是在顺德中心公园开户，当然那时的互联网没有光纤什么的，都是用电话拨号上网，速度慢得可怜，网站也没几个。我们在顺德是比较早做公司网站的，比较早那批，做了之后确实有用。当时我们有中英文两个版面，很多外国客商，美国的，从英文版面上通过互联网找到我们，成为客户。

客户：这些是刚刚到的货吗？是美国那些吗？先看看。

林锦根（宏信农业开发有限公司总经理）：FFR。这些是佛鳄，这些是红肚。

引进鳄龟，尝到甜头

从国外引进的鳄龟虽然凶猛貌丑，但营养价值高、滋阴补血，而且龟肉细腻鲜美，所以非常受食客的欢迎。林锦根也因此尝到了这种新兴食材鲜美的"头一啖汤"。

林锦根（宏信农业开发有限公司总经理）：这里看它的痕迹就像有一窝蛋。我们挖挖看是不是，要小心点。开始如果用力过猛，很容易挖破。见到了。我们捡蛋的时候，要保持向上的位置不能变，旋转可以，不能翻转。捡蛋看起来简单，其实也是有秘诀的。俗语说就是窗户纸，你知道了，捅破了就很简单。

央视CCTV-7《农广天地》到公司拍摄

我们最早的时候，不是刚才这样捡蛋的，就是拿个篮子，把蛋不分方向，全部捡到篮子里，到最后孵化率非常低，只有两三成、三四成。我们摸索了两三年，开始时的改进是听人家说，我们当天生当天捡蛋是不行的，要等三天后，我们相信了。就把第一天生的蛋先用竹子标记后，不捡。另外还有个问题，如果产蛋场小的话，第二天、第三天龟上来生蛋，很容易把第一天已经产下的蛋挖烂。之后我们又想了个办法，就是把之前产的蛋用瓦片压着，第二天、第三天的也用瓦片压着，第四天才拿开。用瓦片压着的，龟就不会在瓦片下再生。纵使这样，搞到这么复杂的效果，最后也不能让人满意。

最后通过美国朋友翻译他们的资料，参考我们自己的实际，最后我们就发觉，捡蛋的时候一定不要旋转，就是水平旋转问题不大，尽量不要把蛋翻转，什么时候捡蛋根本是没分别的。

林锦根手上拿着的这只并不是普通鳄龟，它叫佛州亚种，数量少，而且头刺、背线都非常有特色。除了食用之外，还很受到观赏人士的追捧。三年前，林锦根把它从美国佛罗里达州引进中国。

林锦根（宏信农业开发有限公司总经理）：这只龟有十斤零九两，都不算小。我自己这20年在龟鳖行业的发展，大的品种经过三四个转变。最早从甲鱼到鳄龟、珍珠鳖，现在是佛鳄龟，以及这两三年兴起的进口品种。

依托顺德独特的气候水土条件和优越的地理位置，林锦根的宏信农业开发有限公司成为全国著名的龟鳖养殖基地和龟鳖集散地，年产鳄龟苗、珍珠鳖苗、黄喉水龟苗、黄缘盒龟苗等十万多只。

公司赞助"2015世界名龟科普养殖交流展",大力支持慈善拍卖

林锦根(宏信农业开发有限公司总经理):你们有没发现,我们场边种了很多芭蕉树,为何要种芭蕉树呢?它有几个作用,首先我们产蛋的地方是开放式的,如果开放的话,龟会比较喜欢。第二个就是龟比较喜欢在芭蕉树头产蛋,而且种芭蕉树可以改善小气候。特别天热的时候,鳄龟是怕热的,产出来的芭蕉可以作为陆龟的饲料,其实是一物几用。

蕉基龟塘的理念,和桑基鱼塘如出一辙。顺德人的聪慧和淳朴,在林锦根身上一脉相承。相比起声色犬马、觥筹交错的经商方式,他更注重学习和思考,修好内功。

林锦根(宏信农业开发有限公司总经理):我的经商理念,用很多人的话来说就是比较保守,但你也看到我办公室挂的牌匾"积跬步而至千里",意思是脚踏实地,一步一个脚印。虽然速度可能慢一点,但我可以不断前行,少走弯路。要做精点,不求做大,一定要做强。我就是这个理念。

与龟苦乐相伴 20 年

有空的时候,林锦根会约上三五知己外出采风。对他来说,摄影既是能让人放松心情的爱好,也是一门迷人的学问。

林锦根(宏信农业开发有限公司总经理):你好,欢迎。这是石门公园。环境挺好的,这个景色我经常见到,种油菜花的时候特别漂亮。

摄影是很高深的学问。要拍得漂亮,很多东西要思考。我买一样的相机设备,为什么我拍得没那么好?就是这种求真、疑问的精神,让我慢慢爱上摄影。

有人养龟为怡情养性，有人养龟求一夜暴富。20年来，林锦根与龟苦乐相伴，任市场如何风云变幻，他自屹然挺立，谋定而后动。

林锦根（宏信农业开发有限公司总经理）：总的一句，就是我们生产单位，要不断贴近市场，捕捉市场信息，掌握市场先机，只有这样才能立于不败之地。

中国渔业协会龟鳖产业分会理事单位证书

这，就是从事龟鳖养殖行业20年的林锦根的生意经。

古语云："谋定而后动，制敌于不察"，就是采取行动之前必须全方位地考察敌我力量的对比，制订详细的作战计划，方能有制胜之道。

林锦根从事龟鳖养殖行业20年，从不张扬，低调又务实地在经济的浪潮里稳打稳扎，在无声的喝彩中默默耕耘，在行业的风雨中悄然成长。祝愿宏信农业开发有限公司在林锦根带领下不断乘风破浪，驶向更为辉煌的明天！

编导手记

龙洲公路上，车辆川流不息，忙碌喧嚣。往南侧一转，却是鱼塘交错，一片宁静开阔的水乡景致。宏信农产便是坐落在这片鱼塘的深处。第一次去拜访林锦根先生的人，相信都会像我一样，在入门前，内心已被波光微风和低头觅食的牛羊所安抚，平静下来了。

林锦根的农场是标准的顺德本地人的"梦想"，有几口鱼塘，养龟养鱼，塘边种上一圈果树，比如大蕉，再见缝插针地种些瓜果青菜，鸡犬之声相闻，颇有古风。

无怪乎林先生身上总有一股静气，和人交谈的时候，他实在、平和、坦荡，给人一种无可言说的亲切感。有空的时候，他会看看书，参悟星云大师的禅语，也会约上三五好友外出采风，认真讨论光圈景深构图。

心静，目光自然更澄亮。进入养殖行业20年来，林先生对市场上的风吹草动非常敏感，从主营甲鱼转攻鳄龟，再到近年来大卖的佛州鳄龟，每一次变化皆是贴近市场，而又领先市场。最让人惊喜的是，虽然每天穿着水鞋行走于田间，但林锦根并不是只会低头干活的农民，他热衷于尝试各种新潮的电子产品，他是顺德第一代互联网用户，他的龟苗通过英文电邮从国外进货，再通过微信、网页等互联网、手机终端直接销售。

静与动如水墨画，动静皆宜，虚实结合，恰是人生的高境界。

印象企业

1992年10月,林锦根离开原行政单位下海创业,从事甲鱼苗进口的业务。

1993年10月,在马家军中长跑几破世界纪录的刺激下,国内的甲鱼价格达到最高峰,甲鱼苗的生意一片红火。

1994—2005年,甲鱼苗销售规模保持在广东地区第一,最大销量达每年5000万只。

2005年,宏信公司成立,同年引入美国佛罗里达鳖原种进行人工繁殖,是国内最先引进该品种的养殖公司。

2006—2009年,佛罗里达鳖在公司人工繁殖成功,是国内最早提供子一代佛罗里达苗给国内养殖户的公司。

2010年4月,公司和印度尼西亚棉兰市(Medan)林氏水产公司进行技术合作,进行"中南半岛大鳖"人工繁殖研究。10月,率先引进美国佛罗里达红肚龟进行人工繁殖。

2012年,中央电视台农业频道CCTV-7《致富经》对公司拍摄,影片播放。

2013年,中央电视台农业频道CCTV-7《每日农经》对公司拍摄,影片播放。2月,获评"中国渔业协会龟鳖产业分会第一届理事会"理事单位。

2014年,中央电视台农业频道CCTV-7《农广天地》对公司拍摄,影片播放。

2015年,公司赞助顺德金顺龟鳖合作社主办"世界名龟科普展",大力支持慈善拍卖会。

08

创造品牌，弘扬精神

马德安：为网球而坚持
——乡村之星致力网球事业

年过四十，他依然初心不改，一直痴迷于网球；生存和爱好，他将两者巧妙地融合；在网球兴起的年代，他凭借自己的努力与智慧闯出一片天地——他，就是顺德乡村之星体育推广有限公司董事长马德安。从一个网球爱好者，到网球俱乐部老板，助力快乐网球的推广，马德安稳步构筑着自己的网球梦。

在顺德，只要说到网球圈子，大家都会想起马德安。从读大学起，马德安就和网球结下不解之缘，因为痴迷这项运动，毕业后他把这个爱好带回了顺德。当时在大良，连个像样的网球场都没有，马德安仍然在简陋不堪的环境下坚持打网球，并将网球运动逐渐在顺德推广。多年来，马德安致力于推动顺德网球的发展，促进了网球运动的普及和人才的发掘、培养，并将自己的女儿送上职业网球比赛的路，对他来说，这是自己梦想的延续，也是自己终生受益的体育事业。

聘请世界高水平网球教练

要接受失败，也要享受成功。马德安打了网球之后，就好像人生有了目标那样，每一天都想着什么时候打球，每一天都很有冲劲。

奥利沃（顺德乡村之星体育推广有限公司教练）：摆臂，摆臂……从头开始，摆臂……

在网球场内，这个沉默的男人一有空就会安静地守候在一旁看学员们训练。在教练奥利沃的指导下，这几名学员在各类比赛中取得了优异的成绩。

马德安（顺德乡村之星体育推广有限公司董事长）：就是在2012、2013年，李娜出来之后，整个大环境都好了。与奥利沃这个外教合作，是我们俱乐部一个战略性的决策。因为我觉得网球这个产业是可以做得更好的。这个外教之前在比利时是一个很出名的教练，他曾经带过世界青少年第一，他现在训练的这几个都是中国很有希望的青少年。

马德安希望自己的学员能够接受世界高水平教练的训练，他对学生寄予了厚望。

马德安（顺德乡村之星体育推广有限公司董事长）：我们想培养一批比较精英的职业球员。效果都已经看得很明显，起码在佛山这个领域，都知道我们乡村之星俱乐部。我不存在说我请一个外教回来，就会招收很多人这种想法。

一个人能够将自己的爱好变成事业，这是很幸福的事情。马德安的这项爱好，一玩就是20多年。

马德安（顺德乡村之星体育推广有限公司董事长）：读大学那时候，我们有一群人一起玩，当时就在暨南大学，和华侨学生一起打。那时候就开始接触网球，后面打着打着就喜欢上了，有几天没打呢就觉得不舒服。它会给你带来很多快乐。当你人生开心或者不开心的时候，当你接触了网球，作为一个网球爱好者的时候，你在网球场，你可以将很多不开心的事情瞬间忘却。

网球给腼腆内向的马德安带来了很多快乐。因为痴迷这项运动，毕业后他把这个爱好带回了顺德。

马德安（顺德乡村之星体育推广有限公司董事长）：在大良真的很少人打球，当时我记得，因为自己刚刚回来，不熟悉这边的人，就去以前体育中心的网球场。自己拿着球拍，看有没有一些打网球的人，通过网球在网球场找朋友。在顺德体育中心有两片是泥巴地，这个泥巴地不是现在仿古的红土，就是一块土上面铺些泥上去，就是那时候的泥地网球场了。

简陋的条件从未消减这个男人对网球的热情。

与社区网球联会主席、香港网球元老郑木林（右二），社区网球联会副主席、精英网球会主席黄永佳（右一）合影

顺德、佛山、南海三地网球俱乐部友谊赛

马德安（顺德乡村之星体育推广有限公司董事长）：然后和几个朋友一起打的时候，他们觉得我打得很好，就问我有没有兴趣教他们。当时没想到商业啊或者其他的，纯粹是从网球的角度，我要多教几个人打球，或者将我学到的东西灌输给我的朋友，顺德的网球氛围会不会越来越好？当时的出发点就是这样的。

后来，马德安利用业余时间做起了教练，教球的时间成了他最幸福的时刻。

马德安（顺德乡村之星体育推广有限公司董事长）：认识了一帮好朋友，有不同层次的人，也可以将我们的人生观进行交流，比如，人生的变化、包容性，或者对事物的看法等等，在其中，你会学到很多。

从工厂退股，专业执教

他享受着教网球带来的那份快乐。为了让更多的人感受到网球的快乐，他的内心开始萌生新的想法，从工厂退股。

马德安（顺德乡村之星体育推广有限公司董事长）：我觉得这项运动是自己的兴趣，值得付出。因为我觉得一个人的成功不是用金钱来衡量的。更何况在这十几年里，我从事网球这行，或者这个职业，在这里找到它的乐趣，我觉得是值得的。

如果让我再选择一次，我也可能会选择现在网球这条路。虽然看上去当然比较辛苦，但是它有另一种的感受给你，可以带给你另一种快乐，这些不是说钱可以买到的。

开厂做实业是当时的主流。彼时国内的网球可谓凋零，不论是网球人群还是网球设施都与现在有着天壤之别。马德安从事当时不被看好的网球行业，他的举动引起了亲友们的非议。

马德安（顺德乡村之星体育推广有限公司董事长）：之前我们说就是不务正业，因为当时很多时候都不被社会认同。

内心倔强的马德安想得很明白，他清楚自己未来要走的路。不管前方艰难险阻都要走下去，网球才能让他感觉到生活的激情。

马德安（顺德乡村之星体育推广有限公司董事长）：就是我觉得这个运动是值得推

广和付出的。当然每一个决定肯定有人赞成、有人支持。我认为我还是要坚持我自己的决定。

说做就做。马德安搞起了几片网球场,开始经营这项事业。然而有些事情却让他感到意外。网球运动最大的精神内涵是什么?应该如何推广这项运动?(马德安正在俱乐部教学员打球)

向马伟开教练了解训练情况

马德安(顺德乡村之星体育推广有限公司董事长):对,蹲低一点,蹲低一点。是的,很好……漂亮,好球!……送出去,打那板直线,打那板直线全部送出去,再收回来!

虽然成了俱乐部的老板,但是马德安依旧会坚持亲自教球。为了提高自己的执教水平,他到处寻访名师。

马德安(顺德乡村之星体育推广有限公司董事长):从中国网协找到世界上比较顶尖的网球教练过来,一听到这些消

体能训练

息,我就尽量去学习,立刻去接受最新的观念、最新的理念。

马德安将自己所学用在学生身上,也把自己的理念传给了自己的团队。

马德安(顺德乡村之星体育推广有限公司董事长):好像李娜拿了冠军的时候,我记得整个大良的网球拍都卖断货了,包括网球用品都卖断货。当然李娜不可能一直拿冠军,但这个大环境会一直给到我们,所以我们就不断地努力,去做一个推广的活动。

苦心人天不负,近年来国内网球热给他带来了新的机遇。有机遇并不代表一帆风顺,让更多的人学习网球,这是项长期的过程,推广初期就显得很艰难。

马德安(顺德乡村之星体育推广有限公司董事长):当然,到目前为止,很多人都不理解网球这个职业。

那些不理解的声音,马德安早有预料,任何事情要让人接受,都需要时间和过程。

女儿训练，马德安不离左右　　　　　　　　　　父女合影

马德安（顺德乡村之星体育推广有限公司董事长）：我们做了这个职业，就必须有耐心，我们每天在说，如果你对自己都没信心，你就不可能让人相信你。但是我始终跟家长讲，就是理念，坚持让他们的小朋友在网球中找到自己真正的快乐，不是说你一来就教你打好球，或者要什么成绩。

陪女儿追寻职业网球梦

在广州星河湾网球俱乐部，国内顶尖的网球运动员在这里进行冬训，其中就包括马德安的女儿。14岁那年，马烨新在亚洲青少年网球巡回赛中获得了14岁组别排名第二的成绩，但是马德安在意的不是这些。

马德安（顺德乡村之星体育推广有限公司董事长）：现在最关键的就是，她打网球，她现在15岁，她享不享受网球？她喜不喜欢网球？她接不接受每一天的挑战？培养她到十四五岁，她就要为自己的行为负责，我们做父母的只不过尽我们的最大能力帮她实现她的理想。理想实不实现得了，是靠她自己的努力，谁都帮不了她。

为了支持女儿的梦想，马德安多方奔走寻找名师。

马伟开（彭帅的教练）：现在就说她，做测验、跑步，她都是最快的。

马德安（顺德乡村之星体育推广有限公司董事长）：我始终是业余出来的，不是职业出来的。职业和业余始终是两个概念，职业的要求是非常之高的，有些职业的事情我也不了解，所以我把我女儿送到更职业的教练团队。我的女儿跟卡洛斯练了一年半，后面卡洛斯是带李娜的。一年半之后，我女儿就加入马伟开的团队，因为马伟开当时带了彭帅，我们可以找到卡洛斯、马伟开，可以找到世界顶尖的知名教练，可以向他们学习做人的人生观啊、做人的态度。

冬训对于网球运动员来说极其考验意志力。马德安默默地站在一边,他害怕自己打扰到女儿。

马德安(顺德乡村之星体育推广有限公司董事长):因为每一场比赛她都不想输,她都很想赢。所以无论输赢,我们都要积极支持和鼓励。她一接触网球,我就将她定位,就是尽量往更高水平的道路去走。所以从小我对她要求比较严格。

父爱如山,因为马德安的严厉,女儿和他的关系偶尔会有些隔阂。

马德安(顺德乡村之星体育推广有限公司董事长):角色比较尴尬。因为在12岁之前是她的教练,又是她的父亲。这两个角色有些时候很难做出平衡。
因为她现在回来,可能陪她的时间不够,因为她不停地出外,不停地比赛,现在她星期六的下午或者星期天回来,可能有时候,我有其他工作的关系,比如经常出差啊。所以我都想多点时间陪她,可能现在陪她时间不够。

无论什么培养方式,凝聚的都是马德安对女儿的爱。对于自己人生的各种选择,他不曾后悔。

马德安(顺德乡村之星体育推广有限公司董事长):人生有起有落,也都有顺利的时候,也都有挫折的时候。胜利的时候是怎样面对胜利,网球场上有输有赢。但我认为,赢不是一个结果,是一种态度。

汗水泪水尽情流淌,欢呼喝彩汇成海洋!在激情中挥汗如雨,张开心灵的翅膀,梦想定会闪亮亮!为马德安的自信鼓掌,从此乘风破浪!

与歌手王铮亮合影

编导手记

之前采访过的企业家,几乎都是做实业的,但这次却大为不同。初次见面,约在马总的网球场,我也早早地去到那里等他的到来,因为之前在一本杂志上看到过马总的照片,当他从人群中走出来的时候,我一眼就认出了他。马总身材健壮,留着未过肩的长发,头戴网球帽、肩背双肩运动包、身穿运动服,举手投足间都散发网球人的气息。不过他比我想象中的稍微要拘谨一些,或许是当时彼此还不熟的缘故。网球场边有个小房子,满屋子的奖杯瞬间吸引了我,这大概是他做这项事业以来多年的荣誉积累。我们之间的谈话,从这里开始。

网球名将李娜在国际赛场的佳绩带动了很多人学习网球的热情,当然这也给从事网球事业的马德安带来了一次新的机遇。当初放弃工厂的优厚股份,转而投身体育教育培训产业,很多人对他不理解,但如今,很多人会很羡慕他,因为他真正做到了把自己的兴趣和事业融合到了一起。马总十分享受他当下的事业,网球才能燃起他生活的热情。

在后来拍摄的过程中,印象比较深刻的是他跟他女儿的关系,他把女儿送到著名教练马伟开那里训练,女儿14岁,小小年纪已经在世界级舞台取得了了不起的成绩,也许对于他来说,女儿承载的是他的梦想。现在除了教学,他主要的精力都放在了女儿身上。或许他没有像其他做实业的企业家那样拥有充裕的物质财富,但是他的精神世界是充实的。用马总自己的话来说,就是一想到网球,都会让自己满怀热情去对待生活。

印象企业

1997年,顺德乡村之星网球俱乐部成立。

2012年,佛山市顺德区乡村之星体育推广有限公司成立,下设新领域乡村之星网球俱乐部、广东省广州保路斯体育推广有限公司,主要从事策划、组织、承办各项体育赛事活动,俱乐部经营经理,青少年网球的培养和选拔,体育咨询、培训、经纪活动。

吴志刚：人生精彩就像轮滑

——智趣之星，顺德人的体育品牌

　　创业需要坚持和奋进的勇气、一往无前的信心，锲而不舍，攻坚克难，只有敢于成为时代的弄潮儿，才能成为千帆竞发中的领航者！吴志刚正是这样鞭策自己的。

　　吴志刚是第一个把单排轮滑鞋引入顺德的人。单排溜冰鞋，当时中国都没有人做，那时候只有几个溜冰场，都是用双排轮的。十年前，智趣之星体育用品有限公司成立，公司自诞生之日起，以"先做人，后做生意"为座右铭，"集众家之精华，创完美之产品"，开始开发、生产、销售溜冰鞋及体育用品，创建了"智趣"（INTER FUN）品牌；十年后，吴志刚的公司拥有占地约2万平方米的现代化、标准型厂房，同时拥有精英的专业技术人员，备有先进的机器设备，几百个员工是公司的财富。

　　商场如战场，时至今日，同业竞争越来越激烈。前面的道路越坎坷，吴志刚越勇猛。这位地地道道的顺德人凭什么领跑他的"智趣之星"？让我们一起走进智趣之星体育用品有限公司，听听吴志刚讲述他的"智趣"人生。

公司全体员工早会

做老板该有的心态

他秉承顺德人的实在,他不忘军人的初心。

吴志刚(佛山市智趣之星体育用品有限公司总经理):我是经历过工人、农民、商人、学生、当兵,这叫作工农商学兵。这就是我自己的人生,我都觉得比较精彩。

顺德人有"叹早茶"的习惯,"一盅两件"是顺德的早茶文化。和很多顺德人一样,吴志刚的一天从茶楼开始。一壶普洱,一碗肉片鱼骨粥,简单又有滋味,风雨不改。

吴志刚(佛山市智趣之星体育用品有限公司总经理):我一般就是早上7点到7点半来这里喝茶。在这里喝完茶,回到公司一般就8点到8点半之间,基本上这个是规律来的。搵食搵食,我们顺德人叫作"有空就去找吃的",有时间就看看哪里有些好东西,就走去尝试一下。

喝完早茶回公司。作为企业的老板,很多时候,吴志刚比员工还早上班。

吴志刚(佛山市智趣之星体育用品有限公司总经理):一般的中小企业,做企业家是最艰难的。有一句话叫"开门七件事",就是差不多这样。大概是做老板的一回厂,一睁开眼睛,就要考虑工厂工人的衣、食、住、行、工资等。

吴志刚一手建立的智趣之星体育用品有限公司,致力于研发轮滑产品。公司目前主打国外市场,产品远销德国、俄罗斯、芬兰、阿根廷等。出口量占总销售量的八成。

吴志刚(佛山市智趣之星体育用品有限公司总经理):做轮滑看上去简单,实际不容易。做一双轮滑鞋,它有130多个工序,才能完成一对轮滑鞋的正式出厂。

轮滑鞋从设计到出厂,需要历经前后40多天。就像吴志刚的创业过程,千锤百炼,始出真金。

吴志刚(佛山市智趣之星体育用品有限公司总经理):用我们的话来说,"工"字是不出头的。打工的永远都是打工,就萌生了我们自己出来创业的念头,想拼搏一下,试一下。

注册商标,做自己的品牌

在入行之前,吴志刚在中旅打了十年工。1997年,他受到朋友启发,在大良租了个铺位,开始做轮滑鞋专卖店。那是顺德第一间卖单排轮滑鞋的商店。万事开头难,无人识,无资金,无客户。第一年,全年都卖不出1000对鞋,创业的钱亏了大半。第二年坚持奋斗,也只是仅仅回本。吴志刚没有被残酷的现实击倒,他决定孤注一掷。

吴志刚（佛山市智趣之星体育用品有限公司总经理）：当时就在大围那里买了一块地，那时候比较便宜，一百多块一平方米的地块，当时就买了一块地，就拿着十来二十万的资金，在那里起了一间房子。我们当时出来，没有资金怎样去做生意？没有资金是不可能去做生意的。

想一想，当时已经够有胆子，把房子抵押给银行，在银行那里贷了十来万出来，这样开始做起这个生意。那自己也是通过拿着这双溜冰鞋，全国各地跑去推销。那个时候真的比较艰难。很多人都不知道什么叫作单排轮、什么叫作溜冰鞋，我就觉得很迷茫。但是既然已经做了这个行业，没有办法，一定是往前走。

吴志刚在办公室

顺德人说，"搏一搏，单车变摩托"。天道酬勤，到第三年，店铺终于开始盈利。这个时候，吴志刚做了个现在看来相当超前的决定。

吴志刚（佛山市智趣之星体育用品有限公司总经理）：由第三年开始注册自己的商标，就不给别人做嫁妆，因为原来都是卖客人的商标。所以我们第三年就开始做我们自己的商标，做自己的品牌，做我们顺德人的品牌。

吴志刚尝到了甜头，亦看到了希望。2005年，他以退伍军人的身份争取到了一块工业用地，终于有机会建立起自己的工厂了。谁知道还没有开心完，吴志刚又陷入资金短缺的困境。近20亩的土地几乎都是鱼塘，想不到他的"万丈高楼"，要从地下三四米开始建起。

吴志刚（佛山市智趣之星体育用品有限公司总经理）：当时的压力也很大。光是填沙建厂房的资金，填沙款都花了100多万。也是没办法，抵押给银行的房子又重新抵押第二次，来建这间厂。重新由平地建起这个厂房。所以我们的感觉就是，人一定是跟着自己的目标勇往直前，有前没后一定不会输，就是这种发展理念。

广交会之外觅出路

吴志刚驱车奔驰在前往广州的路上。

吴志刚（佛山市智趣之星体育用品有限公司总经理）：我们现在去广州琶洲，那个中国进出口交易会。第一个就是看看市场，第二个就是见见新客户，看看整个市场产品定位如何。

与比赛获奖运动员合照　　　　　　　公司员工合照　　　　　　　　　智趣样板间

　　广交会第二天，吴志刚一早就驱车来到广州。在国内市场，批发一对轮滑鞋只有5元钱利润。因此在建起新厂房之后，吴志刚便一心做出口。要做出口，每年两次的广交会是他必赴之约。

　　吴志刚（佛山市智趣之星体育用品有限公司总经理）：昨天第一天还是比较好的，有几十个客户来到我们展位，还有洽谈业务。今天就可能少了一部分。今年的广交会，正常的客流暂时看来，就应该比去年少了20%客源。

　　但是近年来，出口也越来越不好做了。国际市场萎缩，订单减少，价格提不上去。根据官方公布的数据，广交会采购商及与会人数均有下降，出口成交金额比2014年春交会同期下降6.1%，其中，对欧盟、美国、金砖国家等贸易伙伴的出口成交均有所下降。传统市场复苏乏力，新兴市场需求疲软。

　　吴志刚（佛山市智趣之星体育用品有限公司总经理）：今年的订单比去年的订单起码缩减了百分之三十到四十，所以企业今年的压力是比较大的。我们今年都去参加广交会，继续希望能增加多一个客人就增加多一个客人。同时希望做国内的市场，把那些损失的份额，在国内进行铺路还有铺垫，希望今年比明年有一点提升，把这个难关渡过去。

　　与此同时，生产成本却日渐增长，一个针车工人月收入五六千元。吴志刚笑言，这比他自己的工资还高。虽然经营环境内忧外患，但这点风雨还不能够令他退缩，因为顺德人最识时务，"有粥食粥，有饭食饭"。

　　吴志刚（佛山市智趣之星体育用品有限公司总经理）：现在这个市场经济，这个环境里面，如果你不拼，是不会赢的。所以一定是要努力工作，踏踏实实做人，勤奋去发掘一些好的事物，好的产品。现在就只有坚持，坚持就是胜利！

勇往直前的军人意志

　　吴志刚忙里偷闲，还经常与老战友相聚。

吴志刚（佛山市智趣之星体育用品有限公司总经理）：战友，早晨！

战友：你好！兄弟，好久没见。

吴志刚（佛山市智趣之星体育用品有限公司总经理）：1979年的时候，我还是在工厂做事，在北滘南方厂那里做事，那年就有中越自卫还击战，我们这一批属于紧急动员入伍的兵。那年我有幸和我们顺德的40多人一起入伍，准备奔赴前线。

吴志刚一行去到部队，前线已撤退，他成了空军炮兵部队的一名后勤兵，在部队这个大熔炉里一待就是四年。一起当兵的战友成了一辈子的挚友，而部队的生活也塑造了他的人生观。

吴志刚（佛山市智趣之星体育用品有限公司总经理）：因为当时训练也是比较艰苦的，非常艰难。我们第一年去当兵，每个月的津贴费是7元人民币。应该说是在中国史上比较艰难的岁月，我们当兵是比较辛苦的，吃的都是馒头。通过这个艰苦，可以磨炼到我们的意志，使我们从部队回来之后，对自己各方面的要求都按部队的标准（执行），要求自己。

对于自己的人生选择，吴志刚从不后悔，向着既定的目标勇往直前，一路飞奔。

吴志刚（佛山市智趣之星体育用品有限公司总经理）：人生的感觉就是朝着既定目标勇往直前。只有向前走，没有往后退。我们当时就跟着这个思想，跟着这个理念向前走，没有向后退。那就继续去推广这个轮滑运动，我觉得做到今时今日，这条路应该是走对了！

在商海中拼搏的这些年，吴志刚的路一直都走得很惊险。但像所有天生的弄潮儿一样，他把抗击风浪当成乐趣，心口贴个"勇"字，一往无前。这，就是吴志刚的智趣人生。

公司荣誉

编导手记

采访吴志刚先生的过程相当轻松愉快。作为顺德人,他非常"顺得人",我们提出什么拍摄要求,他总是很客气地说"好好,配合你们"。这种谦虚随和,不单来源于顺德的水土民风,更因为吴先生在创业前从事了十年的服务业。除了服务业之外,吴先生还当过兵、务过农,用他的话来说,就是"工农商学兵,样样都做过"。

也许是这样丰富的人生阅历给了吴先生非凡的勇气和坚韧。他是第一个把单排轮滑鞋引入顺德的人,在创业的过程中他曾经两次破釜沉舟,把房子抵押给银行。在如今制造业普遍艰难度日之际,他不言放弃,对外参加展会,开拓市场,对内开发新产品,节约生产成本。就如象棋中的兵卒,一腔勇猛在胸膛,有前无后,百折不挠。

制作一双轮滑鞋,要经过130多道工序,前后40多天。一家企业从无到有,如同轮滑鞋的生产,也像钢铁的锻炼,需要经历烈火煎熬,忍受敲打锤炼,用执着奋斗和坚忍不拔成就金漆招牌,这正是商业的惊险和魅力。

吴志刚先生有两句口头禅,第一句是"力不到不为财",这代表着他亲力亲为的工作态度;第二句是"不然还能怎样",反映了他乐天知命的生活态度。尽人事,听天命,张弛有度,或者正是智趣之星能走到今天、能走得更远的根本所在。

印象企业

1998年,大良新世界开设第一间智趣溜冰鞋专营店。

2000年,"智趣"商标注册成功。

2006年,成立佛山市智趣之星体育用品有限公司。

2007年,获得顺德区"守合同重信用企业"称号。

2008年,"INTERFUN"英文商标注册成功。获得"广东名优产品""中国商标十佳企业""中国专利十佳企业"称号。

2009年,赞助广东省速滑轮滑锦标赛"智趣杯";向顺德文体旅游局、北滘明阳学校、容桂新蕾学校、乐从颖林学校分别捐赠一批体育器材。

2010年,智趣轮滑鞋取得国标产品认可证书。

2011年,获得"中国轮滑鞋(体育用品)消费者满意首选十佳品牌"以及"中国轮滑鞋(体育用品)行业最畅销品牌"。

2012年,获得"消费者最信赖十大体育用品质量品牌"称号。

2013年,赞助广东省自由式轮滑公开赛"智趣杯";获得"中国名优产品"称号。

2014年,智趣代表队获得广东省第三届轮滑球锦标赛第二名;获得"消费者最信赖十大体育用品质量品牌"称号。

2015年,获得"中国名优产品"称号。

李崇斌：探索无极限

——卡鲁森，行走户外的时尚引领者

户外运动是近年来国内兴起的一项运动，主要指登山、露营、远足以及攀岩、漂流等极限运动，所谓的背包族就是指爱好此项运动的人。户外运动在西方国家已有一百多年的历史，与其相关的户外用品装备已很完善和成熟，产生了很多著名的品牌，比如 The North Face。而相比之下，国内户外运动的历史就很短，各方面都在摸索之中，同样国内户外用品的生产经营也刚刚起步，户外用品市场的发展初期几乎全是国外品牌一统天下。

2004 年 3 月，广东顺德卡鲁森户外用品有限公司就是在这样的市场环境下成立的。企业总部位于中国制造业中心——"珠三角"腹地广东顺德。公司成立伊始，无论在设计、采购、生产或营销上都严格按 ISO9001 的管理标准运行。公司创立的两大户外服装品牌 clothin·卡鲁森和 clothin·趣步，推向市场后迅速获得广大用户的认可和好评，并远销欧美等国家，赢得了上万"洋粉丝"的青睐。

卡鲁森户外用品有限公司的执行董事李崇斌是 20 世纪 80 年代从体制内走出来的，他追求的是什么？户外运动带给他的又是什么？电商兴起的年代，他又该如何顺势而为？让我们走近李崇斌，感知他的情怀和事业。

行业内的一匹黑马

户外运动是李崇斌最大的爱好。无论多忙，他都会挤出时间，走进自然，寻找心灵的归宿。

李崇斌（卡鲁森户外用品有限公司执行董事）：经常爬爬山有好处，锻炼身体。很多未知的东西就得去探索，就得去研究它。如果是一直没有人去探索，没有人去研究的话，很多新的东西就发现不了。但是路径一代一代人都在走，我们现在就是很多人，反而没有精神上的信仰，或者是一个目标了。我觉得每个人什么时候都应该有所追求，有目标。玩户外的时候可以让你感觉到很多事情，让你有个很好的目标去生活，不是为了钱去生活，也不只是为了办公室去生活。

海到尽头天做岸，山登绝顶我为峰。每一次户外活动，都让他经历着自我精神的蜕变。

李崇斌（卡鲁森户外用品有限公司执行董事）：没玩户外之前，对我们的前景和前途，可能很大程度上看到要赚多少钱，要做多大的事情，但是玩了户外就不同了，心态的变化，山之高，地之大，然后万众万物。在你走出去、爬上山顶的时候，你回过头来看，向下看，你就会用很平静的心态去对待任何事情。很多事情可能是过眼烟云，很快就会过去。但是你要对得住你的生活，对得住你的家庭，对得住你的人生和周围的环境。可能不是一个标准，能够让你去满足到的。

近年来户外运动在中国悄然兴起，李崇斌嗅到了其中的商机。在激烈的竞争中，他杀出了一条血路，成了行业内的一匹黑马。户外运动充满了挑战，每一次都有很多的未知数，李崇斌的人生也是这样。

李崇斌（卡鲁森户外用品有限公司执行董事）：户外运动，应该在中国会有很好的发展前景。为什么西方人喜欢玩探险，喜欢出去做户外运动？一是他们经济发展到一定程度了，二是文化水准到了一定程度。那么这个时候做什么事情都要专业化，出去玩要装备化。我们以前出去旅游，出去玩，随便穿个什么服装，穿个球鞋好走路就行。但是现在不同了，现在不管是滑雪也好，爬山也好，还是去海边也好，都要有专业的装备。实际上我们都是顺应环境去做这些事情。那这个小事情没有环境的话，做不起来，也没有这个机会给你做。

丢掉铁饭碗下海创业

20世纪80年代，李崇斌像当时下海的很多人一样，体制内的生活让他们备感压抑，不想妥协就必须突破束缚。这些年轻人，要让命运掌握在自己手里。

李崇斌（卡鲁森户外用品有限公司执行董事）：作为年轻人，当时可以说是有一股热血，对于外面的世界感觉很是精彩。我本身学外语的，接触外面社会的情况比较多，所以可以说有一种追求吧。本身我们教书是很好的铁饭碗了，很多人建议我们不要出去，我感觉我有那个毅力，也有那个能力，去闯出一番事业来。而且当时国家也改革开放，改革开放给了我们机会，如果不抓住的话，也是浪费。

李崇斌不是没有考虑过，走出教师编制下海创业，就意味着放弃了铁饭碗，放弃了原来稳定的生活。

李崇斌（卡鲁森户外用品有限公司执行董事）：当时出去了肯定就不回来了。我就想我有一双手，脑袋又不傻，然后我出去如果找不到好工作，就是去街上卖报纸、卖豌豆我也得卖出来，不能回去。

"去做生意吧"是当时的流行语。这股风把内地很多年轻人吹到了沿海地区。

李崇斌（卡鲁森户外用品有限公司执行董事）：我是在重庆读的大学，是内陆省份，当时我们一起去的都是内地的，很多人连大海都没见过。

1987年，十万知识青年下海南。正好海南开放了，内陆的年轻人就觉得是一个机会，李崇斌也跟随这股潮流来到了海南。

李崇斌（卡鲁森户外用品有限公司执行董事）：从湛江到海南岛要经过琼州海峡。我们从湛江，当时坐了8块钱的船票。我从来没有见过大海，要说海有多宽，没有办法去想象，就是在课本当中，在读书当中感觉大海好大好大。真的，大海好大，感觉很舒服，但是那种憧憬那种想法，就不完全像学生时代那种想法。

到了湿热的海南，那里的一切却大大超出了他的想象。

李崇斌（卡鲁森户外用品有限公司执行董事）：大学本科的、硕士的，甚至大学教授都带着一帮人到那里去创业。我们到海口那里去一看，海口的街道上都有大学老师带着三五个学生去摆摊的，要么擦皮鞋，要么卖报纸。

寂寥的海南成了淘金者的热土，全国商业嗅觉灵敏的人都跑去了那里。

李崇斌（卡鲁森户外用品有限公司执行董事）：当时大把的人集中在海口找工作，在海口这个企业那个企业去找。我在海口也尝试过，去找了几个公司企业，大把的人，那个时候海南的那些企业真是翘得不得了。后来我又观察了一下，基本上海南的大城市就只

有海口,当时三亚都很小。那我不如到下面去看看,那么我当时就发现了一个地方,叫作兴隆。我就找了一个酒店,他们当时就问我会不会粤语。那时候粤语很重要,我是四川过去的,哪里会粤语啊?我就老老实实地说不会。然后外语怎么样呢?那个老板外语也不错,他就跟我用外语交流。后来他说我外语不错,口语也很好。那边国外的游客比较多,那么正好就差这么个导游。为了这个导游岗位,我就恶补课,对于海南各个地方的风景名胜(都要熟读),每天晚上白天都去读。

做户外运动专业服装

在海南的那批人,有人成功,有人失败。但是不以成败论英雄,在那个年代他们敢于迈出第一步,已经足以书写一笔。由于在海南没有找到更好的出路,当时顺德乡镇企业异军突起,李崇斌就准备来顺德寻找新的机会。

李崇斌(卡鲁森户外用品有限公司执行董事):就是长江琴行的老板林峰,他对我帮助很大。我当时来的时候是举目无亲,谁都不认识,兜里也没什么钱,他先来一段时间,已经有比较稳定的收入了,然后也有住房,两个地方的住房,结果他把他朋友给他的住房无偿地给我用,没有收一分钱的租金。没饭吃的时候,他就叫我过去吃饭,因为那个时候找工作,一个月、两个月没有找到工作嘛,没有工作各个方面肯定都很紧张。但是他那个时候不管人事局也好,各个企业也好,他熟悉的都给我推荐,都给我介绍。

经过一番周折,李崇斌在顺德做起了推销员,他把目标锁定了一个大客户。

李崇斌(卡鲁森户外用品有限公司执行董事):当时没觉得天下有什么难事,什么事情只要敢去攻,敢去拼,那肯定会有成功的机会。实际上大使馆那边,有些人听说我们公司在做一些纪念章——你看这么小,实际上这个弹力,拉起来都非常大——做得很精致做得很好,他们主动过来,联系我们的业务。我想伊朗大使馆用得上的那些礼品、那些礼物,哪个大使馆都可以用啊,那么最好的是美国大使馆啦,美国最有钱,当时我也不知道怎么这么大的勇气,美国大使馆接待了我。虽然最终没有跟我订多少货,但是把我的勇气、把我的胆量锻炼出来了。

有志者事竟成。经过多年的打拼，李崇斌有了自己的企业。2004年初，广东顺德卡鲁森户外用品有限公司成立，成立伊始，即按ISO9001的管理标准运作，无论在设计、采购、生产或营销上都严格执行这一标准。公司一直以来都与国际服装大品牌合作，如哥伦比亚、HH、esprit、骆驼、CK等等，为其贴牌生产（OEM）。而在与这些国际大品牌合作的过程中，卡鲁森团队也学习到了不少先进的生产管理经营理念，特别是在户外运动专业服装方面，更吸取到了其设计的精华。

李崇斌（卡鲁森户外用品有限公司执行董事）：所以我一开始做OEM（代理加工）生产，就跟世界的一些大品牌合作。

树品牌，加快电商脚步

靠着代理生产让企业生存并非长久之计，李崇斌有了新的思考。

李崇斌（卡鲁森户外用品有限公司执行董事）：你代理别人的品牌，你不知道三年两年，或者五年以后，哪个老板又换主意了，不跟你合作了。我自己的品牌长期可以做，而且2009年我们注册商标的时候，我就想做自己的品牌，但是当时我们人手也好、业务也好，都非常繁忙。后来呢，由于珠三角地区工人越来越少，劳动人力就比较难招聘。那我们人数越来越少之后，要做加工就不太现实了，不太可能了。那我们的路子要做自己的品牌，要做自己的产品。

树立品牌已是迫在眉睫，但是又该怎样做到呢？

李崇斌（卡鲁森户外用品有限公司执行董事）：我们是做自创品牌，自己的品牌，市场上没有见过。建立起来之后，要靠几个方面去取胜，一个是产品质量，一个是要好，像我们做服装的，款式一定要好，再一个你的成本一定要控制得好，价格要非常适合消费者的需求，还有一个就是我们的推广。

我们外网发展很快，比在国内发展快。因为我们款式也好质量也好，是竞争力很强的，跟大品牌是不相上下的。我们在国内，虽然有时比大品牌做得好，但是还没有大品牌卖得好，因为它的名声出去了，我们名声没有出去。但是国外不同，国外都没什么名声，那么我们可以同台竞技。

以网络推广为手段，海外市场为重点发展市场，电商平台显得尤为重要。互联网时代传统销售模式已经日薄西山，李崇斌不得不开始加快脚步。

李崇斌（卡鲁森户外用品有限公司执行董事）：我的脑袋也不是很保守那种。我虽然电脑玩得不熟，但是这个行业我熟，我了解这个行业。了解这个行业以后，我们要怎么

去渗透？差的是操盘手而不是脑袋，我觉得脑袋是够用的。那么这个脑袋怎么去把电商做好，怎么组合起来，靠我个人的力量肯定不行的。我的方向是清楚的，那么在方向清楚的同时，怎么去组建我的团队，怎么样去把我们的品牌、把我们的产品、把我们的商标做得好一些，打出我们的牌子来？这个意识我们是比较强的。

经过两年的努力，这位电商门外汉已经今非昔比。他的品牌之路也取得了很大的成绩。李崇斌依旧坚守着对户外运动的那份热爱。

李崇斌（卡鲁森户外用品有限公司执行董事）：这条路我们既然走下去了，就得坚持走下去。条件稍微充分点，可能明年后，我会带领我的团队，包括一帮兄弟去登登珠峰。当然登不登得上去是一码事，但是我们一定要去做一个尝试，因为玩户外要去体会到更高的境界，珠穆朗玛峰就是很高的境界。那不只是因为它高，在攀登的同时，你会有很多很多体会。包括对人生对自己的家庭，对自己的父母对自己的小孩。

如今，卡鲁森户外用品有限公司旗下的两大品牌除了在国内线上线下销售外，更借助于外网远销欧美等国家，并在极短时间里建立起上万的"外国粉丝"，他们几乎都对clothin品牌给予了很好的评价，同时公司也得到跨越式发展。探索无极限。在李崇斌的带领下，卡鲁森人必将以更加饱满的激情，携着东西方文化的精髓，制造出更多令国内外户外爱好者和高品位人士喜好的户外品牌服装及用品。

编导手记

对1988年闯海南的那批人一直有种崇敬感，没想到自己就能拍到这么一位，也算是很强的机缘吧，认识了李总。

在大学毕业包分配的年代，李总从师范毕业出来之后做起了老师，然而几年的教书生活让他意识到眼前的一切并不是他想要的生活。四川的绵绵大山阻挡不了他对外面世界的渴望，命运有时候需要自己主动去争取改变。他决意打破人人羡慕的"铁饭碗"。1988年，十万知识精英从内陆各个省份来到陌生的海南岛，李总就是其中的一个，这些闯海人的事迹产生了一个流传至今的历史名词——下海。

二十多年漂泊在外，兜兜转转，人生经历了很多的拐点，如今，闯海人的精神衣钵已经融入到了他的事业，那就是户外。玩户外，有时候面对的就是未知的世界，种种困难都会来考验你，所以玩户外没有一点闯劲是不行的。做户外运动用品，这让他的事业和爱好始终如一，他做到了，而且做得有声有色。

敢闯、乐观、心态平和，这些词都不足以描述这个人。我总是会回想起李总讲的那句话，"我们那个年代出来的人，如果没有一点点的抱负，是很难走出一条比较好的路子的"。每个时代的人，都会打上那个时代的独特的印记。市场经济的滚滚洪流造就了一批又一批的像李总这样的商业精英，在我看来，他们留给这个时代最可贵的东西是他们的精神力量。

印象企业

2004年3月，卡鲁森公司成立于"珠三角"腹地——顺德；5月，公司荣获国际国内三大户外品牌服装指定生产权。

2005年10月，卡鲁森获得独立进出口权。

2008年5月，公司厂房喜迁新址。

2009年8月，"clothin"商标在香港注册成功。

2012年12月，公司开始在网络上推"clothin"（卡鲁森）品牌。

2014年3月，成功受让"趣步"商标，从此卡鲁森开始双品牌经营；5月，主营业务成功转型（从OEM生产转为自主品牌经营），同时公司喜迁新址；6月，公司增资扩股，正式成为股份制公司。10月，clothin品牌产品开始跨境营销，并逐渐受到欧美消费者的青睐。

09

创造可能，加速繁荣

陈文兵：蹲下是为了跳得更高

——湘越物流借力东风

陈文兵的兴趣爱好遍地开花，烹饪、书法、收藏……是一个不折不扣的"玩家"，但他的真实身份，却是一个成功的物流企业家。陈文兵说"不会烹饪的书法家不是懂收藏的物流人"，他的厨艺远近驰名，他的书法功力深厚，他的梦想是在知天命之年建立自己的私人博物馆。有人说他"不务正业"，谁知他的公司又是行业的"金漆招牌"。

1998年，陈文兵亲力亲为，创立湘越物流公司。公司成立的前几年，陈文兵赤膊上阵，既当搬运工又当老板，没有任何关系网的他仅仅依靠广发名片拓展业务。住小旅馆、吃盒饭，他也就这么熬过来了。如今，陈文兵的湘越物流有限公司拥有了固定的办公地点，职业经理人帮他打理公司，他能腾出更多的时间玩乐人生。

然而陈文兵并没有玩物丧志，他善于找准关键点，抓住时机，整合资源，谋定而动，这让他在瞬息万变的物流行业中立于不败之地。在电商发展势如破竹的今日，陈文兵如何破解难以承受的物流之重？让我们走近湘越物流董事长陈文兵，看看他的玩乐人生。

喜欢下厨的新顺德人

"嗞嗞嗞……哧哧哧……"一缕缕白色的烟雾升起，伴随着阵阵红红的火苗和锅铲的碰撞声，陈文兵正在厨房里忙得不亦乐乎。

陈文兵（佛山市顺德区湘越物流有限公司董事长）：每天看到自己都是开开心心的，快快乐乐的，这样的话才会有大把的信心去看待你的员工，去面对你的公司。然后员工看到你的笑容，他在这里也安安心心的。

陈文兵喜欢亲自下厨，不一会儿，只见他的特色招牌菜新鲜出炉了。只见火辣辣的红剁椒、白嫩嫩的鱼头肉，热气腾腾浓香四溢，正冒着人间的烟火味儿……

陈文兵（佛山市顺德区湘越物流有限公司董事长）：我今天做我们湖南老家的剁椒鱼头，做菜也是一种饮食文化嘛。来咯！

中国人最讲人情味，不少商机都是自饭桌上酝酿，在举杯起筷间成交。湘越物流董事长陈文兵的家宴也向来热闹。但和一般生意人的应酬不同，菜式是他亲自下厨制作，而席上无论是政界抑或商界的朋友，也更多是慕他厨艺之名而来的。这位湖南人在顺德物流行业打拼了20年，早已是半个顺德人。

陈文兵（佛山市顺德区湘越物流有限公司董事长）：顺德是世界的美食之都，你来到顺德不会做几道好菜，那就不配是顺德人。

曾经既是将，又是兵

陈文兵很注重建立公司的企业文化，增强员工的归属感和团队的凝聚力。

陈文兵（佛山市顺德区湘越物流有限公司董事长）：全体都有，举起右手——"湘越是我家，兴旺靠大家！"

全体员工："湘越是我家，兴旺靠大家！"

员工合影

每周一早上，湘越物流的员工都会在一起开早会。和其他企业不同的是，这个时候，陈文兵是和员工站在一起的，从创办公司的第一天起，陈文兵就既当将军又当兵。

陈文兵（佛山市顺德区湘越物流有限公司董事长）：当时啊，我自己都是搬运工，又是业务员、炊事员，还是司机。没有不做的事，没有哪件事我们不干。

1998年到2005年，很多人来到我公司，客人找不到老板。为什么找不到老板？我每天都是穿个短裤，打个赤膊，天天做搬运工。有时候客人站在我的旁边，说"原来老板是你啊！"，我说"没办法，我们这个行业，老板、工人都是一起干的"，后来就是这么艰苦创业过来的。

虽然事事亲力亲为，但是过江龙亦会水土不服。在广东没有任何关系网，业务的开拓异常艰难。

陈文兵（佛山市顺德区湘越物流有限公司董事长）：当时我们来这个地方，很艰难的。人生地不熟，人家根本不相信我们。我一个城市用了一个星期发名片，然后住下一个小小的旅店，吃上一份盒饭，每天就是这样工作。

残酷的现实并没有把陈文兵打倒。如同湖南人最爱的朝天椒一样，他扎根脚下，力争上游，只需一点点阳光雨露便能释放无限热情。经过数年打拼，湘越物流在业内树立了品牌，承接了本地多家大型企业的物流业务，分公司也多达20多家。

陈文兵（佛山市顺德区湘越物流有限公司董事长）：当时我们在浑水摸鱼的年代讲诚信，没发生一点波动，我们一直在良性经营，并且我们还是保持更好的服务和信誉去面对客户，所以客户已经相信我们公司了。我们公司真正是个想做事、能干事的公司，把物流当作一回事、当作一个行业、当作事业来做，才能有个良性的循环。

韬光养晦，待时而发

持续的发展后劲源于长时间的潜伏，在等待机遇的日子中，陈文兵沉下心来蓄势待发。

陈文兵（佛山市顺德区湘越物流有限公司董事长）：没生意做的时候我感觉很无聊。我就拿起了毛笔，我用毛笔、用书法来消磨我的时间，等待我事业的成功。基本上我就封闭起来了，在这三四年、四五年当中，我基本上没事就在家中练书法。

曾经有几年的时间，陈文兵把自己打扮成艺术家一样，留着长长的胡子，一天到晚关在办公室里埋头写字，写好了就四处拿去请教老师。

陈文兵（佛山市顺德区湘越物流有限公司董事长）：很多人说了这一点，说我就是个不务正业的人，但我觉得不是这样的，我始终知道一点，不管是我的书法、我的收藏、我的美食，都离不开我的企业给我带来的经济收益。主要时间我还是花在公司的管理上的，我的收藏、书法、美食基本上都是享受生活的一个方式，现在我们公司由于有了人性化管理，基本都很规范，我已经有了大把的时间。

刚吃完饭，陈文兵就赶着回公司了。匆匆忙忙却不是为了办公，而是有很多"知己"在等着他。

陈文兵（佛山市顺德区湘越物流有限公

司董事长）：可以这样说，有时候我在外面很累，或者在外面遇到什么不舒服、不高兴的事儿，我就回到我的藏品馆，把老品翻出来，拿来看一看，摸一摸，这种感觉就是，把所有不高兴的事情都忘掉了。我感觉这个味道很好。

陈文兵对收藏的热爱，源自小时候生活环境的熏陶。然而真正开始收藏，却是在到了顺德之后。当时正是创业初期，闲钱不多，但他就是凭着一腔热爱，几乎每个周末，都会去古玩市场"淘宝"。

陈文兵（佛山市顺德区湘越物流有限公司董事长）：当时也不知道真真假假，假假真真，我也搞不清楚。我就是一个疯子一样，买！买了很多假货，反正喜欢就买。有时候我自己看看书，在书本上翻翻看。有时候我喜欢带这些东西找找老师，很多老师看到这个藏品，头摇得跟什么似的，说你不要再买了，这些东西！你再买以后就花很多钱了。因为我买到很多假东西，然后我就思考这个问题，怎么叫我不要买？我也是可以学的嘛，知识是学来的嘛。

带着一股不服输的倔劲，陈文兵一头扎在藏品的研究上。他虚心请教行家，到景德镇学习，到古玩市场跟同好交流。一步一步地摸索到鉴别古玩的门道。

2005年，陈文兵当上了湘潭市收藏协会副会长。随着研究的深入，原本神秘的藏品逐渐在他面前揭开头纱，呈现出丰富的文化内涵，让他越发痴迷。

陈文兵（佛山市顺德区湘越物流有限公司董事长）：你看这件藏品，为什么凤在上面龙在下面？每件藏品都有个故事，能够体现当时时代的象征，这个象征就是慈禧太后在执政，所以龙在下，凤在上。其实每件瓷器都包含很多故事，所以我特别喜欢。经过这么久，玩来玩去，我就特别喜欢这个瓷器，有很多人文故事。

陈文兵说，他这一屋子的收藏，全部都是经过他的双手，一件一件地搬回家的。当中有很多假货、新货，但他一件都没卖过，留着它们有大用途呢。

陈文兵（佛山市顺德区湘越物流有限公司董事长）：我在老家现在也准备了一块地，搞一个自己的私人收藏博物馆，我后年就50岁了，50岁之前开馆，然后把精品整理起来，作为自己的私人收藏博物馆。我还有个想法，就是把买的新品放在博物馆的一个厅里，给别人做教育，给别人去看什么是新的瓷器，看一下，认真地分辨一下。

勇乘东风，借势而上

别人的兴趣爱好大多是为了自娱自乐，消磨空闲时光。陈文兵却玩一样，学一样，精一样，爱一样。这种钻研精神不单令他成为"玩家"，更让他对公司的运营发展独具慧眼。商贸物流虽然近年来发展迅猛，但专业化程度低，运行成本高，仓储等物流基础设施、资源紧缺日益明显。高企的物流成本不单阻碍行业发展，更容易转化为老百姓的生活成本，这成了陈文兵多年来一直思考的问题。

陈文兵（佛山市顺德区湘越物流有限公司董事长）：从走湖南的专线来讲，我们是大公司，要和很多小公司整合劳动力资源，整合仓储资源，还要整合短途运输。打个比方，现在珠海有一票货要提回来，然后其他物流公司在珠海也有一批货要提回来，如果我们单独派车，成本很高，我们就通过互联网信息平台，在网上搜索看其他物流公司有没有货在珠海的，我们一起整合资源，这样达到资源共享，成本降低，我觉得可以这样适应现代物流管理。

除了传统物流行业自身的困境外，电商的发展势如破竹，令物流公司的生存发展雪上加霜。然而对陈文兵来说，这点风雨更像是可借助的东风。

陈文兵（佛山市顺德区湘越物流有限公司董事长）：我们要抓住一个机遇，就是我们要跟厂家、电商这块，我们要做到厂家跟电商的物流，我们要捉住这个机遇。很多厂家，真正的电商，做第一手的物流，接到这个业务，以最优质的服务为电商打造这个平台。

在董事长的头衔光环之下，陈文兵对待他的员工亲如子弟，邀请他们回家吃饭，为他们的终身大事奔走。因此公司创业期的员工，如今仍有不少依然在职。

参加慈善活动，为老人题写对联

陈文兵（佛山市顺德区湘越物流有限公司董事长）：当我在60岁前，没有退休的那一天，我的生命、我的命运都是别人的，我会尽一切的努力去管理好公司，面对我自己快乐地生活。

陈文兵说，烹饪、书法、收藏是他的兴趣、爱好，物流才是他的事业。每一个企业都有做大的梦想，陈文兵希望他的物流企业做得更大更强，能像珍珠一样一直闪耀。"兴趣是最好的导师"。祝愿陈文兵更加快乐地倘佯在自己的兴趣天地中，收获更多的幸福和感动。祝愿他的物流事业焕发出更加耀眼的光芒！

编导手记

　　正式拍摄前，我去拜访陈文兵先生，详聊之后我战战兢兢地问大概什么时候可以拍摄。因为印象中，企业家的行程排得特别紧凑，两天的拍摄时间不太容易安排出来。谁料陈先生很爽快地说："什么时候都可以！"见我略带惊讶，陈先生解释道："如今公司都是现代化管理运营了，有职业经理人在，大部分员工也都是跟了公司好多年了，现在我只需要把控大方向，没那么多琐事缠身。"闲，是陈先生给我的第一印象。

　　到正式拍摄时却又发现陈先生特别忙，逛逛古玩市场、写写书法、下下厨、弹弹吉他，和员工一起做做操，一辈子活出别人几辈子那么多的兴趣爱好。而且不只是爱好那么简单，他都是花了心思时间的，所以他的湘菜手艺在容桂远近驰名；每年新春，求字画的粉丝也排了长龙。

　　然而陈先生最让我敬佩的并不是对公司的管理张弛有度，也不是对艺术的追求，而是他上善若水的人生哲学。陈先生说，刚开始接触书法时，是因为当时公司的发展未如理想，为了减少开支，他几乎不外出，有空就在办公室里练字，等待时机的到来。他向时势低头，却不是放弃，他蹲下，是为了跳得更高。从蹲在街边吃盒饭的业务员，到大汗淋漓的搬运工，再到现在可以拱手而治的企业主，陈文兵来顺德快20年了，物换星移间，他所经所历的，岂止"岁月"二字？

印象企业

1998年，湘越物流公司成立。
2005年，扩建运输网络网点增至15个。
2008年，公司举办"湘越十年"周年庆典。
2015年，公司收购佛山顺德奔腾物流。

陈熹：思考永无止境

——合富辉煌团队的破茧之路

"人是会思考的芦苇。因其草木，所以孱弱；而唯有思考，令其强大。"这段话是陈熹的座右铭，同时也是他能够成功的最佳诠释。

2003年，陈熹接到国内首家上市的房地产顾问代理公司合富辉煌集团的任命，负责顺德区域的业务拓展。当时来顺德，陈熹是拓荒牛的角色，没有竞争对手，但也没有可供借鉴的经验，就像在一张白纸上作画，陈熹归零开始。他走出售楼部，跟客户聊天，了解客户对生活和家的需求。如今十多年过去了，陈熹带领的团队创下了业内一个个辉煌，顺德一座座拔地而起的美丽楼盘都收藏在他的镜头里。回首拼搏的路，陈熹依然很享受这份有压力的工作，在与顺德房地产市场的共同成长中，陈熹早就适应了无数楼盘突发的状况，他有行业经验，还有沉下心来思考的能力，就连房地产公司的高层遇到紧急问题，也会及时向他讨教。

合富辉煌是佛山地区从事房地产顾问服务覆盖面最广、资历最深的企业之一。陈熹说，房地产是城市里的一道风景，而他们这一行在城市化进程中担负着使命，提升城镇居民的生活品质，是他一直在努力做的事。今期的《顺商传奇》走近陈熹，走进他一直奋斗的地方。

房地产策划开头难

（采访现场）陈熹邀请我们一起观看了一个昔日工作现场的视频短片。

陈熹（合富辉煌房地产顺德办事处负责人）：现在是11月23日凌晨，还有3分钟到1点。没办法，我们的同事没有办法控制。工作热情太高涨，加班的第三晚，我们真正要参与策划演讲的人，现在就开始练习。你看，一个不行就要不断重来，文案即刻就要打印了，你看那时候，我们的团队是一条船一条船的。

大部头的电脑，那时还是清瘦的自己，挑灯夜战的亢奋，这条14年前在广州拍摄的短片，对于陈熹来说，既熟悉又遥远，而自己进入房地产策划行业，还要加上四个年头。

陈熹（合富辉煌房地产顺德办事处负责人）：其实没入行之前是很向往进入这种工作氛围和状态的。因为自己喜欢思考，也涉猎了很多不同方面的东西，像我以前学外贸的，但我毕业出来工作，搞电脑也搞得挺好。在入行之前觉得，入了行之后应该也没什么问题，难不倒我的。

20世纪90年代，房地产营销策划正是萌芽的时候，通过一个个新颖的楼盘推广，人们开始意识到，"房地产并不等于钢筋加水泥"，更是改变自己生活方式的开始。然而这个时候，自认为思想活跃又有本地优势的陈熹，却只能老老实实待在办公室里学习建筑、规划、设计、经济、传播以及心理学等等房地产所涉及的各行各业知识。

陈熹（合富辉煌房地产顺德办事处负责人）：我们最辛苦的就是要看建议书。每一个建议书是针对每一个区域、每一个行业、每一个甲方、每一种客户群以及当时拥有的政策市场所出来的。所以看起来有些囫囵吞枣，一天到晚就坐在那里，我们就会产生困倦感。但在办公室里，大家都在看资料，有时你的上司、经理甚至是老总，如果看到你趴在那里睡觉的话，那你就惨了。所以那时我们很辛苦，强打精神看建议书又看不懂，那时候真的很辛苦，宁愿走出去看看项目。

平时学习，周末踩盘，晚上团队开会。他将所有时间都贡献给了工作。

这条街很熟悉，当年我们每个周末，都去整个广州市踩盘，这里踩得最多了。前面的南国花园，那时才卖四五千（每平方米），这边就是凯旋新世界，那时候最厉害的了，也是七八千（每平方米），因为那时候还比较荒芜。我们总在想，我们应该加些什么卖点？加些什么附加值？如果让我去做会怎么考虑？卖地段还是卖小区楼？还是卖未来（发展价值）？每个星期都去做这件事，只要开发商问到哪个盘，我们每一个人都可以随时讲出每一个项目是什么时候推广的，现在有没有推，推什么货，推什么价钱，卖得怎么样，有什么活动……我们都很清楚，甚至可以大概估算推广的费用用了多少。

合富辉煌春茗

团拜会

工作简报见证苦与甘

但对于地产这行来说，吃苦耐劳只是打好基础的一个必要条件，怎样才能成为一个专业的房地产策划人呢？他不停在观察。

陈熹（合富辉煌房地产顺德办事处负责人）：这些真的是压箱宝了。当年刚入行的时候，做了很多剪报。像我们卖嘉洲花园，当时在黄岐，对于广州人来说是一个比较偏远的项目，但是我们必须展现项目的缤纷色彩和活力。这句广告词是我想的，叫作"温馨共聚天伦乐，桃花源中我的家"。当时我在现场，有客户跟我说，我很喜欢你们的广告，就是这个，换言之就是你的传播力，真的有人认真去看，你的努力就没有白费。

初出茅庐的成功，让陈熹非常兴奋。很快他就得到了第一次全程主导项目推广策划和销售工作的机会。然而现实的教训也很快到来。

陈熹（合富辉煌房地产顺德办事处负责人）：那时（项目所在）属于三级马路，连通车都不是很好。而我们定位为家居广场，最后就只卖了一个铺位。其他全部卖不掉，是一个空中楼阁。专业知识不够，最终来说就是一个失败案例。但非常幸运，我自己经手操作的楼盘只有这一个失败例子。

这些忠实记录每一次工作的剪报，不但是他从业的经历，更是他经过历练的见证。

陈熹（合富辉煌房地产顺德办事处负责人）：哪一句话影响到这个项目的最终决定？哪一个事件影响这个项目的结果？我都尽可能记下来，然后给自己上一堂课，你以后再接新的项目，可能还会遇到这样的状况，你有什么办法去改变，或者去改善，或者去形容？这就是后期很多同事和我开头脑风暴会，为什么我随时可以拿这么多项目出来做比较。

胡秋云（合富辉煌房地产佛山公司策划经理）：（剪报收集）这样的一个举措，在今天可能已经是一个部门要做的事了。一个人做一个部门所做的事，在20年前，已经有这样的想法和前瞻性，我觉得这值得我们学习。

房地产策划具备实用性的同时，更应该是审美的、可观赏的。

陈熹（合富辉煌房地产顺德办事处负责人）：我们总是说，楼盘就像我们的孩子，所以我们看到自己策划的楼盘，能够进入一个很好的运作状态，至少为这条道路上增添一道风景，那种心情真的很难去形容，很激动。我们当然希望通过好的、美学的、观赏的角度，去看我们的城市。我们通过摄影，可不可以将美的一面，展现多一些出来呢？或者令社会对房地产的美的欣赏角度会多一些，并且有提升？

没有竞争对手的拓荒牛

仅仅用了五年时间，陈熹就从策划部基层人员做到了总监职位。2003年，他接到国内首家上市的房地产顾问代理公司合富辉煌集团的任命，负责顺德区域的业务拓展。

陈熹（合富辉煌房地产顺德办事处负责人）：全新的一个开始，我自己也不是很有心理准备。

2003年，陈熹所带的团队成为顺德第一家专业房地产顾问服务公司。没有竞争对手的同时，也意味着在这个陌生的区域没有可供借鉴的经验。

陈熹（合富辉煌房地产顺德办事处负责人）：整体的市场来说，我们比较陌生。比较生，其实推广都很成问题，我们当时经常做的工作就是走出售楼部，去跟客户推销我们的楼盘信息，跟他们多点聊天。例如，他们提倡"家和万事兴"，他们喜欢和父母一起住。到现在来说，（观念）都不会有很大变化。祖母祖父有拜神的习惯，实际上他们在一线城市里面，每一个空间都非常贵，但是这样东西在顺德来说，反而是挺重要的。对本地客户的资源是掌握比较多。我们竞争行业的对手进来，他们要拥有大量的客户资源，他必须也要做回我们之前去做的工作。

当年拿一块地的时候，公园就是连在一起拿的。不拿就没有办法起楼，它的容积率一定会受限制。但是好的地方，（就是）名副其实公园里面的家，就是以后你们要合理利用项目。旁边，或者里面的资源。

如今顺德的楼盘，早已从基础商品房的年代，发展到讲究整体配套规划和对生活质量的更高追求。房地产策划也越来越早地参与到项目的各个细节之中，更要从同期的各种新项目中脱颖而出。

张渐强（顺德区凯立房产有限公司总经理）：现在就是，你们一期卖得挺好的，但是我们二期102套货，怎么说都有两三亿的货，到年底就真的希望你们（加把劲）。

陈熹（合富辉煌房地产顺德办事处负责人）：尽管放心，如果我们真的做不到，我想不是很多人可以做到。

对于陈熹来说，这种压力他早已习惯，他甚至觉得这种压力反而更能体现他团队的专业能力。

陈熹（合富辉煌房地产顺德办事处负责人）：楼市旺的时候，我们从业人员的心态就很浮躁。

深耕客户，把脉地产项目

陈熹现场给大家做了一个模拟情景。

陈熹（合富辉煌房地产顺德办事处负责人）：其实我觉得现在市场这么好，普通做个广告，诸如此类，客户已经抢着过来，现在的单位这么抢手，其实哪有这么容易找到？所以我觉得，不需要投放太多资源在这里。

他们觉得轻易就可以卖出房子。这样就会令到他们觉得是自己能力的一种表现。正如一句话就是——潮水退后你才知道谁是真正的强者。很多时候，楼市不好，都没有人来看。后进的从业人员，有些可能就会转行。但我们是没有那么轻易放弃。甚至这种时候，我们是采取一种策略就是高位下陷，就需要我们有经验的人跟他们去一线，去执行方案。所以在楼市不好的情况下，更能够体现我们的价值，同时也能够体现一个团队、一个强大团队的价值。

正是因为有稳扎稳打的基础，面对近些年来楼市的起起落落，以及同行业之间越来越激烈的竞争，陈熹总能保持冷静。在对客户资源深耕的基础上，准确为每一个地产项目把脉。

陈熹（合富辉煌房地产顺德办事处负责人）：经过我们这几年的调查，其实中产这个客户层是可以大量发掘的。我们的项目来说，基本上会向中产入手，因为现在中产是我们城市的中流砥柱，都是有品位、对生活很有追求的，而且在我们推广里面，涵盖面是最大的。

张渐强（顺德区凯立房产有限公司总经理）：房地产开发，其实很多时候不在于后期的营销，或者说是产品规划。关键是你那个定位，定位如果定得准，对市场抗风险就好一点。陈总很有激情，而且他在房地产行业浸淫很多年，回顾我们几个跟他合作的楼盘，就是当你遇到楼市一些大问题的时候，就叫陈总过来，他总会帮你想到一些办法。

随着时代的发展，当年厚厚的文件早已转为无纸化办公的PPT。电脑简单轻便，但对于房地产策划人来说，永远不变的是踩不完的盘和开不完的策划会，熬不完的漫漫长夜。

陈熹（合富辉煌房地产顺德办事处负责人）：几乎每一天都处于一个战争状态。所谓战争状态，商场就是战场，是不是？平时来说我们可能有休闲的机会，但是作为一个兵，作为一个好的战士来说，是不会有的。我们是为一个城市的城市化进程（在拼），或者为我们生活的方式得以改善还有提升，做这样一个推手。如果是为了利益，你可能是会做一些事情的，是跟这个社会的道德相违背的，虽然可能也会得到追捧，但是这个是没有正能量的。对于你本身，就应该是做一个传递正能量的人，你所做的这些活动，你一定可以得到社会同样追捧，同时得到很多人接受。

陈熹的团队大部分成员，包括他自己都住在广州，每天奔波于广佛两地，也见证了城市里的各个角落，一幢幢高楼大厦拔地而起。那些创造销售奇迹的热闹景象，或许会慢慢消失在记忆中，但他们经手策划的楼盘，带着各个时代的烙印，早已融入这个城市的血脉。

陈熹（合富辉煌房地产顺德办事处负责人）：我很希望的就是，我们拓展一个新的区域，它的生活方式，还有它的城市化进程与国际接轨。我认为这样才是我们这一行应该要肩负的使命。

是的，用心感受生活之美，将生活其间的人恰如其分地融入空间氛围之中，房地产策划注入了更多的情感意识与精神文化，更加人性化，让人们在享受生活的同时提升生活品质。思维改变心态，有眼界才有境界。思考永无止境，创造永无止境，美永无止境，这就是合富辉煌房地产策划人陈熹的思维破茧之路。

编导手记

陈总是一个规划性超级强的人，在有幸看了他珍藏多年的笔记总结后，我不由得真心赞叹：能将所有经手案例一一收集，并做出分析，重点是这么多年能一直坚持，单是这份毅力就让人佩服。而里面的分析有理有据，理性又联系实际，无不彰显着这是一个多么热爱思考和脑力碰撞的人。

楼盘，在房地产商眼里是利益；在购房者眼里是归属。在陈总眼里，除了利益，更有使命。一个优秀的楼盘，可以提高一个城市的品位；一个成功的楼盘推广，更能带动市民审美的升华。于是在他的镜头里，出现了许多美丽的楼盘照片，他自己亲自调色、配字，然后装裱，让人也沉浸其中。

美国的贾费德博士认为："使命感是一种促使人们采取行动，实现自己理想的心理状态，是决定人们行为取向和行为能力的关键因素。"因此，具有使命感的人，不但具有钢铁一般的意志，更是一个实干家。他具有极强的探索精神，勇于真心投入；他不是被动地等待着新的使命的来临，而是积极主动地去寻找目标和任务；他不是被动地去适应新使命的要求，而是主动地去研究变革所处的环境，尽力做出一些有意义的、至关重要的贡献，并从中汲取再一次走向成功的力量。

印象企业

2003年3月,合富辉煌正式签署佛山一个标杆项目——佛山奥园;11月,佛山合富辉煌正式挂牌成立。

2004年7月,随着公司业务架构基本搭建的完成,以二手业务为平台的合富置业建立,由此,合富辉煌在新的大佛山市场确立相对完整的业务线,初步形成具有完整体系的地产服务商的发展雏形。

2005年,合富辉煌从珠三角瞬间扩展到全国多个省市,十多个子公司如雨后春笋一样焕发出勃勃生机;佛山5+2双中心组团的发展布局基本形成;凭借5月份一个200亩的别墅楼盘——桂畔·上东区热销,业务队伍成功进驻良桂中心。

2006年,合富辉煌开始与万科联袂在佛山两大中心内合作以下项目:金色家园、万科城、金御华府、新城湾畔、兰乔圣菲,皆取得极其优异的业绩。

2007年,年初已基本完成以禅桂中心和良桂中心为发展战略核心的业务架构的搭建,市场、建研、策划、销售等的业务团队也围绕此两个战略核心进入成熟和良好的运作状态。

2008年,在楼市政策和金融海啸中取得39.5亿的良好业绩。

2009年,25个核心项目同时发力,以65亿的骄人业绩再次抛离对手,蝉联业界之冠。

2010年,合富辉煌整体业绩一举突破120亿大关,顺德在业绩方面也以单区域50亿攀升至区域市场的高峰,成就佛山营销史上迄今为止还未有其他竞争对手超越的辉煌篇章。

2011年,在佛山迎来全国"限购令"的背景下,以快、准、智赢取了最终的销售目标,再次踏上佛山营销代理界百亿业绩的首座。

2013年,佛山合富辉煌创下全年破150亿的佛山营销史上最强的行业高度。

2014年,在经济大气候低迷、房地产限购政策的紧箍咒的多重压力下,佛山合富辉煌秉承"坚持、发挥优势、适应市场新常态"的集团宗旨,经历了实战中的艰难困苦的挣扎后,再次以200亿刷新行业业绩纪录。

办公室会议

后记

陈志军

　　轰隆隆跑过来的是浪花，羞答答退回去的是泡沫，对于看海的人而言，这"来"和"去"都是大海的正常律动，一呼一吸而已。带着这样略显晦涩的心境和语调，来回味《顺商传奇》从影像作品转化为文学作品的过程，就简单多了。

　　知易行难！《顺商传奇》纪实性专题节目的诞生是绞尽脑汁的痛苦思考，是殚精竭虑的否定再否定，是焦虑烦躁的"明天拍谁"，是枕戈待旦的熬夜加班……个中滋味，如鱼饮水冷暖自知。2014年的夏天终于蜗行远遁，金风送来清爽，节目步入正轨，《顺商传奇》的策划、编导、摄像等一班人舒心地吐出一口浊气，才想起来要感谢一下那个叫台长的家伙，是他让他们曾经痛不欲生痛恨不已，于今尘归尘土归土，铁人王进喜的话怎么那么有道理："人没有压力轻飘飘，井没有压力不出油！"

　　原油需要提炼，但隔行如隔山。一个月里把37篇电视解说词改写成文学样式的人物传记，还要坚持继续采访拍摄播出，有难度。我们第一时间求助老朋友、文化学者李健明先生，他引荐了邱礼佳女士，郑重致谢。

　　广东旅游出版社在业界有美誉，也是本台曾经的合作伙伴，再次合作水到渠成。只是愧疚一点：文稿多次往来的过程是否让蔡明熹兄曾经泪崩？如是，请原谅我们的一知半解。

　　饮水思源。《顺商传奇》电视节目的播出和图书出版一定要感谢顺德总商会和顺德青年企业家协会，风起于青萍之末，希望我们的所作所为没有辜负你们的初衷和期待。感谢所有接受采访的企业家，你们是顺商精神的践行者，你们为顺德增辉，顺德为你们骄傲！

　　感谢欧广源、黎子流、陈用志、冯润胜等顺德原老领导。

　　最后，感谢所有支持顺德电视事业的人，感谢为本书出版发行提供帮助的人，谢谢你们！我们会继续努力。

　　回到海边。海潮日夜奔涌，冲刷着曲曲折折的海岸线，一刻不曾停息，沙滩上所有杂乱的、有序的、稚嫩的、健硕的、深的浅的足印被瞬间抹平，不会留下任何痕迹。但是，谁说我们没有走过？